Der Ausschluss von Personengesellschaftern ohne wichtigen Grund

AF815485

Europäische Hochschulschriften

Publications Universitaires Européennes
European University Studies

Reihe II
Rechtswissenschaft

Série II Series II
Droit
Law

Bd./Vol. 5259

PETER LANG
Frankfurt am Main · Berlin · Bern · Bruxelles · New York · Oxford · Wien

Benjamin Beischer

Der Ausschluss von Personengesellschaftern ohne wichtigen Grund

Plädoyer für eine Rechtsausübungskontrolle

PETER LANG
Internationaler Verlag der Wissenschaften

Bibliografische Information der Deutschen Nationalbibliothek
Die Deutsche Nationalbibliothek verzeichnet diese Publikation in der Deutschen Nationalbibliografie; detaillierte bibliografische Daten sind im Internet über http://dnb.d-nb.de abrufbar.

Zugl.: Potsdam, Univ., Diss., 2011

Gedruckt auf alterungsbeständigem,
säurefreiem Papier.

517
ISSN 0531-7312
ISBN 978-3-631-63100-3

© Peter Lang GmbH
Internationaler Verlag der Wissenschaften
Frankfurt am Main 2011
Alle Rechte vorbehalten.

Das Werk einschließlich aller seiner Teile ist urheberrechtlich geschützt. Jede Verwertung außerhalb der engen Grenzen des Urheberrechtsgesetzes ist ohne Zustimmung des Verlages unzulässig und strafbar. Das gilt insbesondere für Vervielfältigungen, Übersetzungen, Mikroverfilmungen und die Einspeicherung und Verarbeitung in elektronischen Systemen.

www.peterlang.de

Für meinen lieben Papa.

Vorwort

Die vorliegende Schrift ist im Frühjahr 2011 fertig gestellt und im Sommer 2011 von der Juristischen Fakultät der Universität Potsdam als Dissertation angenommen worden. Literatur und Rechtsprechung befinden sich auf dem Stand vom Frühjahr 2011.

Mein herzlicher Dank gilt meinem akademischen Lehrer und Doktorvater Univ.-Prof. Dr. Tilman Bezzenberger, der erst mein besonderes Interesse für das Gesellschaftsrecht geweckt hat und mir bei der Erstellung und Korrektur dieser Dissertation jederzeit mit Rat und Tat zur Seite stand. Ebenso danken möchte ich Herrn Univ.-Prof. Dr. Stefan Chr. Saar für die sehr zügige Erstellung des Zweitgutachtens sowie Herrn Rechtsanwalt Frank Obermann und dem Team der Beiten Burkhardt Rechtsanwaltsgesellschaft mbH in Berlin für die materielle und immaterielle Unterstützung. Im Übrigen danke ich Juliana Chomse, Benjamin Hanke und Christian Hillebrand für ihre technische und inhaltliche Hilfestellung.

Ganz besonders danke ich schließlich meiner Familie und meinen Freunden sowie meiner Freundin Michaela Kempfert, die mich während der Doktorandenzeit immer unterstützt und dadurch diese Arbeit erst ermöglicht haben.

Berlin, im August 2011 *Benjamin Beischer*

Inhaltsverzeichnis

Einleitung

Mehrheitsherrschaft und Minderheitenschutz sind seit jeher zwei wichtige Pole, zwischen denen sich viele Probleme des Gesellschaftsrechts bewegen. So auch beim unfreiwilligen Ausschluss von Gesellschaftern einer Personenhandelsgesellschaft. Ein solcher hat nach dem Gesetz zwei Voraussetzungen: In verfahrensrechtlicher Hinsicht müssen die übrigen Gesellschafter eine Ausschlussklage anstrengen. Materiellrechtlich ist ein wichtiger Grund in der Person des betroffenen Gesellschafters erforderlich. Dieses relativ starre System hat sich für die gesellschaftsrechtliche Praxis als weitgehend unbrauchbar erwiesen. In Gesellschaftsverträgen finden sich deshalb sowohl Klauseln, die den Ausschluss ohne eine Klage aufgrund eines Gesellschafterbeschlusses zulassen, als auch Bestimmungen, die die Hinauskündigung ohne das Erfordernis eines wichtigen Grundes erlauben.

Dabei wird die Möglichkeit des Ausschlusses eines Personengesellschafters durch einen Beschluss der übrigen Gesellschafter statt durch die Erhebung einer Gestaltungsklage durch die Rechtsprechung nicht mehr in Zweifel gezogen. Die Gesellschafter können sich demnach mit der gesetzlichen Regelung zufrieden geben und ein Verbandsmitglied durch Klage ausschließen. Sie haben aber ebenso die Möglichkeit, im Gesellschaftsvertrag zu vereinbaren, dass der Ausschluss durch einen Gesellschafterbeschluss durchgeführt wird. Die Option einer Klage gegen den Ausschluss kann dem Betroffenen allerdings nicht wirksam verwehrt werden.

In materiellrechtlicher Hinsicht stehen den Gesellschaftern im Grundsatz drei Varianten zur Verfügung. Sie können wiederum den gesetzlichen Mechanismus unberührt lassen, so dass für den Ausschluss ein wichtiger Grund notwendig ist. Weiterhin steht ihnen die Möglichkeit offen, im Gesellschaftsvertrag Umstände, wie beispielsweise das Erreichen einer bestimmten Altersgrenze, zu vereinbaren, bei deren Eintreffen der Ausschluss „automatisch" erfolgt. Wenn die Gesellschafter schließlich den Ausschluss weder von einem wichtigen noch von einem sachlichen Grund abhängig machen, sondern ihn in das freie Ermessen der Mehrheit stellen wollen, spricht man von einer Hinauskündigungsklausel.

In rechtlicher Hinsicht problematisch ist ausschließlich die letzte Gestaltungsvariante. Der BGH beurteilt eine Hinauskündigungsklausel nach Durchführung einer Inhaltskontrolle grundsätzlich als sittenwidrig im Sinne von § 138 Abs. 1 BGB.[1] Diese seit Ende der 70er Jahre vorherrschende Rechtsprechungslinie hat seitens des Schrifttums viel Kritik erfahren.[2] Die Darstellung dieser

1 Zuerst BGH vom 20.01.1977 – II ZR 217/75, BGHZ 68, 212, 215; BGH vom 13.07.1981 – II ZR 56/80, BGHZ 81, 263.

2 Vgl. nur *Koller*, DB 1984, 545, 546; *Bunte*, ZIP 1983, 8, ZIP 1985, 915; *Huber*, ZGR 1980, 177, 210 aus der Zeit dieser BGH-Leitentscheidungen.

Rechtsprechung und Literatur als Ausgangspunkt für einen eigenen Lösungsvorschlag ist dem dritten Kapitel vorbehalten.

Insgesamt liegt der Schwerpunkt der folgenden Untersuchung auf der Frage, ob die Inhaltskontrolle privatautonom geschlossener gesellschaftsrechtlicher Regelungen ein geeigneter Prüfungsmaßstab ist oder ob eine Rechtsausübungskontrolle für den konkreten Fall des Ausschlusses den Vorrang verdient. Dies wird Thema des vierten und fünften Kapitels sein. Hinauskündigungsklauseln müssen sich dabei in allererster Linie an den Grundsätzen des Minderheitenschutzes messen lassen. Die von ihnen betroffenen Gesellschafter sind vor willkürlichen oder sachfremden Entscheidungen der Mehrheitsgesellschafter zu schützen. Auf der anderen Seite ist hohe Bedeutung der Vertragsfreiheit für das Gesellschaftsrecht zu berücksichtigten. Eine richterliche Inhaltskontrolle der Hinauskündigungsklausel unterliegt deshalb einem besonderen Rechtfertigungsdruck. Es ist fraglich, ob bereits Prinzipien wie die allgemeinen Grundsätze des Gesellschaftsrechts für die Rechtfertigung einer Inhaltskontrolle ausreichen.

Zum besseren Verständnis und aus Gründen der Vollständigkeit soll zunächst im ersten Kapitel die Gesetzeslage zum unfreiwilligen Ausschluss eines Personengesellschafters genauer beschrieben werden. Anschließend folgt im zweiten Kapitel eine kurze Untersuchung der Möglichkeit der gesellschaftsvertraglichen Vereinbarung des Beschlussausschlusses.

1. Kapitel: Die Ausschließung[3] eines Personengesellschafters nach dem Gesetz

Bei der OHG nach den §§ 105 ff. HGB und der KG gemäß den §§ 161 ff. HGB besteht nach der gesetzlichen Konzeption des § 140 Abs. 1 Satz 1 HGB die Möglichkeit, einen Gesellschafter bei Vorliegen eines wichtigen Grundes im Sinne von § 133 HGB durch Gestaltungsklage aus der Gesellschaft auszuschließen. Weiterhin sprechen noch § 131 Abs. 3 Satz 1 Nr. 5 und 6 HGB vom Ausscheiden eines Gesellschafters durch den Eintritt von im Gesellschaftsvertrag vorgesehenen Fällen bzw. durch Gesellschafterbeschluss. Nachfolgend wird untersucht, ob die Vorschriften des § 140 Abs. 1 Satz 1 HGB oder des § 131 Abs. 3 Satz 1 Nr. 5 HGB oder schließlich des § 131 Abs. 3 Satz 1 Nr. 6 HGB jeweils eigenständige gesetzliche Grundlagen darstellen, um einen Personenhandelsgesellschafter aus dem Verband ausschließen zu können.

A. Der Regelungsgehalt von § 140 Abs. 1 Satz 1 HGB

Zur Bestimmung, ob und in welcher Form die Gesellschafter im Gesellschaftsvertrag von der gesetzlichen Norm des § 140 Abs. 1 Satz 1 HGB abweichen können, ist zunächst ihr Regelungsgehalt zu prüfen. Erst dann kann die Frage nach dem zwingenden Charakter der Regelung in formeller (Gestaltungsklage) und materieller (Erfordernis des wichtigen Grundes) Hinsicht beantwortet werden.

I. Formeller Regelungsgehalt/Verfahren

1. Die Ausschließungsklage nach § 140 HGB als Grundsatz

Das Gesetz gibt den Gesellschaftern in § 133 Abs. 1 HGB die Möglichkeit, die Gesellschaft durch eine gerichtliche Entscheidung auflösen zu lassen, wenn ein wichtiger Grund vorliegt. Stattdessen können die Gesellschafter aber auch gemäß § 140 Abs. 1 Satz 1 HGB einen Gesellschafter, in dessen Person ein wichtiger Grund vorliegt, aus der Gesellschaft durch eine Gestaltungsklage ausschließen und diese fortführen.

Die Grundlage von § 133 HGB bildet die Unzumutbarkeit der Fortsetzung der Gesellschaft aufgrund der Beeinträchtigung des Gesellschaftszwecks[4], während § 140 HGB das Fortsetzungsinteresse der Gesellschafter zur Erhaltung der im Verband gebundenen Werte anerkennt.[5] Aus der unterschiedlichen Zielrichtung der beiden Vorschriften ergibt sich die Frage nach dem Verhältnis der Re-

---

3 Anmerkung zu den Begrifflichkeiten: Folgend bedeuten die Begriffe Ausschließung, Ausschluss und Kündigung alle die Entfernung des Gesellschafters aus der Gesellschaft gegen seinen Willen.

4 *Von Gerkan/Haas*, in Röhricht/Graf von Westphalen HGB, § 133 Rn. 4.

5 BGH vom 09.07.1968 – V ZR 80/66, BGHZ 50, 307, 309.

gelungen zueinander. Dabei ist von der ursprünglichen gesetzgeberischen Intention und der möglichen Änderung dieser Zielsetzung durch das HRefG[6] auszugehen.

a) Das Schicksal der Gesellschaft beim Ausscheiden eines Gesellschafters bis zum HRefG

Bis zum HRefG regelte § 131 HGB a.F., dass die Gesellschaft beim Eintreten bestimmter Umstände, wie etwa dem Tod eines Gesellschafters oder durch gerichtliche Entscheidung nach § 133 Abs. 1 HGB, grundsätzlich aufgelöst wird. Das Gesetz ging von der Grundkonzeption „Auflösung der Gesellschaft durch Austritt eines Gesellschafters“[7] aus. Allein, um den Fortbestand der Gesellschaft auch ohne den „Störer“ zu sichern, ergab sich aus § 140 Abs. 1 HGB die Möglichkeit, die Gesellschaft zu erhalten und nur den Gesellschafter auszuschließen, in dessen Person ein wichtiger Grund nach § 133 HGB vorlag.[8] Diese Option findet sich ausdrücklich im Wortlaut des § 140 Abs. 1 Satz 1 HGB wieder: *„...anstatt der Auflösung...“*. Die vertragstreuen Restgesellschafter sollten nicht gezwungen werden, das Unternehmen unter Mitwirkung des anderen Gesellschafters auflösen und abwickeln zu müssen.[9] Anhand dieser Systematik wird das damals geltende und durch den Gesetzgeber installierte Regel-Ausnahme-Verhältnis von Auflösung der Gesellschaft und Ausschluss eines Gesellschafters deutlich.

b) Das Schicksal der Gesellschaft beim Ausscheiden eines Gesellschafters nach dem HRefG

Nunmehr nennt § 131 Abs. 3 Satz 1 HGB nicht abschließend[10] die Ereignisse, die zum Ausscheiden eines Gesellschafters aus der Gesellschaft führen. Nach der vom Gesetzgeber ins Auge gefassten Neuregelung führt das Ausscheiden eines Gesellschafters nicht mehr grundsätzlich zur Auflösung der Gesellschaft.[11] Es gilt jetzt der Grundsatz „Fortführung der Gesellschaft und Ausscheiden des Gesellschafters“.[12]

Grund für die gesetzliche Neugestaltung war, dass die Grundsatz-Auflösung durch die gesellschaftsvertragliche Praxis in Form von Fortsetzungs-

---

6 Handelsrechtsreformgesetz vom 22.06.1998, BGBl. I, S. 1474.
7 *Hopt*, in Baumbach/Hopt HGB, § 131 Rn. 1.
8 Denkschrift zum Entwurf eines Handelsgesetzbuches, 9. Legislaturperiode, IV. Session 1895/97, S. 100.
9 BGH vom 14.05.1952 – II ZR 40/51, BGHZ 6, 113, 114.
10 Begründung Regierungsentwurf Handelsrechtsreformgesetz, Bundestags-Drucksache 13/8444; S. 65 f.
11 *Schmidt*, in MünchKomm HGB, § 131 Rn. 53.
12 *Hopt*, in Baumbach/Hopt HGB, § 131 Rn. 1.

klauseln weitgehend abbedungen wurde.[13] Die Auflösung der Gesellschaft wurde im weit überwiegenden Teil der Fälle als ökonomisch unsinnig angesehen. Der Gesetzgeber begründete die Gesetzesänderung denn auch mit dem grundsätzlichen Interesse der Unternehmenserhaltung sowie der zunehmenden Verselbständigung und Personenunabhängigkeit des Verbandes.[14]

Diese Umkehrung des beschriebenen Regel-Ausnahme-Verhältnisses ist im Hinblick auf das Verhältnis von § 133 HGB und § 140 HGB zu beachten[15], auch wenn sich am Wortlaut der Regelungen selbst nichts geändert hat. Früher konnte die Ausschlussklage als letztes Mittel zum Schutze der Gesellschaft angesehen werden, an die strengere Voraussetzungen als an die Auflösungsklage geknüpft werden mussten.[16] Nunmehr ist § 140 Abs. 1 Satz 1 HGB vor allem aufgrund des ultima-ratio-Prinzips der Vorzug zu geben.[17]

Das ultima-ratio-Prinzip wird beim Vorliegen eines wichtigen Grundes in der Person eines Gesellschafters quasi doppelt angewandt: Zum einen scheidet die Auflösungsklage aus, wenn der wichtige Grund durch einen Gesellschafterausschluss beseitigt werden kann und die Fortsetzung der Gesellschaft zumutbar und auch gewollt ist.[18] Zum anderen scheidet der Ausschluss aus, wenn er unverhältnismäßig ist und dem Interesse der Gesellschaftermehrheit durch eine mildere Maßnahme Genüge getan werden kann. Die Anforderungen an den wichtigen Grund sind bei § 133 Abs. 1 HGB und § 140 Abs. 1 Satz 1 HGB identisch, nur die Stoßrichtung ist eine andere. Während der wichtige Grund bei § 133 Abs. 1 HGB gerade zur Unzumutbarkeit der Fortsetzung der Gesellschaft führt, muss er bei § 140 Abs. 1 Satz 1 HGB in der Person des auszuschließenden Gesellschafters eingetreten sein.[19]

c) Ergebnis

Zusammenfassend lässt sich die eingangs gestellte Frage dahingehend beantworten, dass die Ausschließungsklage sowohl nach der gesetzgeberischen Intention als auch nach der Rechtswirklichkeit den Grundsatz darstellt und die Auflösungsklage die Ausnahme. Für die weitere Untersuchung bleibt an dieser Stelle festzuhalten, dass das Fortsetzungs- und Erhaltungsinteresse der Gesellschafter auch vom Gesetzgeber erkannt und gebilligt wird. Bei der Personenhandelsgesellschaft ist damit ebenso wie bei der juristischen Person eine gewisse Unabhängigkeit vom Bestand ihrer Mitglieder zu erkennen.

---

13 *Schmidt*, in MünchKomm HGB, § 131 Rn. 53.
14 Begründung Regierungsentwurf Handelsrechtsreformgesetz, Bundestags-Drucksache 13/8444; S. 65.
15 *Schmidt*, in MünchKomm HGB, § 133 Rn. 7.
16 BGH vom 27.10.1955 – II ZR 310/53, BGHZ 18, 350, 362.
17 *Stuhlfelner*, in Glanegger HGB, § 140 Rn. 1.
18 *Schmidt*, in MünchKomm HGB, § 133 Rn. 7.
19 *Lorz*, in Ebenroth/Boujong/Joost/Strohn HGB, § 140 Rn. 5.

2. Die Auflösungsklage nach § 133 HGB als Ausnahme

Für die Auflösungsklage bleibt nur noch ein subsidiärer Anwendungsbereich. Sie ist beispielsweise einschlägig, wenn nicht alle Gesellschafter an der Ausschlussklage gegen den auszuschließenden Gesellschafter mitwirken oder wenn sich der wichtige Grund nicht im Detail einzelnen Gesellschaftern zuschreiben lässt.[20]

II. Materieller Regelungsgehalt

1. Das Erfordernis des wichtigen Grundes als Grundsatz für die Ausschließung/Auflösung

In materieller Hinsicht erfordern sowohl § 133 Abs. 1 HGB als auch § 140 Abs. 1 Satz 1 HGB über die Verweisung zu § 133 HGB einen wichtigen Grund für die Auflösung der Gesellschaft oder für den Ausschluss eines Gesellschafters. Das Gesetz lässt, wie auch bei anderen Dauerschuldverhältnissen[21], damit die Auflösung bzw. den Ausschluss nicht ohne weiteres zu, sondern verlangt dafür eine Rechtfertigung. Ein wichtiger Grund liegt vor, wenn der Gesellschafter durch seine Person oder sein Verhalten die Erreichung des Gesellschaftszwecks unmöglich macht, erheblich gefährdet bzw. sonst die Person des Gesellschafters oder sein Verhalten sein Verbleiben in der Gesellschaft untragbar erscheinen lässt.[22]

§ 133 Abs. 2 HGB nennt als Beispiele für wichtige Gründe, die auch im Rahmen von § 140 Abs. 1 Satz 1 HGB zu berücksichtigen sind, die vorsätzliche oder grob fahrlässige Verletzung einer nach dem Gesellschaftsvertrag einem Gesellschafter obliegenden wesentlichen Verpflichtung oder das Unmöglichwerden einer solchen Verpflichtung. Hinzu kommen durch die Rechtsprechung entschiedene Fälle wie Veruntreuung[23], unberechtigte Entnahmen[24], der objektiv begründete Verdacht grober Unredlichkeit[25] oder die Schädigung der Gesellschaft im Zusammenwirken mit Dritten[26].

Aufgrund der gesellschaftsrechtlichen Satzungsautonomie ist es grundsätzlich möglich, vorab im Gesellschaftsvertrag wichtige („absolute“) Gründe zu definieren. Bei deren Vorliegen kann dann derjenige Gesellschafter ausgeschlossen werden, in dessen Person sie eingetreten sind.[27] Der Vorteil dabei ist,

---

20 *Stuhlfelner*, in Glanegger HGB, § 133 Rn. 2.
21 Vgl. etwa die §§ 314 Abs. 1, 626 Abs. 1 BGB.
22 *Gehrlein*, NJW 2005, 1969, 1970.
23 BGH vom 25.01.1960 – II ZR 22/59, BGHZ 32, 17, 29 für eine GmbH, bei der ein Ausschluss aus wichtigem Grund ebenfalls möglich ist (Vgl. nur BGH vom 01.04.1953 – II ZR 235/52, BGHZ 9, 157 (Leitsatz)).
24 BGH vom 23.02.1981 – II ZR 229/79, BGHZ 80, 346, 350 für eine GmbH.
25 BGH vom 17.12.1959 – II ZR 32/59, BGHZ 31, 295 (3.Leitsatz).
26 BGH vom 25.02.1985 – II ZR 99/84, WM 1985, 997, 998 für eine GbR .
27 BGH vom 09.12.1968 – II ZR 42/67, BGHZ 51, 204, 205.

dass es in diesem Fall keiner weiteren Abwägung der beiderseitigen Interessen unter Einbeziehung des „ultima ratio"- Prinzips oder der Billigkeit mehr bedarf. Allein das Vorliegen eines Sachverhalts, der einen im Gesellschaftsvertrag festgelegten Grund ausfüllt, reicht für den wirksamen Ausschluss aus.[28]

2. Der entscheidungserhebliche Zeitpunkt

Der wichtige Grund muss im Zeitpunkt der letzten mündlichen Verhandlung über die Ausschließungsklage vorliegen.[29] Das kann dazu führen, dass ein zu einem bestimmten Zeitpunkt gegebener wichtiger Grund durch Zeitablauf seine Bedeutung verliert. Das ist zum Beispiel der Fall, wenn die Ausschlussklage erst 15 Monate nach Vorliegen des wichtigen Grundes erhoben wird.[30] Andererseits ist das Nachschieben von wichtigen Gründen im Prozess bis zum Schluss der mündlichen Verhandlung grundsätzlich möglich. Auf eine etwaige Kenntnis des vom Ausschluss Betroffenen kommt es dabei nicht an.[31] Nach § 140 Abs. 2 HGB ist der entscheidende Zeitpunkt für die Beurteilung der Vermögenslage anlässlich der Auseinandersetzung[32] zwischen Gesellschaft und dem ausgeschlossenen Gesellschafter der der Klageerhebung. Dies gilt nicht, wenn die Klage nur aufgrund der nachgeschobenen Gründe Erfolg hat. In diesem Fall gilt der spätere Zeitpunkt der Geltendmachung dieser Gründe.[33] Im Übrigen ist über die Rechtmäßigkeit der Ausschließung und die der Abfindungs- bzw. Auseinandersetzungshöhe in zwei getrennten Verfahren zu entscheiden.[34]

B. § 131 Abs. 3 Satz 1 Nr. 5 und 6 HGB als eigenständige Ausschlussmöglichkeiten

Die Bestimmung des § 131 Abs. 3 Satz 1 Nr. 5 HGB, die von einem Ausscheiden des Gesellschafters bei im Gesellschaftsvertrag vorgesehenen Sachverhalten handelt, hat rein deklaratorischen Charakter. Auch vor dem Handelsrechtsreformgesetz von 1998 war es möglich, im Gesellschaftsvertrag weitere Ausscheidenstatbestände zu schaffen.[35] Dabei ist beispielsweise an den Eintritt bestimmter Umstände in der Person des Gesellschafters, wie z.B. Tod, Alter, Verlust der

---

28 *Lorz*, in Ebenroth/Boujong/Joost/Strohn HGB, § 140 Rn. 52.
29 BGH vom 15.09.1997 – II ZR 97/96, NJW 1998, 146.
30 BGH vom 11.07.1966 – II ZR 215/64, NJW 1966, 2160, 2161.
31 BGH vom 05.05.1958 – II ZR 245/56, BGHZ 27, 220, 225 für die außerordentliche Kündigung nach § 626 BGB.
32 Vgl. §§ 105 Abs. 3, 161 Abs. 2 HGB; 738 BGB.
33 *Schmidt*, in MünchKomm HGB, § 140 Rn. 87.
34 BGH vom 09.07.1990 – II ZR 194/89, BGHZ 112, 103, 111 f.
35 *Stuhlfelner*, in Glanegger HGB, § 131 Rn. 10.

Berufszulassung[36], Scheidung des Eingeheirateten oder Abberufung als Drittgeschäftsführer zu denken.[37]

Die Vorschrift des § 131 Abs. 3 Satz 1 Nr. 6 HGB, die von einem Ausscheiden eines Gesellschafters aufgrund eines Beschlusses der Gesellschafter spricht, stellt ebenfalls keine eigenständige Ausschlussmöglichkeit dar. Sie betrifft nur die sich nach § 119 Abs. 1 HGB richtende Möglichkeit eines einstimmig gefassten (unter Einbeziehung des Auszuschließenden) Ausschließungsbeschlusses.[38] Dabei handelt es sich der Sache nach um einen einvernehmlichen Austritt.

Schließlich ist nach der Begründung des Regierungsentwurfs zum Handelsrechtsreformgesetz eine Ausschließung gegen den Willen des betroffenen Gesellschafters der OHG bzw. KG außerhalb von § 140 Abs. 1 Satz 1 HGB gerade nicht möglich.[39] Im Ergebnis stellt somit § 140 Abs. 1 Satz 1 HGB (in Verbindung mit § 133 HGB) die einzige vom Gesetz vorgesehene Grundlage für den Ausschluss eines Gesellschafters aus OHG und KG gegen seinen Willen dar.

C. Zusammenfassung

Nach dem gesetzlichen Konzept stellt § 140 Abs. 1 Satz 1 HGB die einzige Möglichkeit dar, den Gesellschafter einer OHG oder KG ohne seine Zustimmung auszuschließen. Dies erfordert einen Beschluss der Restgesellschafter zur Fortsetzung der Gesellschaft (sonst bleibt nur die Auflösung nach § 133 HGB), einen in der Person des auszuschließenden Gesellschafters liegenden wichtigen Grund und die Durchführung eines gerichtlichen (Gestaltungs-) Verfahrens. Im weiteren Gang der Untersuchung soll überprüft werden, ob und inwieweit durch privatautonome Regelungen im Gesellschaftsvertrag von der verfahrensrechtlichen Voraussetzung der Gestaltungsklage und von dem materiellrechtlichen Erfordernis des wichtigen Grundes abgewichen werden kann.

36 In Anlehnung an § 9 Abs. 3 PartGG.
37 *Hopt*, in Baumbach/Hopt HGB, § 131 Rn. 25.
38 *Stuhlfelner*, in Glanegger HGB, § 131 Rn. 10.
39 Begründung Regierungsentwurf Handelsrechtsreformgesetz, BT-Drucksache 13/8444, S. 65.

2. Kapitel: Die verfahrensrechtliche Seite von § 140 HGB

Im folgenden Kapitel soll zunächst die verfahrensrechtliche Seite der Ausschlussklage von § 140 Abs. 1 Satz 1 HGB in Hinblick auf ihre Nachgiebigkeit gegenüber gesellschaftsvertraglichen Klauseln untersucht werden. Dabei liegt der Vorschrift im Grundsatz die folgende Überlegung zu Grund: Durch das öffentliche und für alle verbindliche Gestaltungsurteil des Gerichts soll Rechtsklarheit über die Zulässigkeit der Ausschließung geschaffen werden.[40]

A. Darstellung des Meinungsstands

Die verfahrensrechtliche Abdingbarkeit der Vorschrift war lange Zeit in Literatur und Rechtsprechung sehr umstritten. Nachdem das Reichsgericht allerdings durch Urteil vom 23.03.1938[41] die Nachgiebigkeit der Norm angenommen hatte, galt dieser formale Gesichtspunkt in der Folgezeit als weitgehend geklärt.

I. Meinungsstand bis zu RG ZAkDR 1938, 818

Die Rechtsprechung des Reichsoberhandelsgerichts und des Reichsgerichts bis zu RG ZAkDR 1938, 818 ging vom zwingenden Charakter des § 140 Abs. 1 Satz 1 HGB bzw. seinen Vorgängers Art. 128 des Allgemeinen Deutschen Handelsgesetzbuchs (ADHGB) in Bezug auf das Erfordernis einer Ausschlussklage aus. Nach einer Entscheidung des Reichsoberhandelsgerichts vom 03.10.1876[42] verstieß der Ausschluss des Rechtsweges im Gesellschaftsvertrag einer Uhrmacher-Gesellschaft und die gleichzeitige Vereinbarung der Ausschlussmöglichkeit durch einen Zwei-Drittel-Mehrheitsbeschluss gegen die öffentliche Ordnung. Die Parteien seien nicht dazu berechtigt, über das Erfordernis der Ausschlussklage zu verfügen. Unter ausdrücklicher Bezugnahme auf diese Entscheidung erklärte das Reichsgericht in einem Urteil vom 15.01.1897[43], dass die Ausschließung eines Gesellschafters gegen seinen Willen nur durch den Richter möglich sei. Aufgrund des Strafcharakters des Ausschlusses[44] sei er der „*Willkür der Parteien*“ entzogen.

Das Gericht zieht als Begründung noch den Zusammenhang mit Art. 130 Abs. 1 ADHGB heran, der wie der heutige § 140 Abs. 2 HGB den entschei-

---

40 Vgl. nur BGH vom 17.12.1959 – II ZR 32/59, BGHZ 31, 295, 299 f.

41 ZAkDR 1938, 818.

42 ROHG 21, 84.

43 RGZ 38, 119, 121 f.

44 Dazu schon das Reichsgericht vom 18.09.1889 – I 154/89, RGZ 24, 136, 139 bzgl. der vom Richter zu beachtenden Entscheidungsgrundlagen: „*Es kann darum nicht als verfehlt erachtet werden, wenn im ersten Urteile* (des Instanzgerichts, Anmerkung des Verfassers) *es als Aufgabe des Richters bezeichnet wird, den fast pönalen Charakter, die schwerwiegende Wirkung und die durchaus exzeptionelle Natur der in Frage stehenden Maßregel im Auge zu behalten.*“

dungserheblichen Zeitpunkt der Vermögenslage zur Auseinandersetzung nach einem Ausschluss auf den der Klageerhebung festlegte. Wenn demnach bei einem Ausschluss durch bloßen Beschluss gar keine Klage erhoben wird, würde es an einer gesetzlichen Bestimmung über die Auseinandersetzung fehlen (eine analoge Anwendung schloss das Gericht aus). Daraus sei der Schluss zu ziehen, dass das Gesetz gar keine andere Ausschließungsmöglichkeit als durch Klage angenommen habe. Mit Urteil vom 21.10.1924[45] festigte das Reichsgericht diese Linie für den Fall der Übernahme des Geschäfts durch einen Gesellschafter einer Zwei-Mann-Gesellschaft aufgrund einer Erklärung gegenüber dem anderen Teil.[46] Die gesetzlichen Vorschriften seien zwingender Natur und „*die Rechte des vertragstreuen Gesellschafters können durch den Gesellschaftsvertrag zwar gemindert, aber nicht erweitert werden.*“

Nachdem die Literatur dieser Rechtsprechung zunächst folgte[47], wurde sie mit der Zeit immer stärker in Frage gestellt.[48] Bei dieser Kritik spielte insbesondere die damit verbundene weitreichende Einschränkung der Vertragsfreiheit eine große Rolle.[49] Dem Interesse der Gesellschafter, sich in wichtigen Fällen von den gesellschafterlichen Bindungen lösen zu können, sei durch den zwingenden § 133 HGB genügt.[50] Das RG bleibe eine überzeugende Begründung für seine restriktive Auslegung schuldig.[51] Der betroffene Gesellschafter habe sich eben im Voraus der entsprechenden gesellschaftsvertraglichen Bestimmung freiwillig unterworfen.[52] Der Ausschließung komme im Allgemeinen kein „*pönaler*“ Charakter zu.[53]

II. Meinungsstand nach RG ZAkDR 1938, 818

Der Wandel der Rechtsprechung erfolge durch die Entscheidung des Reichsgerichts vom 23.03.1938[54]. Darin findet sich in verfahrensrechtlicher Hinsicht die Erkenntnis, dass weder „*zwingende Vorschriften des Gesellschaftsrechts*“ noch

45 RGZ 109, 80, 82.

46 § 142 HGB a.F. (Übernahme des anderen Gesellschaftsanteils nach dem Wortlaut nur durch gerichtliche Entscheidung).

47 *Staub*, in Staub ADHGB (1897), Art. 128 § 6 unter ausdrücklicher Verweisung auf ROHG 21, 84: „*Die Ausschließung erfolgt durch richterliches Urteil. Sie kann nicht erfolgen durch Majoritätsbeschluss der übrigen Sozien, auch wenn der Gesellschaftsvertrag für die Regelung von Gesellschaftsangelegenheiten Majoritätsbeschlüsse für genügend erachtet.*“

48 Z.B. Hachenburg, JW 1925, 244; dagegen wiederum mit der Rechtssprechung *Pinner*, in Staub HGB (1932), § 140 Anmerkung 6: „*Das Urteil hat demnach rechtsbezeugende, nicht rechtsbekundene Bedeutung (...).*“

49 *Flechtheim*, in Düringer/Hachenburg HGB, § 140 Anmerkung 15.

50 *Flechtheim*, in Düringer/Hachenburg HGB, § 140 Anmerkung 13.

51 *Flechtheim*, in Düringer/Hachenburg HGB, § 140 Anmerkung 15.

52 *Flechtheim*, in Düringer/Hachenburg HGB, § 140 Anmerkung 15.

53 *Flechtheim*, in Düringer/Hachenburg HGB, § 140 Anmerkung 15.

54 ZAkDR 1938, 818.

„*öffentlich-rechtliche Belange*" dagegen sprächen, die Ausschließung durch Beschluss der verbleibenden Gesellschafter zu ermöglichen. Tragender Pfeiler dieses Urteil war die Vertragsfreiheit:

> „*Es steht nichts entgegen, seine Entfernung aus der Gesellschaft in das Belieben eines oder mehrerer Mitgesellschafter zu stellen oder von einem Beschluss aller verbliebenen Gesellschafter abhängig zu machen, eine Ausschließung jederzeit und ohne einen weiteren sie rechtfertigenden Grund stattfinden zu lassen oder für sie von vornherein oder nach bestimmter Dauer der Mitgliedschaft des Auszuschließen den das Vorliegen besonderer, in seiner Person gegebener Voraussetzungen zu erfordern.*"[55]

Großmann-Doerth feierte das Urteil in seiner Anmerkung als einen „*Sieg der Vertragsfreiheit auf einem Gebiet, auf welchem sie bisher ohne berechtigten Grund unterdrückt worden ist.*"[56] Diese Freiheit findet ihre Einschränkung beispielsweise erst dort, wo auch die gerichtliche Nachprüfung des Ausschlussbeschlusses durch den Gesellschaftsvertrag ausgeschlossen wird.[57] Insoweit ergibt sich schon aus dem grundsätzlichen Wesensgehalt der §§ 131 Abs. 3, 133, 140 Abs. 1 Satz 1 HGB, dass die Überprüfung des Ausschlusses durch ein unabhängiges Gericht immer möglich sein muss.

Die Entscheidung verkehrte somit eine lange Zeit aufrecht erhaltende Rechtsprechungslinie in ihr Gegenteil[58] und folgte den kritischen Stimmen in der bisherigen Literatur. Eine Bestätigung fand die Rechtsprechung noch unter der Ägide des Reichsgerichts mit Urteil vom 07.12.1943[59]. Darin zeichnet das Reichsgericht noch einmal die Entwicklung des Streitstandes in Rechtsprechung und Literatur nach. Im Übrigen liege es in der Hand der Gesellschafter, die mit einem Ausschluss durch Beschluss einhergehende Rechtsunsicherheit über die Recht- oder Unrechtmäßigkeit des Ausscheidens in Kauf zu nehmen.

Der BGH hat sich diesen Vorgaben seines Vorgängergerichts zunächst ohne Einschränkungen angeschlossen.[60] Das Gericht ist dieser Linie bis heute treugeblieben, soweit es um die Entbehrlichkeit eines vorgeschalteten gerichtlichen Urteilsverfahrens für den Gesellschafterausschluss geht.[61] Mit Urteil vom 17.12.1959[62] hat der BGH seine dahingehenden Gründe präzisiert. Das Gesetz gehe von einem möglichst großen Gestaltungsspielraum der Gesellschafter aus, der seine Grenzen nur im Gesamthandsprinzip und in den §§ 134, 138 BGB fin-

---

55 ZAkDR 1938, 818.
56 *Großmann-Doerth*, ZAkDR 1938, 819.
57 *Huber*, ZGR 1980, 177, 181.
58 *Behr*, ZGR 1985, 475, 481.
59 DR 1943, 808.
60 BGH vom 03.10.1957 – II ZR 150/56, WM 1957, 1406, 1407.
61 BGH vom 19.03.2007 – II ZR 300/05, NJW-RR 2007, 913: Darin wird die Wirksamkeit des Ausschlusses durch Beschluss gar nicht mehr problematisiert, sondern als rechtliche Gegebenheit angesehen.
62 BGHZ 31, 295, 298 ff.

de. Gegen das Gesamthandsprinzip wird durch einen Ausschluss durch Beschluss nicht verstoßen, wie § 737 BGB für die Gesellschaft bürgerlichen Rechts (GbR) zeige. Es bliebe dem Auszuschließenden immer vorbehalten, den Ausschluss gerichtlich überprüfen zu lassen und bei einem unwirksamen Ausschluss Schadensersatzansprüche geltend zu machen. Der Sinn von § 140 Abs. 1 Satz 1 HGB bestehe nicht darin, den Gesellschaftern den Ausschluss durch Beschluss zu verwehren, sondern ihnen auch (und immer) die Möglichkeit der Ausschlussklage zu erhalten. Den schutzwürdigen Interessen Dritter würde durch § 15 HGB Genüge getan.

Die Literatur hat sich diese Rechtsprechungsansicht bis auf *Merkel*[63] und *Behr*[64] in den Jahrzehnten seit 1938 zu Eigen gemacht und den dispositiven Charakter von § 140 Abs. 1 Satz 1 HGB in formeller Hinsicht bejaht.[65] Dabei wird als Begründung auf die gerichtliche Nachprüfbarkeit des Ausschlusses[66] und auf die grundsätzlich den Gesellschaftern zuzubilligende Möglichkeit, die Angelegenheiten der Gesellschaft so weit wie möglich selbst zu regeln[67], abgestellt. Zudem sei das Gestaltungsklageerfordernis aufgrund der oftmals langen Dauer gerichtlicher Verfahren dazu geeignet, dass es zu schweren Spannungen und Störungen der Zusammenarbeit innerhalb der Gesellschaft komme.[68]

III. Zusammenfassung

Zusammenfassend lässt sich festhalten, dass die Rechtsprechung den dispositiven Charakter des § 140 Abs. 1 Satz 1 HGB in verfahrensrechtlicher Hinsicht schon vor langer Zeit bejaht hat und heute stillschweigend voraussetzt. Die Literatur hat weitgehend die kritische Hinterfragung dieser Rechtsprechung eingestellt und konzentriert sich fast vollständig auf die Auseinandersetzung mit der BGH-Ansicht zu gesellschaftsvertraglichen freien Ausschlussklauseln in materieller Hinsicht („Damokles"-Gedanke).[69] In der gesellschaftsvertraglichen Gestaltungspraxis hat sich das Ausschlussverfahren durch Gesellschafterbeschluss oder Hinauskündigung durch einen Berechtigten nahezu vollständig durchgesetzt.[70]

---

63 *Merkel*, MDR 1961, 729.

64 *Behr*, ZGR 1985, 475, 505.

65 *Emmerich*, in Heymann HGB, § 140 Rn. 32; *Schmidt*, in MünchKomm HGB, § 140 Rn. 91.

66 *Stuhlfelner*, in Glanegger HGB, § 140 Rn. 7.

67 *Manke*, Ausschließung, S. 24 f.

68 *Schöne*, Gesellschafterausschluss, S. 31.

69 Z.B. *Drinkuth*, NJW 2006, 410.

70 Das kommt dadurch zum Ausdruck, dass entsprechende Klauseln in den Formularbüchern als Vorlage für fast alle Gesellschaftsverträge enthalten sind (z.B. MünchVertragshandbuch GesR, Formular II 3, § 9 II b)).

IV. Kritische Würdigung

Der dargestellte Meinungsstand in Literatur und Rechtsprechung wird im Folgenden einer kritischen Würdigung anhand der allgemeinen Methoden bezüglich der Auslegung von Gesetzen unterzogen. Anschließend kann eine Entscheidung in Hinblick auf den zwingenden oder nachgiebigen Charakter von § 140 Abs. 1 Satz 1 HGB in verfahrensrechtlicher Perspektive getroffen werden.

1. Allgemeine Voraussetzungen

Der Gesetzgeber kann es dem Rechtsanwender leicht machen, indem er dem Gesetzeswortlaut nach eindeutig regelt, ob eine Bestimmung zwingenden Charakter haben soll oder ob sie durch die (Vertrags-) Praxis abgeändert werden kann. Ein Beispiel im HGB ist § 133 Abs. 3 HGB, wonach eine Vereinbarung unwirksam ist, durch welche das Recht des Gesellschafters, die Auflösung der Gesellschaft zu verlangen, ausgeschlossen oder den Regelungen des § 133 HGB zuwider beschränkt wird.[71] Dagegen ordnet § 109 HGB für den Bereich der §§ 110 bis 122 HGB deren dispositive Wirkung an; sie gelten nur, wenn im Gesellschaftsvertrag nichts anderes vereinbart ist.

In § 140 HGB findet sich keine ausdrückliche Bestimmung über seinen zwingenden oder nachgiebigen Charakter.[72] Deshalb ist diese Frage eine Auslegungsfrage.[73] Dabei bedeutet Auslegen, den Sinn eines Textes zu erforschen und ihn dadurch zu verstehen.[74]

In diesem Sinne ist zweierlei zu tun. Zum einen ist zu untersuchen, was der Autor mit dem Text sagen wollte und zum anderen ist die Bedeutung des Textes für andere, beispielsweise den Anwender, herauszufiltern.[75] Bei der Auslegung von Gesetzen haben sich vier allgemeine heranzuziehende Gesichtspunkte herausgebildet: die sprachliche, die historische, die systematische und die teleologische Auslegung.[76]

2. Zur Auslegung des § 140 Abs. 1 Satz 1 HGB

Anhand der oben genannten Methoden ist zu prüfen, ob der Regelungsinhalt des § 140 Abs. 1 Satz 1 HGB in verfahrensrechtlicher Hinsicht dem „freien Spiel

71 Ansonsten ist eine Änderung oder Erweiterung der Auflösungsmöglichkeit zulässig; § 133 HGB ist deshalb im Grundsatz nicht zwingend (*Schmidt*, in MünchKomm HGB, § 133 Rn. 62 unter Berufung auf BGH vom 17.12.1959 – II ZR 32/59, BGHZ 31, 295, 300).

72 *Manke*, Ausschließung, S. 25 f.

73 *Manke*, Ausschließung, S. 25.

74 *Coing/Honsell*, in Staudinger BGB, Einl. zum BGB Rn. 120.

75 *Coing/Honsell*, in Staudinger BGB, Einl. zum BGB Rn. 120.

76 *Kramer*, Methodenlehre, S. 50.

der Kräfte des privatautonomen Bereichs"[77] überlassen werden soll oder, ob die Gestaltungsklage zwingende Voraussetzung für den Ausschluss ist.

B. Wortlaut des § 140 Abs. 1 Satz 1 HGB
I. Begriffsklärung

Die sprachlich-grammatikalische Auslegung ist der Ausgangspunkt einer jeden Auslegung.[78] Der mögliche Wortsinn einer Vorschrift bildet die Grenze, die die Rechtsanwendung nicht überschreiten darf, um den bindenden Willen des Gesetzgebers nicht zu konterkarieren[79].

II. Anwendung auf § 140 Abs. 1 Satz 1 HGB

§ 140 Abs. 1 Satz 1 HGB lautet:

> *„Tritt in der Person eines Gesellschafters ein Umstand ein, der nach § 133 für die übrigen Gesellschafter das Recht begründet, die Auflösung der Gesellschaft zu verlangen, so kann vom Gericht anstatt der Auflösung die Ausschließung dieses Gesellschafters aus der Gesellschaft ausgesprochen werden, sofern die übrigen Gesellschafter dies beantragen."*

Der Wortlaut der Norm ist bezüglich des Ausschlussverfahrens somit grundsätzlich offen.[80] Allerdings findet sich darin keine Einschränkung dergestalt, dass die Ausschließung des Gesellschafters nur per Klage erfolgen darf. Wenn ein wichtiger Grund für die Auflösungsklage des § 133 HGB vorliegt und wenn der Grund in der Person eines Gesellschafters auftritt, dann kann auch auf Ausschließung dieses Verbandsmitglieds geklagt werden.

III. Ergebnis

Der einschränkungslose Wortlaut des § 140 Abs. 1 Satz 1 HGB spricht eher für den dispositiven Charakter der Norm.

C. Erwägungsgründe des historischen Gesetzgebers
I. Begriffsklärung

Die rechtshistorische Auslegung umfasst die Aufklärung der ursprünglichen Terminologie des Gesetzgebers zur Zeit der Entstehung der Vorschrift und die Erforschung der damaligen ratio legis. In diesem Zusammenhang wird untersucht, welche Fälle und Konflikte bzw. welche Lösungen dafür der Normgeber

---

77 *Manke*, Ausschließung, S. 26.
78 BGH vom 30.06.1966 – KZR 5/65, BGHZ 46, 74, 76.
79 *Heinrichs*, in Palandt BGB, Einl. zum BGB Rn. 41.
80 *Behr*, ZGR 1985, 475, 501.

bei ihrer Schaffung im Sinn hatte.[81] Diese Methode kann besonders bei alten Gesetzen von Bedeutung sein.[82]

II. Anwendung auf § 140 Abs. 1 Satz 1 HGB

Der Wortlaut des § 140 Abs. 1 Satz 1 HGB ist seit seinem Inkrafttreten mit dem HGB am 01.01.1900 nicht verändert worden, so dass die Erwägungen des historischen Gesetzgebers für die Auslegung von Nutzen sein können. Generell lässt sich aus den Überlegungen des historischen Gesetzgebers mehr herleiten als aus dem bloßen Wortlaut.

In den Materialien zum ADHGB findet sich laut ROHG[83] nichts zum Charakter der Vorgängernorm Art. 128 ADHGB. In der Denkschrift zum späteren Entwurf eines Handelsgesetzbuches wird dagegen ausdrücklich betont, dass die Ausschließung nur durch Urteil erfolgen könne.[84] Dieses an sich eindeutige Votum lässt sich nachvollziehen, wenn man das historische Umfeld bedenkt, in dem § 140 Abs. 1 Satz 1 HGB entstanden ist. Zu jener Zeit gab es bereits zwei Urteile des ROHG[85] und des Reichsgerichts[86], die den zwingenden Charakter der Verfahrensordnung beim Ausschluss ausdrücklich bejaht hatten. Dieser Meinung hatte sich auch das Schrifttum in der Zeit um 1900 weitgehend angeschlossen. Daraus folgernd, konnte § 140 Abs. 1 Satz 1 HGB *„als eine Regelung verstanden werden, die den bis dahin geltenden Rechtszustand gesetzlich festschreiben wollte.“*[87] Man muss also davon ausgehen, dass der historische Normgeber die Ausschlussklage nicht als ein bloßes Plus zum Gestaltungsrecht in dem Sinne, dass sie bei fehlender gesellschaftsvertraglicher Vereinbarung immer subsidiär eingreifen sollte[88], angesehen hat. Vielmehr sollte die Klage die einzige Möglichkeit darstellen, den *„exzeptionellen“*[89] Ausschluss eines Gesellschafters zu vollziehen.[90]

Für diese Ansicht spricht im vorliegenden Zusammenhang zudem der Vergleich mit § 737 BGB für die GbR, der ein Ausschließungsrecht bei Vereinbarung einer Fortsetzungsklausel für die übrigen Gesellschafter vorsieht. Aus dem Umstand, dass § 737 BGB jünger ist[91], lässt sich ableiten, dass hier das Gestal-

---

81 *Coing/Honsell*, in Staudinger BGB, Einl. zum BGB Rn. 161.

82 *Coing/Honsell*, in Staudinger BGB, Einl. zum BGB Rn. 161.

83 ROHG vom 03.10.1876, ROHG 21, 84, 87 f.

84 Denkschrift zum Entwurf eines Handelsgesetzbuches, 9. Legislaturperiode, IV. Session 1895/97, S. 100 f.

85 ROHG vom 03.10.1876, ROHG 21, 84.

86 RG vom 15.01.1897 – II 270/96, RGZ 38, 119.

87 *Behr*, ZGR 1985, 475, 502.

88 In diese Begründungsrichtung deutet aber BGH vom 17.12.1959 – II ZR 32/59, BGHZ 31, 295, 299 f.

89 RG vom 18.09.1889 – I 154/89, RGZ 24, 136, 139.

90 *Behr*, ZGR 1985, 475, 502.

91 Inkrafttreten mit dem BGB ebenfalls am 01.01.1900, aber das „jünger“ bezieht sich auf Art. 128 ADHGB.

tungsrecht in bewusster Abgrenzung zum strengen handelsrechtlichen Klageerfordernis geschaffen wurde.[92] Im Umkehrschluss wäre also vom zwingenden verfahrensrechtlichen Charakter von § 140 Abs. 1 Satz 1 HGB auszugehen. In diese Richtung geht auch die Denkschrift zum HGB: „*Es genügt nicht der Beschluss der Gesellschafter wie im BGB, sondern es ist (...) gerichtliche Entscheidung nötig.*“[93]

Diese Darstellung berücksichtigt allerdings nicht den später erfolgten Wandel des Normumfelds des § 140 Abs. 1 Satz 1 HGB durch das Handelsrechtsreformgesetz, der oben dargestellt wurde.

III. Ergebnis

Die historische Auslegung kommt im Ergebnis eher zum zwingenden Charakter des Gestaltungsklageerfordernisses bei § 140 Abs. 1 Satz 1 HGB.

D. Systematik

I. Begriffsklärung

Nach der logisch-systematischen Auslegung ist eine isolierte Betrachtung einer einzelnen Vorschrift nicht möglich. Es bedarf der Herstellung eines Gesamtzusammenhangs innerhalb des Gesetzes oder zwischen unterschiedlichen Gesetzen.[94] Dabei ist davon auszugehen, dass die einzelnen Vorschriften, Gesetze und sogar Rechtsgebiete nicht ohne jede Verknüpfung nebeneinander stehen. Diese „*Einheit der Rechtsordnung*“[95] ist bei jeder Auslegung zu beachten. Das zwingt dazu, eine Norm nicht isoliert, sondern im Kontext ihres jeweiligen gesetzlichen Regelungsfeldes zu betrachten.[96]

II. Anwendung auf § 140 Abs. 1 Satz 1 HGB

Es stellt sich die Frage, wie sich § 140 Abs. 1 Satz 1 HGB in das Normengefüge, im Speziellen in die Vorschriften des HGB und im Allgemeinen in die generelle Rechtsordnung, einpasst. Von besonderer Bedeutung ist dabei der Blick auf die Regelungen zur GbR als Grundform der Gesamthandsgesellschaften in den §§ 705 ff. BGB.

---

92 *Behr*, ZGR 1985, 475, 502.

93 Denkschrift zum Entwurf eines Handelsgesetzbuches, 9. Legislaturperiode, IV. Session 1895/97, S. 100 f.

94 *Coing/Honsell*, in Staudinger BGB, Einl. zum BGB Rn. 143.

95 So der Titel des Werks von *Engisch*, S. 5: „*Alle diese Erscheinungsformen* (Sollenssätze, Handlungen und Unterlassungen der Rechtsgenossen usw., S. 4 f.; Anmerkung des Verfassers) *von Recht und Rechtlichem stehen untereinander und mit der Rechtsordnung (...) in funktionalen Beziehungen.*“

96 *Kramer*, Methodenlehre, S. 77.

1. Herleitung des dispositiven Charakters aus § 109 HGB

§ 109 HGB begründet den grundsätzlich dispositiven Charakter der Regelungen über die Rechtsverhältnisse der Gesellschafter der OHG untereinander. Die Norm statuiert den Primat des Gesellschaftsvertrags.[97] Dieser Primat gilt ausdrücklich nur für die genannten Regelungen der §§ 110-122 HGB. § 109 HGB streicht die grundsätzliche Bedeutung der Privatautonomie für die Beziehungen der Gesellschafter heraus.[98] Über § 140 Abs. 1 Satz 1 HGB ist damit zwar direkt noch nichts gesagt.[99] Allerdings betrifft die Vorschrift in erster Linie des Innenverhältnis der Gesellschafter, so dass die Grundaussage des § 109 HGB, der Vorrang der Privatautonomie in den gesellschafterlichen Binnenbeziehungen, fruchtbar gemacht werden kann. § 109 HGB spricht im Ergebnis eher für die Abdingbarkeit des § 140 Abs. 1 Satz 1 HGB.

2. Herleitung des dispositiven Charakters aus § 131 Abs. 3 Satz 1 Nr. 6 HGB

§ 131 Abs. 3 Satz 1 Nr. 6 HGB besagt, dass der Beschluss der Gesellschafter mangels abweichender vertraglicher Vereinbarungen zum Ausscheiden eines Gesellschafters führt. *Schmidt*[100] sieht in der Einführung genannter Vorschrift durch das Handelsrechtsreformgesetz die endgültige Erledigung des Streits über den formell zwingenden oder nachgiebigen Charakter des § 140 Abs. 1 Satz 1 HGB. Der Gesetzgeber habe das darin enthaltende Gestaltungsklageerfordernis als abdingbar anerkannt. Es lässt sich aus der Schaffung des § 131 Abs. 3 Satz 1 Nr. 6 HGB ein starkes Argument für die Wandlung der gesetzgeberischen Einstellung bzgl. der verfahrensrechtliche Seite des § 140 Abs. 1 Satz 1 HGB ableiten. Der Gesetzgeber geht nunmehr ausdrücklich vom nachgiebigen Charakter der Vorschrift aus.

3. § 140 Abs. 1 Satz 1 HGB und sein Regelungsumfeld

§ 140 Abs. 1 Satz 1 HGB befindet sich im ersten Abschnitt des zweiten Buchs des HGB unter dem Titel 4 *„Auflösung der Gesellschaft und Ausscheiden von Gesellschaftern“* (§§ 131-144 HGB). In diesem Bereich befinden sich sowohl Vorschriften, die einer privatautonomen Abweichung durch den Gesellschaftsvertrag unbestritten zugänglich sind (z.B. §§ 132 HGB[101], 131 Abs. 3 Einleitungssatz HGB[102]) als auch solche, die ausdrücklich oder unstreitig der gesell-

---

97 *Enzinger*, in MünchKomm HGB, § 109 Rn. 1.

98 *Von Gerkan/Haas*, in Röhricht/Graf von Westphalen HGB § 109 Rn. 1.

99 *Schöne*, Gesellschafterausschluss, S. 23.

100 *Schmidt*, GesR, § 50 III 2, S.1469.

101 In den Grenzen der §§ 105 Abs. 3 HGB, 723 Abs. 3 BGB (vgl. *Schmidt*, in MünchKomm HGB, § 132 Rn. 30).

102 In Bezug auf die Nummern 1-4 (vgl. *Stuhlfelner*, in Glanegger HGB, § 131 Rn. 6).

schaftsvertraglichen Regelung entzogen sind (z.B. §§ 133 Abs. 3 HGB[103]; 139 Abs. 5, 1. HS. HGB[104]; 135 HGB[105]). Im Allgemeinen muss damit für jede Norm des Titels 4 einzeln bestimmt werden, ob sie dispositiv oder zwingend ist. Eine Aussage für § 140 Abs. 1 Satz 1 HGB lässt sich seinem Regelungsumfeld nicht entnehmen.

4. Vergleich mit der Gestaltungsklagevoraussetzung bei der Ehescheidung

§ 1564 Satz 1 BGB begründet für die Ehescheidung eine Gestaltungsklagevoraussetzung. Aus genannter Bestimmung lässt sich allerdings nichts für § 140 Abs. 1 Satz 1 HGB herleiten, da sich bei § 1564 Satz 1 BGB der zwingende Verfahrensweg schon aus dem Wortlaut („nur“) ergibt.[106] Eine Übertragung dieser Erwägung im Wege des Umkehrschlusses wäre nicht sinnvoll und interessengerecht. Der zwingende Charakter einer Vorschrift muss sich nicht immer eindeutig aus ihrem Wortlaut ergeben. Dies folgt schon aus den unterschiedlichen Motiven des Gesetzgebers bei der Ausgestaltung von Gestaltungsklagevoraussetzungen.

Bei § 1564 BGB steht der Bestandsschutz der Ehe vor Übereilung durch Verfahren im Vordergrund.[107] Die Vorschrift will verhindern, dass die Ehegatten die Ehe bei jeder unbedeutenden oder auch bedeutenden Krise von sich aus sofort beenden können. Sie sollen sich zumindest durch das Scheidungsverfahren über die Folgen der Scheidung im Klaren sein und eine Zeit lang darüber nachdenken. § 140 Abs. 1 Satz 1 HGB liegt dagegen eine andere Überlegung zu Grunde, nämlich Rechtsklarheit über die Anteilsinhaber durch gerichtliche Gestaltung zu schaffen.[108]

5. Vergleich mit anderen verbandsrechtlichen Ausschlussregelungen

a) Vorbemerkung

Es gibt im Grundsatz bei der Frage, ob der Gesetzgeber ein Gestaltungsrecht oder ein Gestaltungsklagerecht im Gesetz anordnen will, keine strukturellen Zwänge.[109] Die Entscheidung für ein Gestaltungsklagerecht kann vom Normgeber sowohl abschließend als auch disponibel gemeint sein.[110] Im Zuge der folgenden Darstellung ist insbesondere zu berücksichtigen, dass der Bereich des

---

103 Soweit sein Regelungsbereich reicht.

104 *Stuhlfelner*, in Glanegger HGB, § 139 Rn. 24.

105 *Schmidt*, in MünchKomm HGB, § 135 Rn. 7.

106 *Ey*, in MünchKomm BGB, § 1564 Rn. 1.

107 *Ey*, in MünchKomm BGB, § 1564 Rn. 5.

108 Dieses Motiv wird sowohl von Gegnern (BGH vom 17.12.1959 – II ZR 32/59, BGHZ 31, 295, 299 f.) als auch Befürwortern (*Behr*, ZGR 1985, 475, 501) des zwingenden verfahrensrechtlichen Charakters der Vorschrift anerkannt.

109 *Behr*, ZGR 1985, 475, 499.

110 *Behr*, ZGR 1985, 475, 499.

Personengesellschaftsrechts vom Grundsatz „in dubio pro libertate" beherrscht wird.[111] Es gilt dabei zu klären, wie die Ausschlussmöglichkeiten in anderen ausgewählten Verbänden gesetzlich oder durch die Rechtsprechungspraxis und Literatur ausgestaltet sind. Weiterhin bedarf es eines ausführlichen Vergleichs mit der GbR als der Grundform der Personengesellschaften.

b) GmbH

Bei der GmbH findet sich zunächst in § 21 GmbHG die Kaduzierung, also der Ausschluss eines Gesellschafters, der auch nach Aufforderung die Einlage auf seinen Geschäftsanteil nicht leistet.[112] Dieses erfolgt durch Erklärung des Geschäftsführers, der wiederum auf einem Gesellschafterbeschluss beruhen kann.[113] Des Weiteren lässt § 34 Abs. 2 GmbHG die Einziehung (Amortisation) des Geschäftsanteils gegen den Willen des Inhabers nur zu, wenn die Voraussetzungen dafür im Gesellschaftsvertrag vor Erwerb des Anteils festgelegt waren. Die Einziehung erfolgt durch Gesellschafterbeschluss nach § 46 Nr. 4 GmbHG.[114]

Die beiden genannten Bestimmungen zugunsten des Gestaltungsrechts sind im GmbH-Recht allerdings bezüglich der Ausschlussmöglichkeiten eines Gesellschafters nicht abschließend.[115] Mit Urteil vom 01.04.1953[116] entschied der BGH in diesem Zusammenhang, dass ein Gesellschafter ohne Vorliegen einer gesetzlichen oder satzungsrechtlichen Bestimmung bei Vorliegen eines wichtigen Grundes in seiner Person aus der GmbH ausgeschlossen werden kann. In dieser Entscheidung lehnt sich der BGH unter anderem an den § 140 Abs. 1 Satz 1 HGB als Ausdruck eines allgemeinen Rechtsprinzips an. Das Gericht will damit die Notwendigkeit einer Ausschlussmöglichkeit aus wichtigem Grund auch bei der GmbH begründen.[117] Der BGH führte in dieser Entscheidung für den Ausschluss das verfahrensrechtliche Erfordernis der Gestaltungsklage ein[118], wenn nichts anderes im Gesellschaftsvertrag vereinbart ist[119]. Das Gericht stellte dabei die Vorteile einer Gestaltungsklage interessanterweise noch einmal ausführlich dar:

> „*Der Sinn dieser Regelung* (§ 140 Abs. 1 Satz 1 HGB, Anmerkung des Verfassers) *ist, für den Ausschluss als eine besonders einschneidende Maßnahme von vornherein klare Verhältnisse zu schaffen. Wird die Ausschließung durch Urteil vorgenommen,*

---

111 *Behr*, ZGR 1985, 475, 488.
112 *Grunewald*, Der Ausschluss aus Gesellschaft und Verein, S. 45.
113 *Hueck/Fastrich*, in Baumbach/Hueck GmbHG, § 21 Rn. 10.
114 *Hueck/Fastrich*, in Baumbach/Hueck GmbHG, § 34 Rn. 14.
115 *Grunewald*, Der Ausschluss aus Gesellschaft und Verein; S. 45 f.
116 BGHZ 9, 157.
117 BGH vom 01.04.1953 – II ZR 235/52, BGHZ 9, 157, 164.
118 BGH vom 01.04.1953 – II ZR 235/52, BGHZ 9, 157, 164 ff.
119 BGH vom 01.04.1953 – II ZR 235/52, BGHZ 9, 157, 160.

so wird der sich beim Ausschließungsbeschluss ergebende Zustand der Unsicherheit und Ungewissheit vermieden. Diese Überlegung lässt die rechtsgestaltende Klage auch für die Ausschließung aus der GmbH als das geeignetere Mittel erscheinen."[120]

Das sind Erwägungen, die sich auch für den zwingenden Charakter der Klagevoraussetzung in § 140 Abs. 1 Satz 1 HGB ins Feld führen lassen. Im Ergebnis ist aber nach Meinung des BGH und ihm folgend der Literatur[121] der Ausschluss aus der GmbH durch Gesellschafterbeschluss möglich.

c) Verein

Im BGB findet sich für den Verein keine gesetzliche Ausschlussregelung. Dennoch kann ein Vereinsmitglied, wenn ein wichtiger Grund vorliegt, aus dem Verein ausgeschlossen werden.[122] Die Ausschließung erfolgt durch Beschluss und Ausschlusserklärung gegenüber dem Mitglied.[123] Aufgrund des Fehlens einer gesetzlichen Regelung und damit des Gegenstandes einer Untersuchung nach dem nachgiebigen oder zwingenden Charakter gibt der Verein im systematischen Vergleich mit den Personenhandelsgesellschaften wenig bis gar nichts her.

d) Aktiengesellschaft

Bei der Aktiengesellschaft gibt es als gesetzlich normierte Möglichkeiten, um Aktionäre aus der Gesellschaft auszuschließen, die Kaduzierung nach § 64 AktG durch Beschluss des Vorstandes[124], die Einziehung der Aktien nach § 237 AktG durch Beschluss der Hauptversammlung oder des Vorstandes[125] und das sog. „squeeze out" nach § 327a AktG durch Beschluss der Hauptversammlung[126].

Daneben ist wie bei der GmbH ein Bedürfnis vorhanden, einen Aktionär bei Vorliegen eines wichtigen Grundes aus der Gesellschaft ausschließen zu können.[127] Der BGH hat sich allerdings – in älteren Entscheidungen und dazu noch als obiter dictum – gegen eine solche Möglichkeit aufgrund des fehlenden personalistischen Einschlags bei der Aktiengesellschaft entschieden.[128] Nach Meinungen in der Literatur soll der Ausschluss dagegen zugelassen werden.[129] Die Aktionärsmitgliedschaft stelle ebenso wie bei anderen Verbänden eine Dau-

---

120 BGH vom 01.04.1953 – II ZR 235/52, BGHZ 9, 157, 166.
121 *Hueck/Fastrich*, in Baumbach/Hueck GmbHG, Anh. § 34 Rn. 16.
122 *Grunewald*, Der Ausschluss aus Gesellschaft und Verein, S. 39.
123 *Reuter*, in MünchKomm BGB, § 38 Rn. 56.
124 *Hüffer*, in Hüffer AktG, § 64 Rn. 6.
125 *Hüffer*, in Hüffer AktG, § 237 Rn. 23, 40.
126 *Hüffer*, in Hüffer AktG, § 327a Rn. 9.
127 *Raiser/Veil*, Recht der Kapitalgesellschaften, § 12 Rn. 62.
128 BGH vom 27.10.1955 – II ZR 310/53, BGHZ 18, 350, 365.
129 Z.B. *Grunewald*, Der Ausschluss aus Gesellschaft und Verein; S. 50 ff.

errechtsbeziehung dar, bei deren Störung es Sanktionsmöglichkeiten bis zum zwangsweisen Ausschluss geben müsse.[130] Wenn man genannte Option zulassen will, soll diese durch Beschluss (der Hauptversammlung) und Zwangsverkauf der Aktien verwirklicht werden können.[131] Im Ergebnis wird auch an dieser Stelle die eindeutige Literaturlinie in Bezug auf die grundsätzliche Möglichkeit des Ausschlusses aufgrund Beschlusses, wenn der Gesellschaftsvertrag dieses zulässt, deutlich. Zudem geht das Gesetz bei der AG bei den geregelten Fällen deutlich von Gestaltungsrechten ohne vorherige Gestaltungsklage aus.

e) Gesellschaft bürgerlichen Rechts

Das wichtigste strukturbezogene Argument der Anhänger des zwingenden Charakters des § 140 Abs. 1 Satz 1 HGB findet sich in § 737 BGB:

> *„Ist im Gesellschaftsvertrag bestimmt, dass, wenn ein Gesellschafter kündigt, die Gesellschaft unter den übrigen Gesellschaftern fortbestehen soll, so kann ein Gesellschafter, in dessen Person ein die übrigen Gesellschafter nach § 723 Abs. 1 Satz 2 zur Kündigung berechtigender Umstand eintritt, aus der Gesellschaft ausgeschlossen werden. Das Ausschließungsrecht steht den übrigen Gesellschaftern gemeinschaftlich zu. Die Ausschließung erfolgt durch Erklärung gegenüber dem auszuschließenden Gesellschafter."*

Ebenso wie bei der OHG bzw. KG kann zwischen der Auflösung der Gesellschaft und dem Ausschluss eines Gesellschafters bei Vorliegen eines wichtigen Grundes gewählt werden. Allerdings braucht es dafür nach dem Wortlaut des Gesetzes keine Klage. Ein Beschluss der übrigen Gesellschafter reicht.

GbR und die Personenhandelsgesellschaften ähneln sich in struktureller Hinsicht. Bei beiden sind im Grundsatz gleichlaufende Lösungen für gleich gelagerte Problematiken zu suchen.[132] Die Ähnlichkeit lässt sich schon daran festmachen, dass sich die OHG bei Wegfall der Voraussetzungen des Betreibens eines Handelsgewerbes (§§ 105 Abs. 1, 1 HGB) oder des Handelsregistereintrags (§§ 105 Abs. 2, 2 HGB) automatisch in eine GbR verwandelt und umgekehrt.[133] Dieser Aspekt wird noch durch die Anerkennung der grundsätzlichen Rechtsfähigkeit der Außen-GbR[134] und der analogen Anwendung vieler Vorschriften des HGB durch den BGH auf die Außen-GbR verstärkt. Das betrifft zum Beispiel den § 129 HGB bezüglich der Einwendungen von Gesellschaftern gegen ihre Inanspruchnahme[135] oder den § 130 HGB betreffend der Haftung eines eintretenden Gesellschafters[136].

---

130 *Schmidt*, GesR, § 28 I 5, S. 803.
131 *Schmidt*, GesR, § 28 I 5, S. 803.
132 *Grunewald*, Der Ausschluss aus Gesellschaft und Verein, S. 107.
133 *Sprau*, in Palandt BGB, § 705 Rn. 6.
134 BGH vom 29.01.2001 – II ZR 331/00, BGHZ 146, 341 (1. Leitsatz).
135 BGH vom 29.01.2001 – II ZR 331/00, BGHZ 146, 341, 358.
136 BGH vom 07.04.2003 – II ZR 56/02, BGHZ 154, 370, 373 ff.

Dagegen solle nach einer Ausfassung § 140 Abs. 1 Satz 1 HGB eine bewusste Abweichung von § 737 BGB darstellen, so dass daraus sein zwingender Charakter herzuleiten sei.[137] Der Grund dafür sei die Unterscheidung zwischen der GbR als Gelegenheitsgesellschaft und der OHG bzw. KG als auf Dauer begründet. Bei letzterer solle das Ausscheiden (und auch die Auflösung) durch die Klageanforderungen wesentlich erschwert sein.[138] Ansonsten hätte es einer Regelung wie § 737 BGB gar nicht bedurft, wenn es der Gesetzgeber den Gesellschaftern einer GbR nicht bewusst erleichtern wollte, Gesellschafter allein durch Beschluss auszuschließen oder die Gesellschaft aufzulösen (§ 723 BGB).[139]

Dem ist entgegenzuhalten, dass sich die damaligen Grundüberlegungen des Gesetzgebers, die Dauerhaftigkeit der Personenhandelsgesellschaften und der Gelegenheitscharakter der GbR, heute nicht mehr aufrechterhalten lassen. Die GbR dient zum Beispiel oftmals als Sozietät von Freiberuflern oder als Holding-Obergesellschaft[140]. Das sind Gesellschaftsformen, die grundsätzlich auf einen längeren Zeitraum ausgerichtet sind.[141] Bei solchen für den Wirtschaftsverkehr und die Wirtschaftsorganisation wichtigen GbR lässt sich das Argument der Kurzlebigkeit nicht aufrechterhalten. Folglich ist kein grundsätzlicher Unterschied bezüglich des Ausschlusses eines Gesellschafters bei der OHG bzw. KG zu machen. Genauso, wie Gesetze altern können, kann auch die Entwicklung in der Praxis dazu führen, dass sich bestimmte Erwägungen des Gesetzgebers nicht mehr aufrecht erhalten lassen bzw. er sie heute anders aufstellen würde. In diesem Sinne Wank:

> *„Lässt also ein älteres Gesetz Auslegungsspielräume, so ist diejenige Auslegung zu wählen, die den Wertungen des heutigen Gesetzgebers entspricht, so wie sie sich in heutigen Gesetzen niedergeschlagen haben.“*[142]

Im Ergebnis lässt sich deshalb aus den bloßen unterschiedlichen Voraussetzungen im Wortlaut von § 140 Abs. 1 Satz 1 HGB und § 737 BGB nicht auf eine Systematik des Gesetzes dahingehend schließen, dass bei ersterer Vorschrift die Klagevoraussetzung zwingend in bewusster Abgrenzung zu letzterer ausgestaltet werden sollte. Vielmehr ist in systematischer Hinsicht der Grundsatz der Harmonisierung zu beachten. Danach muss eine Auslegung des § 140 Abs. 1 Satz 1 HGB angestrebt werden, die mit § 737 BGB am ehesten zu vereinbaren ist.[143] Es ist zu versuchen, einen Gleichlauf der im Grundsatz sehr ähnlichen Gesellschaftsformen GbR und OHG bzw. KG im Bereich des Gesellschafterausschlus-

---

137 *Merkel*, MDR 1961, 729, 729 f.

138 *Merkel*, MDR 1961, 729, 730.

139 *Behr*, ZGR 1985, 475, 502.

140 Beispiele aus: *Schmid/von Ditfurth*, in MünchHandbuch GesR, §§ 24, 29.

141 *Schmid*, in MünchHandbuch GesR, § 24 Rn. 89 (für die Sozietät); *Kraft*, in Lutter Holding-Handbuch, § 3 Rn. 30 (für die Holding).

142 *Wank*, Auslegung, S. 46.

143 *Wank*, Auslegung, S. 89.

ses zu erreichen und damit eine systematisch befriedigende Lösung zu finden. Der Ausschluss durch Klage, der bei der OHG bzw. KG nach § 140 Abs. 1 Satz 1 HGB möglich ist, ist deshalb ebenso bei der GbR zulässig, wenn dies der Gesellschaftsvertrag so vorsieht. Umgekehrt muss es bei den Personenhandelsgesellschaften möglich sein, einen Ausschluss durch Gesellschafterbeschluss vorzusehen. Damit ist auch dem Grundsatz „in dubio pro libertate", der in systematischer Hinsicht ebenfalls seine Berücksichtigung finden muss, Genüge getan.

f) Partnerschaftsgesellschaft

§ 9 Abs. 1 PartGG verweist hinsichtlich des Ausscheidens eines Gesellschafters und der Auflösung der Gesellschaft auf die §§ 131-144 HGB. Folgerichtig wird ein Ausschluss durch Beschluss zugelassen, wenn er im Gesellschaftsvertrag vereinbart ist.[144] Die Literatur empfiehlt eine dementsprechende Regelung.[145] Infolgedessen lassen sich aus der Partnerschaftsgesellschaft keine Schlüsse in Bezug auf die Problemstellung im Zuge des § 140 Abs. 1 Satz 1 HGB ziehen.

g) Genossenschaft

Die Genossenschaft besitzt eine Ausschlussregelung in § 68 GenG. Nach § 68 Abs. 1 Satz 1 GenG müssen die Gründe, aus denen ein Mitglied ausgeschlossen werden kann, ausdrücklich in der Satzung bestimmt sein. § 68 Abs. 2 Satz 1 GenG spricht dann von einem Ausschlussbeschluss. Es bleibt festzuhalten, dass bei der Genossenschaft als Ausschlussinstrument ein Gestaltungsrecht vorgesehen ist. Die (nachträgliche) gerichtliche Überprüfung ist auch hier immer möglich.[146]

h) Ergebnis

Beim Vergleich von § 140 Abs. 1 Satz 1 HGB mit anderen verbandsrechtlichen Gestaltungen zum Verfahren hinsichtlich des Ausschlusses eines Gesellschafters zeigt sich, dass es nur sporadisch (bei der GbR, der Genossenschaft und der Partnerschaftsgesellschaft) gesetzliche Regelungen gibt. Diese und die von Rechtssprechung und Literatur geschaffenen Lösungen für den Verein, die GmbH und die Aktiengesellschaft gehen auf der verfahrensrechtlichen Seite von einem Ausschluss durch Beschluss aus. Es lässt sich ein allgemeines Prinzip im Gesellschaftsrecht konstatieren, dass der Ausschluss eines Gesellschafter durch Beschluss der anderen Verbandsmitglieder immer möglich sein muss, wenn der Gesellschaftsvertrag dies vorsieht.

---

144 *Castan/Wehrheim*, Partnerschaftsgesellschaft, S. 73.

145 *Schmidt*, NJW 1995, 1, 4.

146 LG München vom 24.09.1990 – 17. HKT 15 680/90, NJW-RR 1991, 296.

Aus der systematischen Untersuchung lässt sich das Ergebnis ziehen, dass es sich bei § 140 Abs. 1 Satz 1 HGB um eine dem sonstigen heutigen Verbandsrecht fremde, nicht benötigte[147] und durch Vertragsgestaltung bzw. Privatautonomie zu korrigierende Sondernorm handelt. Es stellt sich also hinsichtlich der teleologischen Auslegung die Frage: Weshalb sollte § 140 Abs. 1 Satz 1 HGB zwingend sein? Das Erfordernis einer Klage hat zwar auch Vorteile, allerdings gibt es auch Konfliktlagen, die sich durch den Klagemodus nicht befriedigend lösen lassen. Die Gesellschafter sollten aus diesem Grund die Ausschließung durch Beschluss vorsehen können, wenn sie dies als zweckmäßig erachten. Dass eine solche Bestimmung zulässig sein muss, zeigt der vergleichbare § 737 BGB.

E. Sinn und Zweck

I. Begriffsklärung

Die teleologische Auslegungsmethode ist die Suche nach dem Zweck einer Vorschrift.[148] Um diesen „telos" zu untersuchen, kann man sich zweierlei Methoden bedienen. Entweder wird nach dem Zweck gefragt, den der historische Gesetzgeber einer Vorschrift zuerkennen wollte (subjektiv-teleologische Methode), oder man fragt nach dem Sinn in Hinblick auf die aktuelle Gesetzes- und Wertungslage (objektiv-teleologische Methode).[149] Dabei ist unter grundsätzlicher Beachtung der historischen Erwägungen des Gesetzgebers auf letztgenannte Methode abzustellen, da die Gesetzes- und Rechtsanwendung immer gegenwarts- bzw. zukunftsbezogen ist.[150]

Es darf somit nicht allein bei der Betrachtung des historischen Sinnzusammenhangs bleiben.[151] Bei der Auslegung ist so vorzugehen, dass zunächst die praktischen Ergebnisse der einzelnen Auslegungsmöglichkeiten herausgearbeitet[152] und diese sodann am Zweck der Vorschrift orientiert auf ein befriedigendes Ergebnis hin untersucht werden[153].

II. Anwendung auf § 140 Abs. 1 Satz 1 HGB

Bezogen auf § 140 Abs. 1 Satz 1 HGB werden im Folgenden zuerst die praktischen Vor- und Nachteile des Ausschlusses durch einen Gesellschafterbeschluss beschrieben. Anschließend wird anhand der herausgearbeiteten Tatsachen eine Interessen- und Güterabwägung vorgenommen.

---

147 In diesem Sinne *Schmidt*, in MünchKomm HGB, § 140 Rn. 1, der den § 140 HGB als aus heutiger Sicht nicht unentbehrliche Vorschrift ansieht.

148 *Kramer*, Methodenlehre, S. 130.

149 *Coing/Honsell*, in Staudinger BGB, Einl. zum BGB Rn. 149.

150 *Kramer*, Methodenlehre, S. 119, 130.

151 *Schneider*, JA 2008, 174, 175.

152 *Coing/Honsell*, in Staudinger BGB, Einl. zum BGB Rn. 149.

153 BGH vom 19.11.1971 – V ZR 100/69, BGHZ 57, 245, 248.

1. Die Vor- und Nachteile des Beschlussausschlusses
a) Vorteile

Die Privat- bzw. im Gesellschaftsrecht die Verbands- oder Satzungsautonomie gibt Gesellschaften das Recht, den Aufbau ihrer Gesellschaft und ihre inneren Verhältnisse selbst zu gestalten.[154] Sie ist ein Grundprinzip des Personengesellschaftsrechts und für die OHG gesetzlich in § 109 HGB verankert.[155] Zudem ist die Privatautonomie ein Grundprinzip der gesamten Privatrechtsordnung.[156] Insbesondere bei dem Abschluss von Personengesellschaftsverträgen muss es den Gesellschaftern aufgrund der Vielzahl der denkbaren Gestaltungsvarianten und Interessen unbenommen sein, ihre wechselseitigen Bindungen so weit wie möglich selbst zu regeln.[157] Mit dem Grundsatz der Privatautonomie ist es besser zu vereinbaren, wenn die Gesellschafter die formellen Voraussetzungen des Ausschlusses eines Mitgesellschafters autonom festlegen können.
Weiterhin ist es für die ausschließenden Gesellschafter wichtig, der Gesellschaft im Zuge des mit der Ausschließung einhergehenden Konflikts wieder Stabilität zu verleihen. Diesem Bestreben kann eine schon vorherige Anrufung des Gerichts zuwiderlaufen. Mit dem gesellschaftsvertraglich begründeten Ausschluss durch Gesellschafterbeschluss ist ein rein faktischer Zustand geschaffen. Es liegt am betroffenen Gesellschafter den Ausschluss anzugreifen. Er kann ihn aber auch akzeptieren und sich auf das Erhalten oder Erstreiten einer aus seiner Sicht angemessenen Abfindung konzentrieren. Diese Frage bleibt nach Ansicht des BGH einem eigenständigen Prozess vorbehalten.[158]

Wenn man nur die Gestaltungsklage als Ausschlussmöglichkeit akzeptiert, führt das zu einer „Hochzonung" des Konflikts. Dieser wird von der privatautonomen in die hoheitliche Sphäre getragen, egal, ob die Beteiligten dieses wollen oder nicht. Das verursacht nicht nur Kosten, sondern führt auch zu einer weiteren Eskalation der möglicherweise divergierenden Ansichten über den Ausschluss.[159]

Im Übrigen brauchen Gerichte bekanntlich Zeit für ihre Entscheidungen, Unter Einbeziehung eines möglichen vorläufigen Rechtsschutzes[160] und des Instanzenzuges können einige Jahre vergehen, bis endgültig über die Wirksamkeit des Ausschlusses entschieden ist.[161] Es kommt zu einem langen Schwebezu-

---

154 *Schmidt*, GesR, § 24 V 1, S. 707.
155 *von Gerkan*, in Röhricht/Graf von Westphalen HGB, § 109, Rn. 1.
156 *Bunte*, ZIP 1983, 8, 11.
157 *Esch*, NJW 1979, 1390, 1391.
158 Vgl. nur BGH vom 09.07.1990 – II ZR 194/89, BGHZ 112, 103, 111 f.
159 *Manke*, Ausschließung, S. 48.
160 Aufgrund der sofortigen Wirkung eines Ausschlussbeschlusses ist nach *Kiethe*, NZG 2004, 114, 117 effektiver Rechtsschutz dagegen, wenn man diese Möglichkeit abweichend von § 140 Abs. 1 Satz 1 HGB zulässt, nur durch eine einstweilige Verfügung möglich.
161 *Behr*, ZGR 1985, 475, 503.

stand. Auch im Falle eines Erfolgs der Klage gegen den Ausschluss wird es kaum zur Rückgängigmachung des Ausscheidens kommen[162]. Unruhe und Unsicherheit in der Gesellschaft sind aber dadurch bereits vorhanden. Zu diesem Zeitraum kommt es bei einem Ausschluss durch Gestaltungsrechtsklausel im Gesellschaftsvertrag[163] nicht, da die Ausschließung mit Bekanntgabe des entsprechenden Beschlusses erst einmal als wirksam behandelt werden muss, auch wenn dieser sich später nach gerichtlicher Überprüfung als nichtig erweist.[164]

b) Nachteile

Die Nachteile des Beschlussausschluss sind die Vorteile der Gestaltungsklage. Diese hat den Zweck, bei privaten Rechtsbeziehungen Rechtsfrieden zu schaffen. Die Rechtsgestaltung und damit auch die Prüfung der Rechtmäßigkeit sind sofort dem Richter überlassen. Die Klage dient zudem der Rechtssicherheit. Zwar tritt die Wirksamkeit des Ausschlussbeschlusses nicht ein, wenn die Ausschlussvoraussetzungen nicht vorlagen[165], aber ohne eine dementsprechende rechtliche Prüfung durch das Gericht wird jede Seite darüber ihre eigene Einschätzung vertreten.

Ein mit der Gesellschaft in rechtlichen Kontakt tretender Dritter hat aufgrund der grundsätzlichen persönlichen Haftung bei OHG bzw. KG gemäß § 128 HGB (in Verbindung mit § 161 Abs. 2 HGB) einen Direktanspruch gegen den einzelnen Gesellschafter auf Begleichung seiner Ansprüche gegen die Gesellschaft.[166] Im Zweifel ist es ihm ebenfalls nicht egal, wer Gesellschafter ist und wer nicht. Der Vorteil der Gestaltungsklage in dieser Hinsicht liegt damit klar auf der Hand. Es herrschen ab dem Zeitpunkt der Rechtskraft des Gestaltungsurteils klare Verhältnisse für den Betroffenen und den Rechtsverkehr. Problem ist nur, dass dieser Zeitpunkt, wie bereits angesprochen, aufgrund des gerichtlichen Instanzenzuges einige Monate oder sogar Jahre in der Zukunft liegen kann.

Das Erfordernis einer Gestaltungsklage gibt dem Gesellschafter zwar die Gewähr, dass der Ausschluss nur in den Fällen wirksam ist, die vom Gesetz oder Gesellschaftsvertrag vorgesehen sind. Allerdings hat der Gesellschafter auch immer die Möglichkeit, seinen gesellschaftsvertraglichen Ausschluss gerichtlich im Zuge einer Feststellungsklage überprüfen zu lassen.[167]

Zudem kommt es in einem Prozess zu einem Rollenwechsel.[168] Bei einer Gestaltungsklage müssen die berechtigten Gesellschafter auf Ausschluss klagen.

---

162 OLG Saarbrücken vom 30.06.1989 – 4 U 2/89, NJW-RR 1989, 1512, 1514.

163 Nur dann steht den Gesellschaftern diese Option überhaupt offen (vgl. OLG Zweibrücken vom 04.03.1999 – 4 U 121/98, NZG 1999, 762).

164 OLG Saarbrücken vom 30.06.1989 – 4 U 2/89, NJW-RR 1989, 1512, 1514.

165 OLG Hamm vom 24.05.2007 – 15 W 145/07, NZG 2008, 21 (2. Leitsatz)..

166 *Neubauer/Herchen*, in MünchHandbuch GesR, § 68 Rn. 2.

167 BGH vom 17.12.1959 – II ZR 32/59, BGHZ 31, 295, 299.

168 *Behr*, ZGR 1985, 475, 504.

Nach Ausübung des Gestaltungsrechts ist der Ausgeschlossene in der Pflicht, gegen den Ausschluss vorzugehen. Dieses bringt für ihn vor allem im Hinblick auf die Kostenvorschusslast und beim einstweiligen Rechtsschutz (Stichwort: Last der Glaubhaftmachung) Nachteile.[169]

2. Abwägung der betroffenen Interessen und Rechtsgrundsätze

Es gibt also sowohl gewichtige Vor- als auch gewichtige Nachteile beim Durchspielen der beiden Lösungsmöglichkeiten in der praktischen Anwendung. Beide Ansätze können sich auf bedeutsame Rechtsprinzipien und Grundsätze berufen. Die Gestaltungsklagelösung dient dem Schutz des einzelnen Gesellschafters vor der möglichen Willkür der Gesellschaftermehrheit. Die Beschlusslösung hat die im Bereich des Gesellschaftsrechts besonders stark zu berücksichtigende Privatautonomie auf ihrer Seite und folgt insoweit dem Recht auf Selbstbestimmung der Gesellschafter.[170]

Es ist aber nicht zu verkennen, dass jeder Nachteil der Beschlusslösung bewältigt werden kann. Mit der Gesellschaft in Kontakt stehende Dritte sind über § 15 HGB bzw. ergänzend über die Grundsätze der Rechtsscheinshaftung geschützt.[171] Der Schutz des Auszuschließenden kann im Grundsatz ebenso durch die nachträgliche Anrufung des Gerichts, die immer möglich sein muss[172], erreicht werden. Wenn sich der Ausschluss im Nachhinein als unzulässig herausstellt, wird der Betroffene aufgrund der zwischenzeitlich aufgetretenen und sogar vor Gericht ausgefochtenen Konflikte wohl kaum daran interessiert sein, in die Gesellschaft zurückzukehren. Es geht dann eher um die Frage einer wie auch immer gearteter Kompensation. In diesem Fall macht sich die Gesellschaft gegenüber dem zu Unrecht Ausgeschlossenen schadensersatzpflichtig, so dass er in finanzieller Hinsicht nicht schlechter steht.[173]

Abschließend muss man bestimmte Schutzlücken in Kauf nehmen. Der Auszuschließende hat sich kraft seiner Privatautonomie der Gesellschaft und dem damit feststehenden Gesellschaftsvertrag angeschlossen. Er wollte an den Vorteilen der Gesellschafterstellung partizipieren.[174] Dagegen wiegen die Vorteile der Beschlusslösung schwerer. Es wird den restlichen Gesellschaftern ermöglicht, schnell zu reagieren und die Unruhe und den möglichen Schaden für

169 *Behr*, ZGR 1985, 475, 504.

170 *Wiedemann*, ZGR 1980, 147, 152.

171 *Manke*, Ausschließung, S. 40 ff.

172 Siehe schon das Reichsgericht vom 23.03.1938 – II 149/37, ZAkDR 1938, 818 und *Großmann-Doerth* in seiner Anmerkung dazu (ZAkDR 1938, 819): *„Dabei ist selbstverständlich, dass der Vertrag dem ausgeschlossenen Gesellschafter die Möglichkeit nicht nehmen kann, das Gericht oder doch mindestens das vereinbarte Schiedsgericht zur Entscheidung über die Gültigkeit der Ausschließung anzurufen.";* für die jüngere Zeit *Blanke*, Ausschließung, S. 49.

173 BGH vom 17.12.1959 – II ZR 32/59, BGHZ 31, 295, 302.

174 *Manke*, Ausschließung, S. 43 f.

die Gesellschaft klein zu halten. Im Allgemeinen werden die beteiligten Personen bei Abschluss des Gesellschaftsvertrags die Bestimmungen über den Ausschluss genau regeln oder sich mit dem § 140 Abs. 1 Satz 1 HGB abfinden, wenn er ihnen für ihre Gesellschaft interessengerecht erscheint.

III. Ergebnis

Die teleologische Auslegung kommt nach Abwägung der widerstreitenden Interessen und Vor- und Nachteilen zu dem Ergebnis, dass § 140 Abs. 1 Satz 1 HGB in verfahrensrechtlicher Hinsicht nicht zwingend ist. Ein Ausschluss eines Gesellschafters einer OHG und KG durch Beschluss ist somit zuzulassen.

F. Gewichtung der einzelnen Auslegungsergebnisse

Um zu einem endgültigen Auslegungsergebnis zu kommen, sind zunächst die Ergebnisse der einzelnen Auslegungsmethoden festzuhalten und diese dann anhand einer Gewichtung zu einem Gesamtauslegungsergebnis zusammenzuführen.[175]

Die Wortlautauslegung spricht eher für den dispositiven Charakter des § 140 Abs. 1 Satz 1 HGB in verfahrensrechtlicher Hinsicht. Die historische Auslegung geht in Richtung eines zwingenden Anwendungsbefehls der in Frage stehenden Norm. Dagegen streiten die systematische und teleologische Methode für ihre Abdingbarkeit.

Bei Beachtung eines grundsätzlichen Übergewichts des teleologischen Auslegungskriteriums[176] ist die historische Betrachtungsweise bei weitem nicht so bedeutsam wie die anderen Methoden. Dieses folgt schon dem Alter der untersuchten Vorschrift. Im Übrigen spielt vor allem das aufgezeigte gewandelte Verständnis bei Rechtsprechung und Rechtspraxis über die Unterschiede zwischen der als rechtsfähig anerkannten (Außen-)GbR und OHG bzw. KG eine große Rolle. Weiterhin lässt die Einführung des § 131 Abs. 3 Satz 1 Nr. 6 HGB durch das HRefG 1998 auf einen grundlegenden Wandel der Ansichten des Gesetzgebers zum Charakter des § 140 Abs. 1 Satz 1 HGB schließen. Ein Ausschluss eines Gesellschafter durch den Mehrheitsbeschluss der übrigen Gesellschafter soll danach möglich und rechtlich zulässig sein.

G. Auslegungsergebnis

Im Ergebnis spricht deshalb die Gesamtbetrachtung der Auslegungsergebnisse für den dispositiven Charakter des § 140 Abs. 1 Satz 1 HGB in verfahrensrechtlicher Hinsicht.

---

175 *Wank*, Auslegung, S. 103 f.
176 *Wank*, Auslegung, S. 104.

H. Endergebnis 2. Kapitel und Gesamtausblick

§ 140 Abs. 1 Satz 1 HGB ist in Bezug auf seine Gestaltungsklagevoraussetzung abdingbar, wenn die Möglichkeit des Beschlussausschlusses im Gesellschaftsvertrag vereinbart ist und eine gerichtliche Nachprüfung möglich bleibt. Dabei kann der Gesellschaftsvertrag Einstimmigkeit aller übrigen Gesellschafter oder Mehrheitsbeschluss fordern.[177]

Ebenso ist eine Vereinbarung im Gesellschaftsvertrag zulässig, die besagt, dass ein möglicher sich anschließender Rechtsstreit nicht zwischen den Gesellschaftern, sondern zwischen dem Betroffenen und der Gesellschaft zu führen ist.[178] Weiterhin ist grundsätzlich auch die Bestimmung einer einzuhaltenden Klagefrist nach dem Ausschluss möglich.[179] Bei der Zweimann-OHG bzw. KG ist eine Übernahmeerklärung durch einen der beiden Gesellschafter mit der Folge zulässig, dass nur noch einer verbleibt. Für dieses Ergebnis spricht der Rechtsgedanke des § 140 Abs. 1 Satz 2 HGB.[180]

Es bleibt aber abschließend festzuhalten, dass die Zulassung des Ausschlusses per Gesellschafterbeschluss eine Einschränkung des ursprünglich gesetzlich vorgesehenen Schutzstandards bedeutet. Dies wird im Folgenden noch zu berücksichtigen sein.

177 *Piehler/Schulte*, in MünchHandbuch GesR, § 74 Rn. 58 (auch zu den weiteren verfahrensrechtlichen Voraussetzungen).

178 *Piehler*, DStR 1991, 686/716, 718; BGH vom 24.03.2003 – II ZR 4/01, NJW 2003, 1729 (für die Publikums-KG).

179 *Piehler*, DStR 1991, 686/716, 718 f. (auch zu weiteren möglichen gesellschaftsvertraglichen Ausschlussregelungen); einschränkend aber BGH vom 20.01.1977 – II ZR 217/75, BGHZ 68, 212, 216 f.

180 *Schmidt*, GesR, § 50 III 2, S. 1469 f.

3. Kapitel: Meinungsstand zur materiellrechtlichen Seite von § 140 HGB

A. Die Ausgangslage

Im Hinblick auf die Ausschließung eines Gesellschafters bei OHG bzw. KG gibt es im Grundsatz drei Alternativen, die den Gesellschaftern bei Abschluss des Gesellschaftsvertrags zur Verfügung stehen: Sie können diese Frage zunächst ungeregelt lassen. Dann greift die gesetzliche Regelung der §§ 133, 140 HGB, so dass für einen wirksamen Ausschluss ein wichtiger Grund in der Person des Auszuschließenden erforderlich ist. Der Gesellschaftsvertrag kann weiterhin bestimmte wichtige oder „absolute" Gründe festlegen, die im Falle ihres Eingreifens zum Ausschluss führen sollen. Schließlich ist es möglich, dass der Gesellschaftsvertrag einzelnen Gesellschaftern oder Gesellschaftergruppen die Option einräumt, einen bestimmten Gesellschafter durch Beschluss ohne das Erfordernis eines rechtfertigenden wichtigen oder sachlichen Grundes auszuschließen.

Während die zweite Variante der Konkretisierung von zum Ausschluss führenden Gründen ohne Weiters zulässig ist, da eine Willkür der berechtigten Gesellschafter damit im Regelfall nicht einhergehen kann, ist die dritte Alternative grundsätzlich problematisch. Ohne weitere Überprüfung durch ein unabhängiges Gremium wird dadurch einer sachfremden oder willkürlichen Entscheidung der Ausschlussberechtigten Raum gegeben. Die rechtliche Problemstellung liegt damit eindeutig bei der dritten Variante. Die folgende Untersuchung will aufzeigen, dass die Vereinbarung von freien Ausschlussklauseln prinzipiell zulässig sein muss, wenn der Ausschluss an sich einer gerichtlichen Überprüfung anhand der gesellschafterlichen Treuepflicht unterliegt.

In diesem Zusammenhang beherrscht seit den 80er-Jahren der „Damokles"-Gedanke des BGH die Diskussion. Danach schwebe bei einer freien Ausschlussklausel über dem Betroffenen im ganzen Zeitraum seiner Beteiligung das „Damoklesschwert" der jederzeitigen Beendigungsmöglichkeit. Es sei diesem deshalb nicht möglich, von seinen gesellschafterlichen Rechten frei Gebrauch zu machen. Die freie Ausschlussklausel wird deshalb von der Rechtsprechung und der überwiegenden Kommentarliteratur als sittenwidrig angesehen,

Die Unwirksamkeit einer solchen Bestimmung gelte aber nicht in jedem Fall. Eine sachliche Rechtfertigung sei möglich. Das Problem ist, dass der BGH keinen abschließenden Katalog solcher Rechtfertigungen erstellt hat. Die daraus folgende Einzelfalljurisdiktion führt zu großer Rechtsunsicherheit beim Abschluss von Gesellschaftsverträgen. Fraglich ist, ob dieser Rechtsunsicherheit nicht durch die generelle Zulässigkeit der Aufnahme von freien Ausschlussklauseln in die Gesellschaftsverträge begegnet werden kann. Und ob es in diesem Zusammenhang nicht besser ist, den Ausschluss anhand der schon angesprochenen gerichtlichen Ausschlusskontrolle inklusive einer umfassenden, aber in ihren einzelnen Punkten vorhersehbaren, Interessenabwägung zu überprüfen.

Die gesamte Problemstellung lässt sich anhand der Rechtsprechungs- und Literaturansichten am besten verdeutlichen. Die Frage der Abdingbarkeit des wichtigen Grundes bei § 140 Abs. 1 Satz 1 HGB ist gerade in letzter Zeit aufgrund neuerer BGH-Entscheidungen[181] wieder in dem Blickfeld geraten. Daran schließt sich eine Fülle von Aufsatzliteratur an, die sich in unterschiedlicher Weise mit der „Damokles"-Rechtsprechung auseinandersetzt.[182]

B. Definition der freien Hinauskündigungsklausel

Man spricht von einer freien Hinauskündigungsklausel (oder auch nur Hinauskündigungsklausel[183]), wenn nach dem Gesellschaftsvertrag der Ausschluss eines Gesellschafters weder eines wichtigen noch eines sachlichen Grundes bedarf.[184] Ein solcher Ausschluss unterliegt damit allein dem Belieben der anderen oder eines anderen Gesellschafter/-s.[185]

Dagegen werden Ausschlussklauseln, die an bestimmte Gründe anknüpfen („absolute Ausschlussgründe"[186]), davon nicht erfasst.[187] Das können zum Beispiel sein: der Verlust berufsrechtlicher Qualifikationen (Zulassung zur Anwaltschaft), das Erreichen bestimmter Altersgrenzen, die Einstellung der Mitarbeit in der Gesellschaft.[188] Solche Klauseln führen beim Eintreten ihrer Voraussetzungen automatisch zum Ausschluss des betroffenen Gesellschafters, wenn dies im Gesellschaftsvertrag so festgelegt ist. Möglich ist aber auch die Vereinbarung einer entsprechenden Ausschlussoption der Mitgesellschafter. Wenn ein Gesellschafter beispielsweise seine Berufszulassung verliert, können die übrigen Verbandsmitglieder ihn ausschließen, müssen es aber nicht.

Der Ausschluss ist in diesen Fällen nicht von der Willkür der Mitgesellschafter abhängig, sondern nur von dem Eintritt des Ereignisses.[189] Derartige gesellschaftsvertraglichen Vereinbarungen sind demnach wirksam. Eine besondere Überprüfung anhand des Ultima-ratio-Prinzips oder der Billigkeit ist nicht mehr erforderlich.[190]

---

181 Z.B. BGH vom 19.09.2005 – II ZR 173/04, NJW 2005, 3641; BGH vom 19.09.2005 – II ZR 342/03, NJW 2005, 3644; BGH vom 19.03.2007 – II ZR 300/05, NJW-RR 2007, 913; BGH vom 07.05.2007 – II ZR 281/05, NJW-RR 2007, 1256.

182 Z.B. *Miesen*, RNotZ 2006, 522.; *Verse*, DStR 2007, 1822; *Drinkuth*, NJW 2006, 410.

183 Auch der Ausschluss nach freiem Ermessen meint das Gleiche, weil ein solcher ohne eine entsprechende Klausel im Gesellschaftsvertrag schon von vornherein nicht möglich ist (vgl. BGH vom 20.01.1977 – II ZR 217/75, BGHZ 68, 212, 214 f.).

184 *Gehrlein*, NJW 2005, 1969, 1970.

185 *Gehrlein*, NJW 2005, 1969, 1970.

186 *Schöne*, Gesellschafterausschluss, S. 115.

187 *Verse*, DStR 2007, 1822, 1822.

188 *Gehrlein*, NJW 2005, 1969, 1970; nach *Hennerkes/Binz*, NJW 1983, 73, 79 sollen alle praktisch bedeutsamen Fälle, in denen eine Ausschließung erforderlich wird, durch die Vereinbarung solcher Ausschlussgründe befriedigend gelöst werden können, so dass kein Bedürfnis mehr nach freien Ausschlussklauseln besteht.

189 *Hennerkes/Binz*, NJW 1983, 73, 79.

190 OLG Düsseldorf vom 07.10.2004 – I-6 U 27/04, DB 2004, 2685, 2687.

Nur die freie Hinauskündigungsklausel bewirkt die vollständige Abbedingung des § 140 Abs. 1 Satz 1 HGB und ist aus diesem Grunde problematisch. Im Übrigen soll „frei“ in diesem Zusammenhang nicht bedeuten, dass die Wirksamkeit des Ausschlusses vollständig in das Belieben der berechtigten Gesellschafter gestellt wäre. Ein gerichtliche Rechtsausübungskontrolle des Ausschlusses muss immer möglich sein. „Frei“ bedeutet nur, dass der Ausschluss keinem Begründungserfordernis unterliegt und der Mehrheitsmacht damit keine Grenzen gesetzt sind.

C. Die Rechtsprechungsentwicklung

In groben Zügen lässt sich der Verlauf der Ansichten der Rechtssprechung in drei Zeiträume unterteilen. Von 1876 bis 1938 gingen das Reichsoberhandelsgericht und das Reichsgericht vom zwingenden Charakter des § 140 Abs. 1 Satz 1 HGB aus. Von 1938 bis ca. 1981 herrschte die Meinung vor, die Norm sei dispositiv. In der Folgezeit ging es wieder in die andere Richtung. Allerdings wurde eine sachliche Rechtfertigung, etwa in Form von Mitarbeiter- oder Managerbeteiligungsmodellen oder aufgrund der Testierfreiheit, zugelassen.

I. 1876 bis 1938: Zwingender Charakter

Nach Meinung des Reichsoberhandelsgerichts[191] und auch zunächst des Reichsgerichts[192] war das Erfordernis des wichtigen Grundes zur Ausschließung eines Gesellschafters zwingend. Daran änderte nichts, dass im Gesellschaftsvertrag bestimmte Gründe als „wichtig“ vereinbart werden konnten.[193] Zur Begründung wurde auf den Strafcharakter der Ausschließung[194], der Zugehörigkeit von § 140 Abs. 1 Satz 1 HGB zur zwingenden öffentlichen Ordnung[195] und auf den Ausnahmecharakter der Ausschließung[196], die nicht zur Disposition der Parteien der Gesellschaftsvertrags stehen dürfe, hingewiesen.

II. 1938 bis ca. 1981: Dispositiver Charakter

1. Änderung der Rechtsprechung des Reichsgerichts

Diese Rechtssprechung zur materiellen Ausschlussvoraussetzung änderte sich durch das Urteil des Reichsgerichts vom 23.03.1938.[197] Mit Hinweis auf die Vertragsfreiheit wurde darin die Ausschließung eines Gesellschafters bis zur

191 ROHG vom 03.10.1876, ROHG 21, 84.
192 RG vom 18.09.1889 – I 154/89, RGZ 24, 136; RG vom 21.10.1924 – II 606/23, RGZ 109, 80.
193 *Pinner*, in Staub HGB (1932), § 140 Anmerkung 4.
194 RG vom 15.01.1897 – II 270/96, RGZ 38, 119, 120.
195 ROHG vom 03.10.1876, ROHG 21, 84.
196 RG vom 18.09.1889 – I 154/89, RGZ 24, 136, 139.
197 ZAkDR 1938, 818.

Grenze der *„unverzichtbaren Erfordernisse der allgemeinen Rechtsordnung“* (§§ 134, 138 BGB) in das Belieben der Parteien des Gesellschaftsvertrags gestellt.[198] Die Vorschrift des § 140 Abs. 1 Satz 1 HGB verhindere eine abweichende Regelung des Ausschlusses eines Gesellschafters im Gesellschaftsvertrag nicht.[199] Die Gesellschafter könnten ihre Beziehungen nach ihrem eigenen Gutdünken ordnen und sich hinsichtlich des Inhalts und der Dauer ihrer Mitgliedschaft Beschränkungen unterwerfen.[200] Die Regelung des § 737 BGB könne auf die OHG und die KG ohne Weiteres übertragen werden.[201] Die Ausschließung müsse für den Betroffenen nicht in jedem Fall eine Strafe darstellen, sondern könne für ihn wirtschaftlich vorteilhafter sein als etwa die Auflösung der Gesellschaft.[202] Im Übrigen müsse ein rechtfertigender oder gar wichtiger Grund nicht vorliegen.[203]

Diese neue Linie wurde vom Reichsgericht in der Entscheidung vom 07.12.1942[204] bestätigt. § 140 Abs. 1 Satz 1 HGB sei somit nicht zwingend ausgestaltet. so dass die Vertragsfreiheit voll zum Tragen komme.[205] Von der Literatur[206] wurde das Urteil begrüßt. Der Vertragsfreiheit wurde im Ergebnis der Vorrang eingeräumt.

2. Die Ansicht des BGH

Der BGH übernahm in seinen Anfangszeiten diese Rechtsprechung des RG ohne Weiteres.[207] Begründet wurde das mit der den Gesellschaftern grundsätzlich zu gewährenden Freiheit, innerhalb der Schranken von §§ 134, 138 BGB ihre Binnenbeziehungen im Gesellschaftsvertrag selbst zu regeln.[208] Der BGH befasste sich in der Folgezeit eher mit den Regeln über die zu gewährende Abfindung

---

198 RG vom 23.03.1938 – II 149/37, ZAkDR 1938, 818, 818.
199 RG vom 23.03.1938 – II 149/37, ZAkDR 1938, 818, 818.
200 RG vom 23.03.1938 – II 149/37, ZAkDR 1938, 818, 818.
201 RG vom 23.03.1938 – II 149/37, ZAkDR 1938, 818, 818.
202 RG vom 23.03.1938 – II 149/37, ZAkDR 1938, 818, 818.
203 RG vom 23.03.1938 – II 149/37, ZAkDR 1938, 818, 818 f.
204 II 110/42, DR 1943, 808, 809: *„Die im Gesellschaftsrecht grundsätzlich für das Verhältnis der Gesellschafter untereinander geltende Vertragsfreiheit und Gesellschaftsautonomie (...) hat einzutreten, soweit das Gesetz nicht ausdrücklich oder entsprechend dem Charakter der einzelnen Norm zwingende Vorschriften geben will, was hier aber nicht anzunehmen ist.“*
205 RG vom 07.12.1942 – II 110/42, DR 1943, 808, 809.
206 *Barz*, DR 1943, 809, 809 f., der für eine Ausübungskontrolle am Maßstab des § 242 BGB eintrat. Dies ist zwar ebenfalls eine erhebliche Einschränkung der privaten Gestaltungsfreiheit, aber mit einer völligen Unabdingbarkeit nicht zu vergleichen.
207 BGH vom 03.10.1957 – II ZR 150/56, WM 1957, 1406, 1407 unter ausdrücklicher Bezugnahme auf RG vom 23.03.1938 – II 149/37, ZAkDR 1938, 818.
208 BGH vom 03.10.1957 – II ZR 150/56, WM 1957, 1406, 1407

nach einer Ausschließung.[209] Die Unzulässigkeit der Abfindungsklausel habe allerdings keinen Einfluss auf die Wirksamkeit des Gesellschafterausschlusses an sich.[210] Darüber sei in einem gesonderten Rechtsstreit zu befinden.[211]

Mit der Entscheidung vom 07.05.1973[212] bestätigte der BGH nochmals den dispositiven Charakter von § 140 Abs. 1 Satz 1 (i.V.m. § 161 Abs. 2) HGB in materiellrechtlicher Hinsicht:

> *„Es ist zulässig, im Gesellschaftsvertrag zu bestimmen, dass ein Kommanditist durch Beschluss der Gesellschaftermehrheit ohne Nachweis eines wichtigen Grundes (...) aus der Gesellschaft ausgeschlossen werden kann."*[213]

Das berechtigte Interesse der Gesellschafter an einem Ausschluss nach freiem Ermessen würde sich aus den engen Beziehungen der Gesellschafter untereinander, die auf eine einvernehmliche Zusammenarbeit angewiesen sind, ergeben.[214] Dazu sei an dieser Stelle angemerkt, dass dieses Argument des BGH durchaus zweischneidig ist: Aus den engen persönlichen Beziehungen der Gesellschafter kann sich auch ein besonderes Schutzbedürfnis des vom Ausschluss bedrohten Gesellschafters ergeben. Der Auszuschließende wird grundsätzlich von den engen Verbindungen der Verbandsmitglieder mit umfasst. Dieser Aspekt wird noch in Hinblick auf die besondere gesellschafterliche Treuepflicht eine Rolle spielen.

III. Seit ca. 1981: Wieder zwingender Charakter

1. Erste Zweifel

Den allgemeinen Vorrang der Vertragsfreiheit unter Beachtung der Schranken der §§ 134, 138 BGB schränkte der BGH zunächst für den Bereich der Publikumskommanditgesellschaften ein.[215] Deren Gesellschaftsverträge unterliegen seitdem einer Inhaltskontrolle anhand von Treu und Glauben.[216] Im vorliegend

---

209 Z.B. BGH vom 29.01.1962 – II ZR 172/60, WM 1962, 462; BGH vom 18.03.1968 – II ZR 26/66, WM 1968, 532.

210 BGH vom 23.10.1972 – II ZR 31/70, NJW 1973, 651, 652; in dieser Entscheidung kommt zudem sehr deutlich die damals herrschende Ansicht des BGH zum Ausdruck, dass sich das eigentliche Problem bei einem Ausschluss nicht aus diesem selbst, sondern aus der möglicherweise unangemessenen Abfindungsregelung ergibt.

211 *Ulmer*, NJW 1979, 81, 85.

212 BGH vom 07.05.1973 – II ZR 140/71, NJW 1973, 1606.

213 BGH vom 07.05.1973 – II ZR 140/71, NJW 1973, 1606 (Leitsatz).

214 BGH vom 07.05.1973 – II ZR 140/71, NJW 1973, 1606, 1606; zudem wäre dieser weniger hart vom Ausschluss betroffen als etwa ein persönlich haftender mitarbeitender Gesellschafter.

215 BGH vom 14.04.1975 – II ZR 147/73, BGHZ 64, 238.

216 BGH vom 14.04.1975 – II ZR 147/73, BGHZ 64, 238, 241 f. Wobei die Kontrolle dieser Gesellschaftsverträge auch nach Inkrafttreten des AGB-Gesetzes bzw. der §§ 305 ff. BGB immer noch nach § 242 BGB stattfindet (vgl. *Stoffels*, AGB-Recht, Rn. 162).

interessierenden Zusammenhang erklärte der BGH wenig später es als nicht mit dieser Inhaltskontrolle vereinbar, die Anlegerkommanditisten frei durch den Komplementär hinauszukündigen.[217] Als Begründung nannte das Gericht die einseitige Benachteiligung der Anleger durch das Hinauskündigungsrecht („Call-Option"), da es allein in der Hand des Berechtigten liege, zu welchem Zeitpunkt dieses ausgeübt werde.[218] Eine Bestätigung erfuhr dieses Urteil in BGHZ 104, 50.[219] Darin ließ es der BGH offen, ob das Ergebnis nicht auch mit den Grundsätzen aus BGHZ 81, 263[220], der Leitentscheidung für den Bereich des Ausschlusses aus der „normalen" OHG bzw. KG, begründet werden kann.

1977 begann sich der BGH auch bei den anderen Personengesellschaften von der Zulässigkeit von freien Ausschlussklauseln wegzubewegen. In der Entscheidung vom 20.01.1977[221] ging es um einen Beschlussausschluss ohne wichtigen Grund. Im Gesellschaftsvertrag fand sich allerdings kein eindeutiges Kündigungsrecht, so dass der Ausschluss nach Ansicht des BGH schon deshalb unwirksam war.[222] Der II. Senat ließ sich aber auf eine weitere Begründung der Unwirksamkeit des Ausschlusses ein:

> *„Dies gilt umso mehr, als ein an wichtige Gründe nicht gebundenes Ausschließungsrecht für den Regelfall als rechtlich bedenklich anzusehen ist. Ein derart von der gesetzlichen Regelung abweichendes und erweitertes, in so schwerwiegender Weise in die Gesellschafterstellung eingreifendes und die wirtschaftliche und persönliche Freiheit einschränkendes Gestaltungsrecht könnte nur dann als zulässig angesehen werden, wenn wegen ganz besonderer Umstände Gründe bestünden, die für eine solch ungewöhnliche Regelung eine sachliche Rechtfertigung bilden könnten."*[223]

Hiermit korrigierte der BGH faktisch seine bisherige Rechtsprechung. Das Gericht selbst war der Auffassung, dass alle seine bisherigen Entscheidungen von sachlichen Rechtfertigungen gedeckt gewesen seien.[224] Ein Beispiel für eine solche Rechtfertigung führte der BGH im Urteil vom 29.05.1978[225] an. Danach könne es zulässig sein, der weiteren Ausuferung des Gesellschafterkreises entgegenzuwirken und Gesellschaftskapital sowie Geschäftsführung durch die Nutzung einer Hinauskündigungsklausel wieder zueinander zu bringen.[226]

---

217 BGH vom 03.05.1982 – II ZR 78/81, BGHZ 84, 11.
218 BGH vom 03.05.1982 – II ZR 78/81, BGHZ 84, 11, 14.
219 BGH vom 21.03.1988 – II ZR 135/87.
220 BGH vom 13.07.1981 – II ZR 56/80.
221 BGH vom 20.01.1977 – II ZR 217/75, BGHZ 68, 212.
222 BGH vom 20.01.1977 – II ZR 217/75, BGHZ 68, 212, 214 f.
223 BGH vom 20.01.1977 – II ZR 217/75, BGHZ 68, 212, 214.
224 BGH vom 20.01.1977 – II ZR 217/75, BGHZ 68, 212, 214.
225 BGH vom 29.05.1978 – II ZR 52/77, WM 1978, 1044.
226 BGH vom 29.05.1978 – II ZR 52/77, WM 1978, 1044, 1045.

2. Änderung der Rechtsprechung

Mit Urteil vom 13.07.1981[227] erfolgte aus Sicht des BGH die endgültige Klärung der Problematik. Die Darstellung des dieser Entscheidung zugrunde liegenden Sachverhalts erfolgt umgehend nach einer kurzen Zusammenfassung der wesentlichen Ergebnisse. Nach Ansicht des BGH sei das Erfordernis des wichtigen Grundes in § 140 Abs. 1 Satz 1 HGB nunmehr im Grundsatz zwingend. Nur beim Vorliegen einer sachlichen Rechtfertigung aufgrund außergewöhnlicher Umstände könne eine freie Ausschlussklausel ausnahmsweise zulässig sein.

a) Grundsätze der Entscheidung BGHZ 81, 263

In der Entscheidung ging es um den Ausschluss eines Kommanditisten durch die Komplementäre ohne die Angabe von Gründen aufgrund einer Bestimmung des Gesellschaftsvertrags.[228] Der Kommanditist hatte die Gesellschafterstellung von seinem Vater geerbt.

Der BGH führt in dem Urteil an, dass sich die materiellrechtlichen Grenzen einer freien Ausschlussklausel neben allgemeinen Grundsätzen der Rechtsordnung (§§ 134, 138 BGB) auch aus Grundprinzipien des Gesellschaftsrechts ergeben würden.[229] Das Gesellschaftsverhältnis begründe eine besondere Treuepflicht zwischen den Gesellschaftern.[230] Diese erfordere, die vertrauensvolle Zusammenarbeit nicht schon bei Vertragsschluss durch Hinauskündigungsklauseln zu verletzen.[231] Eine diesbezüglich Bestimmung berge sowohl die Gefahr des Ausschlusses aus sachfremden Erwägungen als auch einer Willkürherrschaft der zum Ausschluss berechtigten Gesellschafter:

> *„Die Macht, die die persönlich haftenden Gesellschafter dadurch erlangen, dass sie Mitgesellschafter ohne weiteres aus der Gesellschaft ausschließen können, begründet die Gefahr, dass diese von den ihnen eingeräumten Rechten nicht mehr Gebrauch machen und die ihnen obliegenden Pflichten nicht mehr ordnungsgemäß erfüllen, sich vielmehr den Wünschen der persönlich haftenden Gesellschafter selbst dann beugen, wenn sie nach sorgfältiger Abwägung zu der Auffassung kommen, das Vorgehen der persönlich haftenden Gesellschafter sei sachlich nicht zu rechtfertigen.“*[232]

Als Beispiele für Regelungsbereiche, in denen der vom Ausschluss bedrohte Gesellschafter („Damoklesschwert der Hinauskündigung“[233]) in seiner Entscheidungsfreiheit beeinträchtigt wird, nennt der BGH die Aufnahme neuer persön-

227 BGH vom 13.07.1981 – II ZR 56/80, BGHZ 81, 263.
228 BGH vom 13.07.1981 – II ZR 56/80, BGHZ 81, 263, 264.
229 BGH vom 13.07.1981 – II ZR 56/80, BGHZ 81, 263, 266.
230 BGH vom 13.07.1981 – II ZR 56/80, BGHZ 81, 263, 266.
231 BGH vom 13.07.1981 – II ZR 56/80, BGHZ 81, 263, 266.
232 BGH vom 13.07.1981 – II ZR 56/80, BGHZ 81, 263, 266 f.
233 *Schilling*, ZGR 1979, 419, 426.

lich haftender Gesellschafter oder die Änderung des Gesellschaftsvertrags.[234] Die Störungen der Entschlussfreiheit seien bereits durch die Vereinbarung einer entsprechenden Klausel an sich angelegt, so dass eine Ausübungskontrolle nicht ausreiche.[235] Eine angemessene Abfindung ändere an der Nichtigkeit der Ausschließungsklausel ebenfalls nichts.[236]

Dagegen bleibe eine sachliche Rechtfertigung der Klausel wegen außergewöhnlicher Umstände im Einzelfall möglich.[237] Der BGH nennt dafür aber keine Beispiele.[238] Nach dem Gericht könnte allerdings beispielsweise eine Rechtfertigung aus Gründen der Verhinderung einer weiteren Ausuferung des Gesellschafterkreises in Betracht kommen.[239] Dagegen soll der bloße erbrechtliche Erwerb der Gesellschafterstellung für eine sachliche Rechtfertigung nicht ausreichen.[240]

b) Andere Rechtsfolge

Der BGH entwickelte in der Folgezeit einen anderen Ansatz, um die Unwirksamkeit von Hinauskündigungsklauseln zu begründen. In BGHZ 81, 263 wird die Nichtigkeit der freien Ausschlussklausel noch aus einer Nichtbeachtung der „Grundprinzipien des Gesellschaftsrechts" hergeleitet.[241] Im Urteil vom 25. März 1985[242] erwähnt der BGH diese Grundprinzipien zwar kurz, führt aber nunmehr tragend den § 138 Abs. 1 BGB ins Feld.

Das Gericht hatte über eine Klausel im Gesellschaftsvertrag einer KG zu befinden, die einem Gesellschafter das Recht einräumte, die Gesellschaft nach freien Ermessen mit der Wirkung zu kündigen, dass die das gemeinsame Unternehmen mittragenden Gesellschafter ausscheiden und das Geschäft ohne Liquidation mit Aktiva und Passiva auf ihn übergeht.[243] Der BGH begründete die Sittenwidrigkeit und damit Nichtigkeit einer solchen Klausel wie folgt:

> *„Das gesellschaftsvertraglich festgelegte Recht des Klägers, nach freiem Ermessen über das Verbleiben der einzelnen Gesellschafter in der Gesellschaft zu entscheiden, hat (...) zur Folge, dass diesen auch die Grundlage des Berufs entzogen und in ihre Lebensgrundlage eingegriffen wird. (...) Sie werden dadurch in eine persönliche und wirtschaftliche Abhängigkeit gebracht, die nicht mehr erträglich und hinnehmbar ist.*

234 BGH vom 13.07.1981 – II ZR 56/80, BGHZ 81, 263, 267.
235 BGH vom 13.07.1981 – II ZR 56/80, BGHZ 81, 263, 268.
236 BGH vom 13.07.1981 – II ZR 56/80, BGHZ 81, 263, 268.
237 BGH vom 13.07.1981 – II ZR 56/80, BGHZ 81, 263, 269.
238 BGH vom 13.07.1981 – II ZR 56/80, BGHZ 81, 263, 269.
239 BGH vom 13.07.1981 – II ZR 56/80, BGHZ 81, 263, 269 f.
240 BGH vom 13.07.1981 – II ZR 56/80, BGHZ 81, 263, 270.
241 BGH vom 13.07.1981 – II ZR 56/80, BGHZ 81, 263, 266.
242 NJW 1985, 2421.
243 BGH vom 25.03.1985 – II ZR 240/84, NJW 1985, 2421, 2421 f.

Die vom Beklagten beanstandete Regelung geht damit über den Rahmen des rechtlich und sittlich erlaubten (§ 138 BGB) hinaus und kann somit nicht wirksam sein."[244]

Nach Ansicht des BGH ist eine Hinauskündigungsklausel in einem Gesellschaftsvertrag demnach im Grundsatz sittenwidrig und scheitere an § 138 Abs. 1 BGB.

3. Folgeentscheidungen

Bei einschlägigen Fragestellungen findet sich seitdem am Anfang der Entscheidungsgründe des BGH immer die Formulierung:

„*Nach der ständigen Rechtsprechung des Senats sind in den Personengesellschaften und in der GmbH (...) gesellschaftsvertragliche Regelungen, die einem Gesellschafter, einer Gruppe von Gesellschaftern oder der Gesellschaftermehrheit das Rechts einräumen, einen Mitgesellschafter ohne sachlichen Grund aus der Gesellschaft auszuschließen („Hinauskündigungsklausel"), grundsätzlich wegen Verstoßes gegen die guten Sitten nach § 138 Abs. 1 BGB nichtig.*"[245]

In der Folgezeit nahm der BGH aber einige Präzisierungen vor.

a) BGHZ 105, 213

In der Entscheidung vom 19.09.1988[246] grenzte der BGH das sittenwidrige Ausschließungsrecht von einem an ein festes Tatbestandsmerkmal – vorliegend den Tod eines Gesellschafters – anknüpfendes Kündigungsrecht ab und hielt Letzteres für wirksam. Dabei stellt das Gericht ausdrücklich nicht auf eine sachliche Rechtfertigung ab, da schon gar kein freies Ausschließungsrecht gegeben sei. Die Kündigung könne nur beim Eintreten eines bestimmten Ereignisses durchgeführt werden.[247] Das darauf aufbauende Ausschließungsrecht müsse aber zeitlich – etwa im Rahmen von einem Jahr nach dem Eintritt des festen Tatbestandsmerkmals – befristet sein, da ansonsten wieder die psychologische Zwangslage für den Betroffenen und die Gefahr der Willkürkündigung durch die berechtigten Gesellschafter gegeben sei.[248]

Der BGH argumentiert weiterhin mit einer gewissen Überlegungszeit, die den (Alt-)Gesellschaftern einzuräumen sei:

---

244 BGH vom 25.03.1985 – II ZR 240/84, NJW 1985, 2421, 2422.

245 Vgl. zuletzt BGH vom 07.05.2007 – II ZR 281/05, NJW-RR 2007, 1256, 1257 f.

246 BGHZ 105, 213.

247 BGH vom 19.09.1988 – II ZR 329/87, BGHZ 105, 213, 217.

248 BGH vom 19.09.1988 – II ZR 329/87, BGHZ 105, 213, 218 f.; allerdings erhält der BGH die vorliegende Klausel, die keine solche Befristung beinhaltete, in entsprechender Anwendung des § 139 BGB aufrecht. Das Kündigungsrecht war vom Berechtigten so früh wie möglich ausgeübt worden.

„Der entscheidende Grund hierfür (für die Zulässigkeit) *liegt darin, dass sich die ausschließungsberechtigten Gesellschafter angesichts des zeitlich begrenzten Ausschließungsrechts zügig darüber Klarheit verschaffen müssen, ob man sich mit dem neuen Mitgesellschafter abfinden will oder nicht.“*[249]

b) BGHZ 107, 351

Das Urteil vom 05.06.1989[250] beschäftigte sich mit der teilweisen Aufrechterhaltung einer freien Ausschlussklausel analog § 139 BGB. Danach bleibt die Klausel insoweit bestehen, als sie bei Vorliegen eines wichtigen Grundes den Ausschluss durch Beschluss erlaubt. Die formellrechtliche Vereinbarung eines Beschlussausschluss ist danach immer wirksam.[251] Insoweit wird zudem klargestellt, dass das Verbot der geltungserhaltenden Reduktion bei frei ausgehandelten Gesellschaftsverträgen keine Anwendung finde.[252] Es besteht damit ein grundsätzlicher Unterschied zwischen der Kontrolle von Allgemeinen Geschäftsbedingungen (AGB) und derjenigen von Gesellschaftsverträgen.

c) BGHZ 112, 103

Die Entscheidung des BGH vom 09.07.1990[253] bewirkte eine Ausdehnung der Sittenwidrigkeit von Hinauskündigungsklauseln auf den Bereich der GmbH[254]. Dieser Schritt war seit Anerkennung der Möglichkeit des Ausschlusses aus wichtigem Grund auch ohne gesetzliche Grundlage bei der GmbH[255] nur folgerichtig. Zudem bezog der BGH eine neben dem Gesellschaftsvertrag getroffene schuldrechtliche Vereinbarung, die ebenfalls zu einem Ausschluss eines Gesellschafters ohne sachlichen Grund führt, in die Nichtigkeitsrechtsfolge mit ein.[256] Damit wird deutlich, dass das Gericht keine rein formelle Betrachtung der Vereinbarungen des Gesellschaftsvertrags vornimmt, sondern eine Gesamtwürdigung der Umstände des jeweiligen Einzelfalls anstrebt.

d) BGHZ 125, 74

Das Urteil des BGH vom 07.02.1994[257] erweiterte den Anwendungsbereich der Sittenwidrigkeit von freien Ausschlussklauseln auf eine atypisch ausgestaltete stille Gesellschaft. Die stille Gesellschaft war insoweit atypisch, als die stillen

---

249 BGH vom 19.09.1988 – II ZR 329/87, BGHZ 105, 213, 218.
250 BGHZ 107, 351.
251 BGH vom 05.06.1989 – II ZR 227/88, BGHZ 107, 351, 356.
252 BGH vom 05.06.1989 – II ZR 227/88, BGHZ 107, 351, 357 ff.
253 BGHZ 112, 103.
254 BGH vom 09.07.1990 – II ZR 194/89, BGHZ 112, 103, 108.
255 BGH vom 01.04.1953 – II ZR 235/52, BGHZ 9, 157.
256 BGH vom 09.07.1990 – II ZR 194/89, BGHZ 112, 103, 107.
257 BGHZ 125, 74.

Gesellschafter allein das Kapital aufbrachten und der Geschäftsinhaber nur einen Aufwendungsersatz erhielt.[258] In einem solchen Fall seien die stillen Gesellschafter vor einem freien Hinauskündigungsrecht des Geschäftsinhabers, das dieser als Disziplinierungsmittel einsetzen könnte, zu schützen.[259]

4. Die Möglichkeit der sachlichen Rechtfertigung

a) Einleitung

Der BGH lässt eine sachliche Rechtfertigung gesellschaftsvertraglicher Hinauskündigungsklauseln nur zu, wenn die Möglichkeit der Ausschließung die Entscheidungsfreiheit der hiervon betroffenen Gesellschafter nicht unangemessen einschränkt.[260] So kann sich etwa aufgrund einer Wertungskontrolle ergeben, dass das Hinauskündigungsrecht den betroffenen Gesellschafter in der Wahrnehmung seiner Rechte gar nicht beeinflusst.[261]

An den sachlichen Grund werden von der Rechtsprechung weniger hohe Anforderungen als an einen wichtigen Grund gestellt.[262] Der sachliche Grund ist nicht am Ultima-ratio-Grundsatzes zu messen. Der Verbleib des betroffenen Gesellschafters in der Gesellschaft muss für die Mitgesellschafter im Übrigen nicht unzumutbar sein.[263]

Die sachliche Rechtfertigung muss sich auf die Ausschlussregelung im Gesellschaftsvertrag selbst beziehen. Dies ergibt sich daraus, dass der BGH eine Inhaltskontrolle einer Ausübungskontrolle vorzieht.[264] Es entspricht zudem dem Wesen der freien Ausschlussklausel, dass sie auf die Nennung bestimmter rechtfertigender Tatsachen verzichtet.[265] Deshalb ist es auch nicht erforderlich, die mögliche sachliche Rechtfertigung schriftlich im Gesellschaftsvertrag festzuhalten.[266] Der BGH stellt in seinen Urteilen zu den Hinauskündigungsklauseln immer auf sachlich rechtfertigende Umstände ab, die nicht in der Klausel selbst fixiert waren.[267]

Schließlich rückt nach dem BGH die Inhaltskontrolle nach § 138 Abs. 1 BGB nicht an die Stelle der Ausübungskontrolle gemäß § 242 BGB.[268] Eine Hinauskündigungsklausel darf nicht sittenwidrig im Sinne der „Damokles"-Rechtsprechung sein. Zudem muss das in ihr enthaltende Kündigungsrecht in

258 BGH vom 07.02.1994 – II ZR 191/92, BGHZ 125, 74, 82.
259 BGH vom 07.02.1994 – II ZR 191/92, BGHZ 125, 74, 81.
260 *Kowalski/Bormann*, GmbHR 2004, 1438, 1441.
261 *Kowalski/Bormann*, GmbHR 2004, 1438, 1441.
262 *Gehrlein*, NJW 2005, 1969, 1970.
263 *Gehrlein*, NJW 2005, 1969, 1970.
264 BGH vom 13.07.1981 – II ZR 56/80, BGHZ 81, 263, 268.
265 *Miesen*, RNotZ 2006, 522, 526.
266 *Miesen*, RNotZ 2006, 522, 526.
267 *Miesen*, RNotZ 2006, 522, 526.
268 *Schmidt*, JuS 2004, 631, 632; BGH vom 08.03.2004 – II ZR 165/02, NJW 2004, 2013, 2015.

einer Treu und Glauben entsprechenden Art ausgeübt werden. Inhalts- und Ausübungskontrolle stehen nebeneinander und nicht in einem sich ausschließenden Konkurrenzverhältnis.

b) Definition

Als Definition lässt sich festhalten, dass eine sachliche Rechtfertigung einer Hinauskündigungsklausel immer dann vorliegt, wenn bestimmte Umstände dazu führen, dass die Vermutung der durch die Klausel begründeten psychologischen Zwangslage für die Betroffenen widerlegt werden kann. Die rechtfertigenden Umständen müssen dabei nicht in der Klausel selbst geregelt werden, sondern ergeben sich aus einer Gesamtbetrachtung der Begebenheiten der Gesellschaft und Beziehungen der Gesellschafter.

c) Treuhänderähnliche Stellung

In seinem Urteil vom 09.07.1990[269] nahm der BGH zum ersten Mal die sachliche Rechtfertigung einer Hinauskündigungsklausel an. Der eine Partner[270] einer eheähnlichen Gemeinschaft hatte die Finanzierung einer Zwei-Mann-GmbH[271] allein übernommen, setzte den anderen Partner als Geschäftsführer ein und verschaffte ihm die Mehrheit am Stammkapital.[272] Nachdem es zum Zerwürfnis zwischen den beiden kam, machte der finanzierende Partner von einer schuldrechtlichen Vereinbarung (vom BGH mit einer Hinauskündigungsklausel gleichgestellt[273]) Gebrauch, die ihm das Recht einräumte, den Gesellschaftsanteil des anderen ohne weitere Voraussetzungen zu übernehmen.[274]

Der BGH erklärte diesen Ausschluss für sachlich gerechtfertigt. Grund dafür sei der alleinige Kapitaleinsatz des einen Gesellschafters und die Mehrheitsstellung des anderen. Dies erfolgte erkennbar allein im Vertrauen auf den Fortbestand der eheähnlichen Gemeinschaft und des dadurch begründeten Vertrauensverhältnisses.[275] Bei Wegfall der Gemeinschaft und damit des Vertrauens habe der erste Partner ein berechtigtes Interesse, die Organ- und Gesellschafterstellung des zweiten zu beenden.[276] Beides sei von vornherein nur auf Zeit und mit der Zweckbindung des zugrundeliegenden Vertrauens eingeräumt worden:

---

269 BGHZ 112, 103.

270 Allein zur Darstellung der maßgeblichen Gründe für die sachliche Rechtfertigung ist der Sachverhalt vereinfacht dargestellt und geschlechtsneutral formuliert. Das gilt auch für die Darstellung der weiteren Tatbestände.

271 In Hinblick auf die rechtlichen Erwägungen macht es keinen Unterschied, ob es sich jeweils um eine Personengesellschaft oder eine GmbH handelt.

272 BGH vom 09.07.1990 – II ZR 194/89, BGHZ 112, 103, 104.

273 BGH vom 09.07.1990 – II ZR 194/89, BGHZ 112, 103, 107.

274 BGH vom 09.07.1990 – II ZR 194/89, BGHZ 112, 103, 104 f.

275 BGH vom 09.07.1990 – II ZR 194/89, BGHZ 112, 103, 110.

276 BGH vom 09.07.1990 – II ZR 194/89, BGHZ 112, 103, 110.

„Ihre Rechtsstellung unterschied sich damit nicht wesentlich von der eines Treuhänders, wobei sie freilich ihre Gesellschafter- und Geschäftsführerrechte in ihrem eigenem Interesse ausüben durfte.“[277]

Ein Treuhänder habe aber ohne weiteres das Treugut wieder herauszugeben, also hier die Gesellschafter- bzw. Geschäftsführerstellung.[278] Die sachliche Rechtfertigung bestand somit in der engen Verknüpfung zwischen Anteilseinräumung und dem zugrunde liegenden Vertrauensverhältnis; der treuhänderähnlichen Rechtsposition.

d) Probezeit bei Aufnahme in Freiberuflergesellschaft
aa) BGH NJW 2004, 2013

Der zweiten vom BGH akzeptierten sachlichen Rechtfertigung lag folgende Sachverhaltskonstellation zu Grunde[279]: Eine seit längerer Zeit bestehende Laborpraxis-GbR nahm einen weiteren Arzt als Gesellschafter ohne Einlageleistung oder Beteiligung am Gesellschaftsvermögen auf. Es wurde eine Gewinn- und Verlustbeteiligung vereinbart. Im Gesellschaftsvertrag war für die Gesellschafterstellung des aufgenommenen Arztes eine Kündigungsmöglichkeit ohne das Erfordernis eines wichtigen Grundes vorgesehen. Von dieser Klausel machten die anderen Gesellschafter nach der Weigerung des Betroffenen, eine für ihn nachteilige Änderung des Gesellschaftsvertrags mitzutragen, Gebrauch. Zu diesem Zeitpunkt bestand die Beteiligung rund zehn Jahre.

Der BGH sah es in seinem Urteil in der Regel als zulässig an, wenn sich die Altgesellschafter einer Freiberuflersozietät zur Überprüfung des neu eingetretenen Gesellschafters eine Ausschlussmöglichkeit schaffen.[280] Begründet wird dieses Ergebnis zum einen mit dem durch persönlichen Einsatz geprägten und auf harmonische Zusammenarbeit angewiesenen Charakters der Gesellschaft.[281] Zum anderen sollen auch die besonderen öffentlich-rechtlichen Vorschriften für Kassenärzte eine gewisse Prüfungszeit rechtfertigen.[282] Die Anstellung von Ärzten ist gemäß der §§ 32 ff. der Zulassungsverordnung für Kassenärzte nur eingeschränkt zugelassen, so dass die Prüfung eines Neuen regelmäßig kaum in Vorfeld der eigentlichen Einstellung erfolgen kann.

Im Übrigen seien die Altgesellschafter allein Träger des Gesellschaftsvermögens und der neue Mitgesellschafter habe keine Einlage übernommen.[283] Ohne die Prüfungsmöglichkeit bestünden die einzigen Alternativen bei fehlendem gegenseitigem Vertrauen in einer Auflösung der Gesellschaft oder im Ausschei-

277 BGH vom 09.07.1990 – II ZR 194/89, BGHZ 112, 103, 111.
278 BGH vom 09.07.1990 – II ZR 194/89, BGHZ 112, 103, 111.
279 BGH vom 08.03.2004 – II ZR 165/02, NJW 2004, 2013.
280 BGH vom 08.03.2004 – II ZR 165/02, NJW 2004, 2013, 2015.
281 BGH vom 08.03.2004 – II ZR 165/02, NJW 2004, 2013, 2015.
282 BGH vom 08.03.2004 – II ZR 165/02, NJW 2004, 2013, 2015.
283 BGH vom 08.03.2004 – II ZR 165/02, NJW 2004, 2013, 2015.

den der Gründungs-(Alt-)gesellschafter.[284] Im konkreten Fall sei aber die im Gesellschaftsvertrag vorgesehene Prüfungsfrist von zehn Jahren bei weitem zu lang gewesen.[285] Außerdem verstoße die Ausübung des Kündigungsrechts zur Maßregelung des betroffenen Gesellschafters gegen die Ausübungskontrolle gemäß § 242 BGB.[286] Aus diesem Grund musste der BGH keine endgültige Entscheidung über die sachliche Rechtfertigung der Ausschlussklausel bzw. der zulässigen Prüfungsdauer treffen, sondern beließ es bei einem orbiter dictum.

bb) BGH NJW-RR 2007, 1256

Mit Urteil vom 07.05.2007[287] nahm der BGH die Konkretisierung der Prüfungszeit vor. Der Sachverhalt entsprach im Wesentlichen dem in BGH NJW 2004, 2013. Das Gericht bestätigte die Entscheidung NJW 2004, 2013 zunächst ausdrücklich.[288] Die im Gesellschaftsvertrag vereinbarte Prüfungszeit sei mit zehn Jahren zu lang, es komme aber in Anlehnung an die Rechtsprechung bei überlangen Wettbewerbsverboten eine geltungserhaltende Reduktion der Frist auf drei Jahre in Betracht.[289]

cc) Die sachliche Rechtfertigung bei der Vereinbarung von Probezeiten

Die sachliche Rechtfertigung speist sich aus dem berechtigten Bedürfnis der Altgesellschafter, den neu Aufgenommenen eine Zeitlang zu prüfen. Dadurch soll eine Gefährdung der in langer Zeit und unter persönlichem Einsatz aufgebauten Gesellschaft verhindert werden, wenn der aufgenommene Gesellschafter die Erwartungen nicht erfüllt. Die Gesellschaft ist dadurch besser vor einer Krise oder Zerschlagung geschützt.[290] Dieser Grundgedanke ist vergleichbar mit der Vereinbarung einer Probezeit in einem Arbeitsverhältnis.[291] Der BGH will die sachliche Rechtfertigung nur auf das Ausscheiden eines Vertragsarztes aus einer Gemeinschaftspraxis anwenden. Das Gericht betont die öffentlich-rechtlichen kassenärztlichen Zulassungsbeschränkungen, die eine Besonderheit im Vergleich zu anderen Freiberuflern wie Rechtsanwälten oder Architekten darstellten.[292] Der BGH will nicht dahingehend verstanden werden, dass bei allen Freiberuflergesellschaften der Ausschluss eines neu aufgenommenen Gesellschafters

284 BGH vom 08.03.2004 – II ZR 165/02, NJW 2004, 2013, 2015.
285 BGH vom 08.03.2004 – II ZR 165/02, NJW 2004, 2013, 2015.
286 BGH vom 08.03.2004 – II ZR 165/02, NJW 2004, 2013, 2015.
287 BGH NJW-RR 2007, 1256.
288 BGH vom 07.05.2007 – II ZR 281/05, NJW-RR 2007, 1256, 1258.
289 BGH vom 07.05.2007 – II ZR 281/05, NJW-RR 2007, 1256, 1258.
290 Ausdrücklich BGH vom 08.03.2004 – II ZR 165/02, NJW 2004, 2013, 2015.
291 *Kilian*, WM 2006, 1567, 1572.
292 BGH vom 07.05.2007 – II ZR 281/05, NJW-RR 2007, 1256, 1258.

innerhalb von drei Jahren möglich sein soll.[293] Unklar ist allerdings, ob diese Rechtssprechung auch auf die Neugründung einer Gesellschaft angewandt werden kann[294] oder nicht.[295]

e) Beteiligung als bloßer Annex
aa) BGH NZG 2005, 479

Der BGH erkannte in der Entscheidung vom 14.03.2005[296] eine weitere sachliche Rechtfertigung an. Dabei ging es um eine GmbH, die zum Gegenstand die internationale Koordinierung nationaler Paketdienste hatte. Diese Paketdienste („nationale Partner") waren Gesellschafter der GmbH und hatten gleichzeitig einen Kooperationsvertrag miteinander abgeschlossen. Aus diesem Kooperationsvertrag konnten die Partner frei hinausgekündigt werden. Diese Kündigung zog nach der Satzung den Verlust auch der Gesellschafterstellung in der GmbH nach sich. Eine Beteiligung an der GmbH sollte ohne den Status als Kooperationspartner nicht möglich sein.

Ein solches (mittelbares) Hinauskündigungsrecht verstößt nach Ansicht des BGH nicht gegen § 138 Abs. 1 BGB, da es sachlich gerechtfertigt ist. Die Hinauskündigung sei schon nicht einem Gesellschafter überlassen, sondern von einem Mehrheitsbeschluss abhängig.[297] Diese Formulierung des Gerichts kann aber wohl nicht so verstanden werden, dass es eine freie Ausschlussklausel mit dem Erfordernis eines Mehrheitsbeschlusses uneingeschränkt zulassen will. Dies ergibt sich aus der Standartformulierung des BGH für die Sittenwidrigkeit dieser Klauseln, die *„...einer Gruppe von Gesellschaftern oder der Gesellschaftermehrheit..."* das freie Recht zur Hinauskündigung einräumen. Es spricht damit viel dafür, die Aussage des BGH als bloße Argumentationsstütze in der konkreten Entscheidung zu interpretieren.

Die gegenseitigen Beziehungen und die wechselseitigen Rechte und Pflichten der Partner würden nicht durch den Gesellschaftsvertrag geprägt, sondern durch den Kooperationsvertrag.[298] Die Gründung einer GmbH wurde nur zur besseren Koordinierung der Zusammenarbeit der Partner betrieben. Der Kooperationsvertrag sollte durch die GmbH eingerahmt und nach außen besser darstellbar gemacht werden. Das Gesellschaftsverhältnis bilde nach Ansicht des

293 In diesem Sinne aber einige Stimmen in der Literatur: *Miesen*, RNotZ 2006, 522, 525; Kilian, WM 2006, 1567, 1572; *Schmidt*, JuS 2004, 631, 632.

294 So *Grunewald*, DStR 2004, 1750, 1751.

295 Dafür sprechen einige Formulierungen des BGH wie *„seit Jahren bestehende Sozietät"* (BGH vom 08.03.2004 – II ZR 165/02, NJW 2004 2013, 2015) oder *„des in Jahren aufgebauten"* (BGH vom 07.05.2007 – II ZR 281/05, NJW-RR 2007, 1256, 1258).

296 BGH NZG 2005, 479.

297 BGH vom 14.03.2005 – II ZR 163/03, NZG 2005, 479, 480.

298 BGH vom 14.03.2005 – II ZR 163/03, NZG 2005, 479, 480.

BGH somit einen bloßen Annex zu dem im Vordergrund stehenden Kooperationsvertrag.[299]

Im Ergebnis besteht die sachliche Rechtfertigung darin, dass die Einräumung der Gesellschafterstellung auf einem anderen Rechtsverhältnis beruht. In diesem Fall muss es den anderen Gesellschaftern möglich sein, den Betreffenden aus der Gesellschaft zu entfernen, wenn das zugrundeliegende Vertragsverhältnis wirksam beendet wird. Der Gleichlauf der beiden miteinander verbundenen Rechtsbeziehungen tritt dabei als entscheidender Gesichtspunkt in den Mittelpunkt.

bb) BGH NJW 2003, 1729

Im Bereich seiner Rechtsprechung zur Wirksamkeit von Klauseln in Gesellschaftsverträgen einer Publikums-KG hatte der BGH bereits am 24.03.2003[300] über eine ähnliche Konstellation zu entscheiden. Eine KG bewirtschaftete eine Ferienwohnungsanlage an der Ostsee. Wer eine Wohnung als Eigentümer erwarb, wurde zusätzlich Kommanditist. Eine Klausel sah vor, dass diese Kommanditistenstellung automatisch verlustig gehen sollte, wenn diese Wohnung verkauft werden würde.

Der BGH billigte diese Klausel und begründete dies mit dem durch die Klausel zulässigerweise verfolgten Zweck.[301] Die KG sollte nicht die Eigentumswohnungen Dritter vermieten und verwalten, sondern gerade die Wohnungen ihrer Gesellschafter. Durch den Verkauf bringe der Betroffene zum Ausdruck, dass er an der Verfolgung dieses Zwecks kein Interesse mehr habe.[302] Insgesamt solle ein Gleichlauf zwischen Gesellschafter- und Wohnungseigentümerstellung erreicht werden.[303]

Die Argumentationslinie des BGH wird auch hier deutlich. Für den Fall, dass neben der Gesellschafterbeteiligung noch ein anderes Rechtsverhältnis vorliegt, prüft das Gericht ein etwaiges Zusammenspiel der beiden. Kommt es dabei zu dem Ergebnis, dass bei Beendigung des anderen Rechtsverhältnisses die Gesellschafterstellung quasi als „leerer Mantel“ übrig bleiben würde, ist eine Verknüpfung der jeweiligen Beendigungstatbestände immer zulässig.

f) Managermodell

In seiner Entscheidung vom 19.09.2005[304] beschäftigte sich der BGH mit dem sog. „Managermodell“. Dies sieht die Einräumung einer Gesellschafterstellung

299 BGH vom 14.03.2005 – II ZR 163/03, NZG 2005, 479, 480.
300 BGH NJW 2003, 1729.
301 BGH vom 24.03.2003 – II ZR 4/01, NJW 2003, 1729, 1730.
302 BGH vom 24.03.2003 – II ZR 4/01, NJW 2003, 1729, 1730.
303 BGH vom 24.03.2003 – II ZR 4/01, NJW 2003, 1729, 1730.
304 BGH NJW 2005, 3641.

an einen GmbH-Geschäftsführer oder andere Führungskräfte für die Dauer ihrer Anstellung vor.[305] Die Beteiligung fällt im Falle der jederzeit ohne Begründung möglichen Abberufung (vgl. § 38 GmbHG) wieder an die Gesellschaft zurück.[306] Bereits beim Erhalt der Gesellschafterstellung machte der Manager der GmbH ein unbefristetes Angebot auf Rückkauf und Rückabtretung des Anteils. Der Entzug der Gesellschafterstellung erfolgte dann durch Annahme dieses Angebots von Seiten der Gesellschaft.[307] Der betroffene Geschäftsführer wurde nur am Gewinn, nicht aber am Verlust der Gesellschaft beteiligt, so dass sich sein finanzielles Risiko in Grenzen hielt.[308] Zudem hatte er praktisch keinerlei Entscheidungsbefugnisse in der Gesellschafterversammlung.[309] Seine gesellschaftsrechtliche Stellung entsprach der eines Treuhänders.[310]

Der BGH hatte bereits in einer früheren Entscheidung angenommen, dass die Satzung den Ausschluss eines Gesellschafters vorsehen kann, der in einer personalistisch strukturierten GmbH die Mitarbeit einstellt.[311] Vorliegend begründet der BGH die sachliche Rechtfertigung der Hinauskündigung mit der gesetz-lichen Wertung der jederzeitigen Abberufungsmöglichkeit des Geschäftsführers nach § 38 GmbHG.[312] Es sei mithin zulässig, durch die freie Ausschlussklausel einen Gleichlauf zwischen Abberufung und Beteiligungsende zu erreichen.

Weiterhin würde das „Managermodell" bei Verwehrung einer Ausschlussmöglichkeit nicht auf Dauer fortzuführen sein. Dem Nachfolger des Ausgeschlossenen könnte zwar ein zusätzlicher Geschäftsanteil eingeräumt werden, dies würde aber zu einer nicht gewollten Ausweitung des Gesellschafterkreises führen. Der Zweck des Modells, welcher in der Motivationssteigerung, der erhöhten Bindung an das Unternehmen und in der Belohnung für erfolgreiche Arbeit läge, wäre dadurch irgendwann nicht mehr zu erreichen.[313]

Der „Damokles"-Gedanke der BGH-Rechtsprechung sei nicht berührt, da der Druck, der auf den Gesellschafter-Geschäftsführer bei seiner Tätigkeit ausgeübt werden könnte, nicht aus der Hinauskündigungsklausel stamme, sondern aus § 38 GmbHG.[314] Darüber hinaus verstoße die Hinauskündigungsklausel

305 *Miesen*, RNotZ 2006, 522,525.
306 *Miesen*, RNotZ 2006, 522,525.
307 Diese Vereinbarung wirkt wie eine Hinauskündigungsklausel und ist dieser bei der rechtlichen Bewertung gleichzustellen, wie der BGH noch einmal klarstellt (BGH vom 19.09.2005 – II ZR 173/04, NJW 2005, 3641, 3642). Möglich wäre auch die Vereinbarung einer auflösenden Bedingung nach § 158 Abs. 2 BGB, welche ebenfalls an den Maßstäben zur Zulässigkeit von Hinauskündigungsklauseln zu messen wäre (vgl. dazu *Bütter/Tonner*, BB 2003, 2417, 2419).
308 BGH vom 19.09.2005 – II ZR 173/04, NJW 2005, 3641, 3642.
309 BGH vom 19.09.2005 – II ZR 173/04, NJW 2005, 3641, 3642.
310 BGH vom 19.09.2005 – II ZR 173/04, NJW 2005, 3641, 3642.
311 BGH vom 20.06.1983 – II ZR 237/82, NJW 1983, 2880.
312 BGH vom 19.09.2005 – II ZR 173/04, NJW 2005, 3641, 3643.
313 BGH vom 19.09.2005 – II ZR 173/04, NJW 2005, 3641, 3642 f.
314 BGH vom 19.09.2005 – II ZR 173/04, NJW 2005, 3641, 3643.

nach dem „Managermodell“ nicht gegen den gesellschaftsrechtlichen Gleichbehandlungsgrundsatz.[315]

Durch diese Entscheidung wird die Rechtsprechungslinie, die eine auf einem weiteren Rechtsverhältnis beruhende Hinauskündigungsklausel als zulässig erachtet, konsequent fortgeführt.[316] Fraglich ist dagegen die Zulässigkeit einer Hinauskündigung bei einem Geschäftsführer, der nicht bloß eine nur geringe kapitalmäßige Beteiligung an der Gesellschaft hält, sondern über nennenswerten Einfluß in der Gesellschafterversammlung verfügt. Wenn es dem Betroffenen in seiner Eigenschaft als Gesellschafter möglich ist, etwas gegen die anderen Gesellschafter durchzusetzen, kann man bezüglich des Gesellschaftsanteils nicht mehr von einem nur untergeordneten Annex der Geschäftsführerstellung sprechen.[317] In dieser Konstellation, in der die Beteiligung ein selbstständiges Rechtsverhältnis bildet, wäre eine andere Beurteilung durch den BGH zu erwarten.[318]

g) Mitarbeitermodell

In einer Parallelentscheidung[319] sah der BGH das ähnlich dem „Managermodell“ gelagerte „Mitarbeitermodell“ als zulässig an. Bei diesem Modell werden Mitarbeiter aus Gründen der Motivationssteigerung am Unternehmen beteiligt.[320] Die eingeräumten Gesellschaftsanteile sind allerdings eher klein. Der Mitarbeiter trägt daher ein nur sehr geringes eigenes finanzielles Risiko und hat so gut wie gar keine Möglichkeiten, Einfluss auf die Gesellschaftspolitik zu nehmen.[321] Das Ende der Beteiligung soll im Regelfall mit der Beendigung des Anstellungsverhältnisses zusammenfallen. Der BGH sieht die Ausschlussmöglichkeit[322] schon gar nicht als freie Hinauskündigungsmöglichkeit an, da die Kündigung eines Arbeitnehmers nur unter Beachtung des Kündigungsschutzgesetzes und seiner sozialen Rechtfertigungserfordernisse möglich sei.[323] Der Schutz des Betroffe-

---

315 BGH vom 19.09.2005 – II ZR 173/04, NJW 2005, 3641, 3642. Bezüglich der unzulässigen Kündigungserschwerung weist der BGH auf die Rechtsprechung des BAG hin: *„Dieser Grundsatz schließt allerdings eine für den Arbeitnehmer ungünstige Reflexwirkung seiner Kündigung nicht aus. Entscheidend ist eine Würdigung der Gesamtumstände unter Beachtung des Gebots der Verhältnismäßigkeit (BAG NZA 2002, 1396 (...) für die vergleichbare Rechtslage nach § 5 BBiG).“*

316 *Gehrlein*, BB 2005, 2433, 2433 f.

317 *Werner*, WM 2006, 213, 216.

318 *Werner*, WM 2006, 213, 216 f.; *Reymann*, DNotZ 2006, 106, 111.

319 BGH vom 19.09.2005 – II ZR 342/03, NJW 2005, 3644.

320 *Goette*, DStR 2006, 139, 144.

321 BGH vom 19.09.2005 – II ZR 342/03, NJW 2005, 3644, 3646.

322 Wiederum in Form der Annahme von Rückabtretungsangeboten durch die Altgesellschafter (BGH vom 19.09.2005 – II ZR 342/03, NJW 2005, 3644, 3644).

323 BGH vom 19.09.2005 – II ZR 342/03, NJW 2005, 3644, 3645; kritisch dazu *Gehrlein*, BB 2005, 2433, 2434, der darauf hinweist, dass das Eingreifen des KSchG von der Ein-

nen erfolge im diesem Zusammenhang über die Vorschriften des Arbeitsrechts. Im Übrigen liege ein Verstoß gegen den gesellschaftsrechtlichen Gleichbehandlungsgrundsatz oder eine unzulässige Kündigungserschwerung nicht vor.[324]

h) Rechtfertigung durch Testierfreiheit

In der Entscheidung des BGH vom 19.03.2007[325] ging es schließlich um die sachliche Rechtfertigung einer Hinauskündigungsklausel durch die Testierfreiheit. Der Inhaber eines einzelkaufmännischen Unternehmens ordnete testamentarisch an, dass seine beiden Erben zunächst eine KG zu gründen hätten.[326] Im Anschluss an ein langjähriges Kündigungsverbot sollte der eine Erbe berechtigt sein, das Unternehmen gegen Zahlung einer Abfindung vollständig zu übernehmen.[327]

Der BGH sah die Kündigung der Gesellschaft und die Übernahme des Unternehmens als wirksam an. Die Hinauskündigungsklausel sei durch die Testierfreiheit des Erblassers gedeckt, welcher den insoweit bevorzugten Erben als Unternehmensnachfolger auserkoren hatte.[328] Es wäre dem Erblasser auch möglich gewesen, den anderen Erben von Anfang an leer ausgehen zu lassen. Erst recht muss es ihm dann möglich sein, diesem eine mit einem Kündigungsrecht belastete Gesellschafterstellung zukommen zu lassen.[329] Dieses spezielle Argument des BGH überzeugt nicht. Auch beim Erwerb unter Lebenden wäre es den Altgesellschaftern möglich gewesen, einen Beitrittskandidaten ganz abzulehnen. Warum sollten sie ihm dann nicht anstelle der vollständigen Ablehnung zumindest einen frei kündbaren Gesellschaftsanteil zukommen lassen können?

Im Übrigen sei den schutzwürdigen Interessen des schlechter gestellten Erben durch das langjährige Kündigungsverbot ausreichend Rechnung getragen.[330] Dagegen genügt es für eine sachliche Rechtfertigung der Hinauskündigungsklausel nicht, dass die Gesellschafterstellung im Erbgang erlangt worden ist.[331] Die Entscheidung ist somit nicht auf Klauseln anwendbar, die sich bereits vor dem Erbfall in einem bestehenden Gesellschaftsvertrag befinden.[332] Es ist nur die gezielte Ausübung der Testierfreiheit zugunsten eines ausgesuchten Unter-

---

haltung des persönlichen (§ 1 Abs. 1 KSchG) und betrieblichen (§ 23 Abs. 1 KSchG) Geltungsbereichs abhänge.

324 BGH vom 19.09.2005 – II ZR 342/03, NJW 2005, 3644, 3645 f.

325 BGH NJW-RR 2007, 913.

326 BGH vom 19.03.2007 – II ZR 300/05, NJW-RR 2007, 913, 913. Der Sachverhalt ist vereinfacht unter Außerachtlassung der Vor- und Nacherbenregelungen, die im vorliegenden Zusammenhang ohne Bedeutung sind, dargestellt.

327 BGH vom 19.03.2007 – II ZR 300/05, NJW-RR 2007, 913, 913.

328 BGH vom 19.03.2007 – II ZR 300/05, NJW-RR 2007, 913, 914.

329 BGH vom 19.03.2007 – II ZR 300/05, NJW-RR 2007, 913, 914.

330 BGH vom 19.03.2007 – II ZR 300/05, NJW-RR 2007, 913, 914.

331 BGH vom 19.03.2007 – II ZR 300/05, NJW-RR 2007, 913, 914.

332 BGH vom 19.03.2007 – II ZR 300/05, NJW-RR 2007, 913, 914.

nehmensnachfolgers gerechtfertigt.[333] Der BGH stellt nicht eindeutig klar, ob sich die Anordnung bereits im Testament befinden muss oder auch durch eine Regelung im Gesellschaftsvertrag erfolgen kann. Um sicherzugehen, ist aber eine testamentarische Anordnung wie im Fall des BGH zu empfehlen.

i) Zusammenfassung

Der BGH hat demnach bisher folgende sachliche Rechtfertigungen von Hinauskündigungsklauseln zugelassen:[334]

- Kollegiale Eignungsprüfung
- Angemessene Beendigung eines Kooperationsvertrags
- Bindung von Führungskräften und Mitarbeitern an das Unternehmen
- Testierfreiheit
- Treuhänderähnliche Stellung.

5. Nicht akzeptierte Rechtfertigungen für eine Hinauskündigungsklausel

a) Erbrechtlicher Erwerb als solcher

Der erbrechtliche Erwerb einer Gesellschafterstellung führt nicht zu einer geringeren Schutzbedürftigkeit des von einer Hinauskündigungsklausel bedrohten Gesellschafters.[335] Abzugrenzen ist dieser Grundsatz allerdings auf der einen Seite von einem am Tod eines Mitgesellschafters als festem Tatbestandsmerkmal anknüpfenden Kündigungsrecht, bei dem schon tatbestandlich kein sittenwidriges Ausschließungsrecht nach freiem Ermessen vorliegt.[336] Weiterhin kann die Hinauskündigungsklausel durch die Testierfreiheit bei ausdrücklicher Anordnung des Erblassers sachlich gerechtfertigt sein.[337]

b) Familiengesellschaft

Für eine sachliche Rechtfertigung reicht allein der Umstand, dass es sich bei der in Frage stehenden Gesellschaft um eine Familiengesellschaft handelt, nicht aus. Dies gilt selbst dann, wenn sie vom ausschließungsberechtigten Gesellschafter aufgebaut und zum wirtschaftlichen Erfolg geführt worden ist.[338] Auch hier besteht nach Auffassung des BGH die Gefahr, einer Willkürherrschaft einzelner in

---

333 *Langenfeld*, ZEV 2007, 342, 342.

334 Siehe auch *Langenfeld*, ZEV 2007, 342, 342; *Miesen*, RNotZ 2006, 522, 527.

335 BGH vom 13.07.1981 – II ZR 65/80, BGHZ 81, 263, 270.

336 BGH vom 19.09.1988 – II ZR 329/87, BGHZ 105, 213, 219.

337 BGH vom 19.03.2007 – II ZR 300/05, NJW-RR 2007, 913, 914. Zur Zulässigkeit einer Hinauskündigungsklausel als Instrument zur Vorwegnahme der Erbfolge vgl. *Haberstroh*, BB 2010, 1745.

338 BGH vom 25.03.1985 – II ZR 240/84, NJW 1985, 2421, 2422f.

der Gesellschaft Vorschub zu leisten.[339] Ob diese nun Familienmitglieder seien oder nicht, spiele bei der Beurteilung der Gefährdung des Betroffenen keine Rolle.

c) Nur geringe Kapitalbeteiligung

Indirekt kommt aus den Entscheidungen des BGH zum Ausdruck, dass eine Hinauskündigungsklausel nicht schon allein aufgrund einer nur geringen Beteiligung am Gesellschaftskapital gerechtfertigt ist.[340] Gerade in diesen Fällen tritt das „Damokles"-Argument des Gerichts am deutlichsten zu Tage. Die Minderheitsgesellschafter laufen immer Gefahr, bei der Durchsetzung der ihnen zustehenden Rechte durch die Möglichkeit des jederzeitigen Ausschlusses behindert zu werden.[341]

d) Erwerb durch Schenkung

Nicht direkt entschieden hat der BGH bisher die in der Literatur umstrittene Frage, ob der schenkweise Erwerb der Gesellschafterstellung eine freie Ausschlussklausel sachlich rechtfertigen kann.[342] Hierzu finden sich sowohl in der Rechtsprechung des BGH als auch im Schrifttum unterschiedliche Begründungslinien. Vor seiner „Damokles"-Rechtsprechung hat das Gericht anerkannt, dass der freie Ausschluss eines Gesellschafters, der seine Beteiligung unentgeltlich erlangt hat, nicht gegen die gesellschaftsrechtliche Treuepflicht verstößt.[343]

Zu diesem Ergebnis würde der BGH heutzutage höchstwahrscheinlich nicht mehr kommen. Im Zuge des Rechtsstreits über eine Abfindung hat das Gericht nämlich geurteilt, dass der bloße schenkweise Erwerb des Anteils eine Kürzung des Abfindungsanspruchs nicht rechtfertigt.[344] Warum der BGH bei der Prüfung einer Hinauskündigungsklausel an sich zu einem anderen Ergebnis kommen sollte, ist nicht ersichtlich.[345] In keinem Fall würde ein schenkweiser Erhalt der

339 BGH vom 25.03.1985 – II ZR 240/84, NJW 1985, 2421, 2422.

340 Z.B. BGH vom 25.03.1985 – II ZR 240/84, NJW 1985, 2421; BGH vom 19.09.2005 – II ZR 173/04, NJW 2005, 3641; BGH vom 19.09.2005 – II ZR 342/03, NJW 2005, 3644 (wie aus den beiden letzten Entscheidungen hervorgeht, müssen zu der nur geringen Kapitalbeteiligung weitere Umstände hinzutreten (Arbeitnehmer- bzw. Manager-Beteiligungsmodelle usw.), um eine Hinauskündigungsklausel sachlich zu rechtfertigen).

341 *Gehrlein*, NJW 2005, 1969, 1972.

342 BGH vom 09.07.1990 – II ZR 194/89, BGHZ 112, 103, 109. Für die Zulässigkeit der Vereinbarung eines freien Schenkungswiderrufs, der dann wie eine freie Ausschlussklausel wirkt, ohne das eine solche im Gesellschaftsvertrag enthalten sein muss, *Timm/Schöne*, in Bamberger/Roth BGB, § 737 Rn. 26 (dagegen z.B. *Schmidt*, GesR, § 50 III 3, S. 1472 f.).

343 BGH vom 16.12.1960 – II ZR 162/59, BGHZ 34, 80 (83).

344 BGH vom 09.01.1989 – II ZR 83/88, NJW 1989, 2685, 2686.

345 *Miesen*, RNotZ 2006, 522, 528.

Beteiligung den Betroffenen nach dem BGH zu einem Gesellschafter „zweiter Klasse“[346] machen.

Anders verhält es sich im Falle Fall des Vorliegens der gesetzlichen Widerrufsvoraussetzungen der §§ 530 ff. BGB.[347] In dieser Konstellation kommt es zu einem Nebeneinander von gesellschafts- und schenkungsrechtlichen Beziehungen[348], bei denen sich letztere durchsetzen.

e) Zusammenführung von Kapital und Geschäftsführung

Die Haltung des BGH zur sachlichen Rechtfertigung von Hinauskündigungsklauseln zum Zwecke der Zusammenführung von Kapital und Geschäftsführung ist nicht eindeutig. Dabei geht es um Sachverhalte, in denen Minderhaltsgesellschafter die Geschäfte der Gesellschaft weitgehend allein führen (etwa wegen § 114 Abs. 2 HGB). Deren Hinauskündigung soll die Wiederherstellung des Gleichlaufs zwischen Mehrheitsbeteiligung und Geschäftsführung bezwecken.

Der BGH deutete zumindest an, dass er diese Zweckverfolgung als zulässig erachten könnte.[349] Im Folgenden äußerte er sich aber vorsichtiger.[350] Es ist zu erwarten, dass das Gericht das Motiv nicht als ausreichend erachten wird. Diese Einschätzung leitet sich aus der Forderung des BGH ab, dass die sachliche Rechtfertigungslage der Hinauskündigungsklausel bereits bei ihrer Statuierung im Gesellschaftsvertrag vorliegen muss.[351] Die unsichere Entwicklung des Gesellschafterkreises im Fortgang der Geschäftsaktivitäten kann damit nicht ausreichen.[352] Die Mitgesellschafter können und müssen erst einmal versuchen, sich die Geschäftsführungsbefugnis durch eine Änderung des Gesellschaftsvertrags zu erhalten bzw. wieder zu verschaffen.

f) Übermäßige Ausweitung des Gesellschafterkreises

Diese Einschätzung gilt auch hinsichtlich der Vereinbarung einer Hinauskündigungsklausel zur Verhinderung einer übermäßigen Ausweitung des Gesellschafterkreises.[353] Die beim Abschluss des Gesellschaftsvertrags noch unsichere Ent-

346 BGH vom 09.01.1989 – II ZR 83/88, NJW 1989, 2685, 2686.
347 BGH vom 02.07.1990 – II ZR 243/89, BGHZ 112, 40.
348 BGH vom 02.07.1990 – II ZR 243/89, BGHZ 112, 40, 47; u.a. von *Bütter/Tonner* verschiedentlich als „Trennungsdogma“ bezeichnet (NZG 2003, 193, 194 f., BB 2005, 283, 284).
349 BGH vom 29.05.1978 – II ZR 52/77, WM 1978, 1044, 1045 im Rahmen der Abfindung.
350 BGH vom 13.07.1981 – II ZR 56/80, BGHZ 81, 263, 269 f.
351 So schon BGH vom 20.01.1977 – II ZR 217/75, BGHZ 68, 212, 215; *Miesen*, RNotZ 2006, 522, 524.
352 *Schöne*, Gesellschafterausschluss, S. 108.
353 Vgl. wiederum die Überlegung in BGH vom 29.05.1978 – II ZR 52/77, WM 1978, 1044, 1045 und die folgende eher ablehnende Haltung in BGH vom 13.07.1981 – II ZR 56/80, BGHZ 81, 263, 270.

wicklung der Beteiligung kann für sich genommen nach Ansicht der Rechtsprechung keine freie Ausschlussklausel rechtfertigen.

6. Abstrakte Grundsätze für die Zulässigkeit

Aus den bisherigen Entscheidungen zur sachlichen Rechtfertigung lassen sich einige abstrakte Grundsätze aufstellen. Der BGH erhält seine „Damokles"-Rechtsprechung zwar aufrecht, neigt aber in den letzten Jahren dazu, die sachlichen Rechtfertigungen auszuweiten.[354] Die folgenden Einschätzungen sind im Übrigen naturgemäß mit einer gewissen Unsicherheit belastet.[355]

a) Anlass für die Hinauskündigungsklausel

Der BGH fordert zunächst einen Anlass für die Hinauskündigungsklausel. Dieser kann sich daraus ergeben, dass ohne eine solche Vereinbarung die Gesellschafterstellung gar nicht eingeräumt worden wäre.[356] In diesem Rahmen spielen vor allen Dingen die Umstände des Erwerbs der Beteiligung eine Rolle.[357] Dazu gehört beispielsweise der unentgeltliche Erwerb der Gesellschafterstellung.

Den Anlass kann auch die Verknüpfung der Beteiligung mit einer anderen rechtlichen oder persönlichen Beziehung zwischen Ausschließungsberechtigten und Ausschließungsbetroffenen bilden. Bei einem Wegfall oder einer Störung dieses, die Geschäftsgrundlage für die Gesellschafterstellung bildenden, Verhältnisses muss die Beteiligung ihren Sinn und Zweck und ihre Rechtfertigung[358] verlieren. Vertragliche Grundverhältnisse lassen sich etwa aus den Entscheidungen zum „Manager"[359]- und „Mitarbeiter"[360]-Modell oder zum Kooperationsvertrag[361] ableiten. Persönliche Verbindungen spielten bei den Urteilen zur Probezeit[362] und zum treuhandähnlichen Verhältnis [363] eine Rolle.

---

354 *Timm/Schöne*, in Bamberger/Roth BGB, § 737 Rn. 31.

355 *Verse*, DStR 2007, 1822, 1825 sieht den Versuch einer Systematisierung der sachlichen Rechtfertigungen als zwecklos an, da die bisherigen Entscheidungen nicht auf über den Einzelfall hinaus reichenden Kriterien beruhen würden. Dem kann so nicht gefolgt werden, da sich aus den Urteilen durchaus einige allgemein gültige Grundsätze herauslesen lassen (so auch *Miesen*, RNotZ 2006, 522, 526 f.).

356 *Miesen*, RNotZ 2006, 522, 526.

357 *Kilian*, WM 2006, 1567, 1574; dieser will aus den letzten BGH-Entscheidungen sogar eine Tendenz des Gerichts erkannt haben, *„ ... einen Gesellschaftertypus zu kreieren, der einen eingeschränkten Schutz seiner Gesellschafterstellung genießt."*

358 *Miesen*, RNotZ 2006, 522, 527.

359 BGH vom 19.09.2005 – II ZR 173/04, NJW 2005, 3641.

360 BGH vom 19.09.2005 – II ZR 342/03, NJW 2005, 3644.

361 BGH vom 14.03.2005 – II ZR 153/03, NZG 2005, 479.

362 BGH vom 08.03.2004 – II ZR 165/02, NJW 2004, 2013 und BGH vom 07.05.2007 – II ZR 281/05, NJW-RR 2007, 1256.

363 BGH vom 09.07.1990 – II ZR 194/89, BGHZ 112, 103.

b) Nachvollziehbares Bedürfnis für die Klausel

Aus einem sachgemäßen Geschäftsmodell oder aus anderen billigenswerten Gegebenheiten kann sich ein objektiv nachvollziehbares Bedürfnis für die Hinauskündigungsklausel ergeben.[364] Zu nennen sind an dieser Stelle beispielsweise wiederum die Beteiligungsmodelle, die auf Motivationsförderung und Belohnung für Treue angelegt sind. Auch das aufgrund öffentlich-rechtlicher Vorschriften gerechtfertigte Bedürfnis nach einer Probezeit oder die Wahl eines qualifizierten Unternehmensnachfolgers unter Zuhilfenahme der Testierfreiheit gehören hierher. Dagegen reicht nicht jedes wirtschaftlich, finanziell, persönlich oder steuerlich motivierte Bedürfnis aus.[365]

c) Interessenabwägung

Die „Damokles"-Rechtsprechung beruht nicht zuletzt auf einer Abwägung der Interessen der Minderheits- mit denen der Mehrheitsgesellschafter. Demzufolge muss dieser Interessenvergleich auch bei der sachlichen Rechtfertigung Eingang finden.[366] Auf Seiten des Mehrheitsgesellschafters sind etwa die Verdienste um den Aufbau der Gesellschaft, deren (fast) alleinige Finanzierung und eine lange Mitgliedschaft einzustellen.[367] Auf der Seite der Minderheitsgesellschafter sind beispielsweise der eigene Kapitaleinsatz, das Verlustrisiko oder die Verweildauer in der Gesellschaft zu berücksichtigen.[368] Je größer der finanzielle und wirtschaftliche Einsatz des Ausschließungsbetroffenen war, desto größer ist sein legitimes Interesse an der Beibehaltung der Gesellschafterstellung.[369] Und desto stärker ist der Rechtfertigungsdruck auf die Hinauskündigungsklausel.[370]

d) Mögliche weitere Fälle

Für die mögliche Entwicklung der Rechtsprechung in Hinblick auf die sachliche Rechtfertigung von Hinauskündigungsklauseln lässt sich unter Anwendung dieses Drei-Stufen-Schemas – Anlass, Bedürfnis, Interessenabwägung – eine Prognose abgeben. Danach führt beispielweise der Erwerb durch Schenkung ohne das Hinzutreten weiterer Umstände nicht zu einer zulässigen Hinauskündigungsklausel.[371] Ein solcher Umstand kann etwa das Vertrauen auf den Fortbe-

364 *Miesen*, RNotZ 2006, 522, 526.
365 *Timm/Schöne*, in Bamberger/Roth BGB, § 737 Rn. 31.
366 *Miesen*, RNotZ 2006, 522, 526 f.
367 *Kilian*, WM 2006, 1567, 1574; *Miesen*, RNotZ 2006, 522, 526.
368 *Miesen*, RNotZ 2006, 522, 526 f.; *Kilian*, WM 2006, 1567, 1574.
369 *Miesen*, RNotZ 2006, 522, 527.
370 *Miesen*, RNotZ 2006, 522, 527.
371 Vgl. in diesem Zusammenhang BGH vom 09.01.1989 – II ZR 83/88, NJW 1989, 2685 (direkt ging es nur um die Zulässigkeit einer Abfindungsbeschränkung bei schenkweisem Erwerb).

stand der der Schenkung des Gesellschaftsanteils zugrunde liegenden Ehe sein.[372]

Im Übrigen erlaubt es die „Managermodell"-Rechtsprechung des BGH, eine Einschätzung für die sachliche Rechtfertigung von Hinauskündigungsklauseln bei Aktienoptionsprogrammen für Manager abzugeben. Diese Programme ziehen regelmäßig ein Verfallen der Bezugrechte bei Beendigung des zugrunde liegenden Anstellungsverhältnisses des Managers nach sich.[373] Die Argumentation des BGH in Bezug auf das „Managermodell" spricht für die Zulässigkeit solcher Vertragsgestaltungen, da auch hier die (künftige) Gesellschaftsbeteiligung im Vergleich zum Anstellungsverhältnis nur eine untergeordnete Rolle spielt.

7. Fazit

Auch wenn sich damit hinsichtlich der Zulässigkeit von freien Ausschlussklauseln einige Prognosen anstellen lassen, bleibt der größte Kritikpunkt an der BGH-Rechtsprechung die damit verbundene Gestaltungsunsicherheit. Für die gesellschaftsvertragliche Praxis ist es nur schwer vorhersehbar, in welche Richtung sich die Rechtsprechung entwickeln wird. Dementsprechend kann sie sich auch nur schwer darauf einrichten.

D. Die Lösungsansätze in der Literatur

I. Übersicht der Literaturmeinungen

1. Literaturauffassungen bis 1938

Die herrschende Meinung in der Literatur lag im Zeitraum der Geltung von Art. 128 ADHGB (§ 140 HGB n.F.) auf der Linie der Rechtsprechung des ROHG und RG. Die Vorschrift sei sowohl in formeller als auch materieller[374] Hinsicht zwingend. Begründet wurde diese Auffassung mit methodischen Erwägungen. Die Vertragsfreiheit für die OHG sei gesetzlich nach Art. 90 Abs. 2 ADHGB (§ 109 HGB n.F.) nur für den Bereich der Art. 90 bis 109 ADHGB (§§ 110-122 HGB n.F.) gewehrt und eine Ausdehnung dieser Norm auf den Art. 128 ADHGB käme nicht in Frage.[375]

Nach dem Inkrafttreten des HGB und insbesondere des § 737 BGB änderte sich die Ansicht der Literatur. Die Rechtsprechung des ROHG und des RG wur-

372 *Miesen*, RNotZ 2006, 522, 528.

373 So *Drinkuth*, NJW 2006, 410, 412.

374 Dies ergab sich schon aus dem zwingenden Charakter der Vorschrift im Hinblick auf das Gestaltungsklageerfordernis, von der damals noch ausgegangen wurde. Dagegen sollte die Vereinbarung von „absoluten" Ausschlussgründen, bei deren Eingreifen der Ausschluss immer gerechtfertigt sein sollte, bis zur Grenze der Sittenwidrigkeit zugelassen werden (vgl. *Staub* HGB (1896), Art. 128 ADHGB §§ 4, 6).

375 *Schöne*, Gesellschafterausschluss, S. 39

de nun überwiegend abgelehnt.[376] Der Richter habe die Gründe einer Ausschließung nur auf ihre Vereinbarkeit mit dem Gesellschaftsvertrag hin zu überprüfen.[377]

2. Literaturauffassungen bis ca. 1981

Die Wende der Rechtsprechung in RG ZAkDR 1938, 818 hin zur völligen Abdingbarkeit des § 140 Abs. 1 Satz 1 HGB in formeller als auch materieller Hinsicht wurde von der Literatur als *„Sieg der Vertragsfreiheit"*[378] begrüßt. *Barz* beispielsweise begründete seine Zustimmung zur neuen Rechtssprechung damit, dass § 140 Abs. 1 Satz 1 HGB den Gesellschaftern nur die grundsätzliche Möglichkeit geben wolle, den Gesellschafter auszuschließen statt die Gesellschaft aufzulösen.[379] Die Vorschrift verfolge aber nicht das Ziel, die gesellschaftsvertraglichen Regelungen zum Ausschluss zu beschneiden.[380]

Nachdem sich der BGH der Meinung seines Vorgängergerichts angeschlossen hatte, folgte dem auch das Schrifttum in großer Einhelligkeit.[381] Beispielsweise war *A. Hueck* der Auffassung, dass die Vertragsfreiheit in Hinblick auf Hinauskündigungsklauseln nur durch § 138 Abs. 1 BGB begrenzt werde. Im Ausschluss eines Gesellschafters sei keine Bestrafung zu erblicken, da in der Kündigung eines sonstigen Vertrages ja auch keine liegen würde. Im Einzelfall reiche eine Ausübungskontrolle aus. Eine gerichtliche Überprüfung des Ausschlusses müsse aber immer möglich sein.[382]

In der Folgezeit gewannen allerdings zunehmend kritische Stimmen an Boden, die den Vorrang der Vertragsfreiheit auf dem Gebiet der freien Ausschlussklauseln in Frage stellten.[383] Diese Ansicht beruhte auf dem Gedanken, dass es auch im Gesellschaftsrecht rechtsethische Gesichtspunkte in Form des Minderheitenschutzes zu beachten gebe[384] und dass...

> *„...der Gestaltungsfreiheit der Gesellschafter ein zu großer Raum eingeräumt worden ist, dass eine geschickte und einfallsreiche Kautelarjurisprudenz zu Gestaltungsfor-*

376 Vgl. nur *Flechtheim*, in Düringer/Hachenburg HGB, § 140 Anmerkungen 13, 15; *Hachenburg*, JW 1925, 244.

377 *Flechtheim*, in Düringer/Hachenburg HGB, § 140 Anmerkungen 13, 15; *Hachenburg*, JW 1925, 244 etwa kritisiert, dass das Reichsgericht an seiner Linie festhält, ohne sich mit den entgegenstehenden Gründen auseinanderzusetzen.

378 *Großmann-Doerth*, ZAkDR 1938, 819, 819.

379 *Barz*, DR 1943, 808, 808.

380 *Barz*, DR 1943, 808, 808.

381 Vgl. dazu die ausführliche Aufzählung bei *Huber*, ZGR 1980, 177, 182.

382 Vgl. zu alledem *Hueck*, OHG, S. 435 ff.

383 Z.B. *Wiedemann*, ZGR 1980, 148, 150 ff.; *Manke*, Ausschließung, S. 57 ff.; *Hennerkes/Binz*, NJW 1983, 73, 76.

384 *Hennerkes/Binz*, NJW 1983, 73, 76.

men gefunden hat, die nicht selten eine Gefährdung einzelner Gesellschafter zur Folge haben"[385].

Daraus folge, dass eine Kontrolle von gesellschaftsvertraglichen Regelungen auch schon oberhalb der allgemein anerkannten Mindestschwelle der Sittenwidrigkeit von Nöten sei.[386] Die gefährdete Minderheit müsse vor der Willkür und Beherrschung durch die Mehrheitsgesellschafter geschützt werden.[387] Dabei sollen sich aus dem Inhalt eines Gesellschaftsvertrages selbst Indizien für mögliche Ungleichgewichte und Ungerechtigkeiten bei Vertragsschluss ziehen lassen.[388]

Folglich reiche eine Ausübungskontrolle nicht aus. Erforderlich sei eine Inhaltskontrolle der gesellschaftsvertraglichen Bestimmungen, um die fehlende Vertragsschlussparität auszugleichen.[389] Diese Erwägungen beeinflussten ersichtlich die erneute Wende der Rechtsprechung hin zur grundsätzlichen Sittenwidrigkeit von Hinauskündigungsklauseln im Jahr 1981.[390]

3. Literaturauffassungen nach ca. 1981

Dieser Wandel blieb seitens der Literatur nicht ohne Kritik.[391] Naturgemäß wurde er von den Stimmen, die schon vorher einen strengeren Umgang mit den Klauseln anstrebten, begrüßt.[392] Die „Damokles"-Rechtsprechung wird vor allem von der Kommentarliteratur befürwortet.[393] Als Begründung nennt sie die allgemeinen Schranken der Vertragsfreiheit im Verbandsrecht, die mit der Anerkennung eines freien Ausschlussrechts überschritten seien.[394] Ebenfalls anerkannt wird die Möglichkeit der sachlichen Rechtfertigung von Hinauskündi-

---

385 *Fischer*, ZGR 1979, 251, 262.

386 *Behr*, ZGR 1985, 475, 482.

387 *Behr*, ZGR 1985, 475, 482.

388 *Wiedemann*, ZGR 1980, 148, 154.

389 *Manke*, Ausschließung, S. 63; *Wiedemann*, ZGR 1980, 147 (155) befürwortet zwar im Grundsatz nur eine Ausübungskontrolle, lässt eine solche aber dann nicht ausreichen, *„wenn bereits die Existenz bestimmter Vertragsklauseln zu Unzuglänglichkeiten führt."*

390 BGH vom 13.07.1981 – II ZR 56/80, BGHZ 81, 263 unter ausdrücklicher Bezugnahme auf die Verfechter einer Einsschränkung der bis dato gewährten Vertragsfreiheit *Manke* (S. 267), *Schilling* (S. 268) und *Wiedemann* (S. 268 f.).

391 Beispielsweise kritisiert *Huber* (ZGR 1980, 177, 210 f.), dass das Erfordernis einer sachlichen Rechtfertigung für eine Hinauskündigungsklausel gegen das Grundprinzip des Privatrechts verstoße, das sich Vertragspartner nicht für die von ihnen getroffenen autonomen Regelungen vor Gericht rechtfertigen müssten.

392 Z.B. *Hennerkes/Binz*, NJW 1983, 73 (mit der Einschränkung, dass bei einer vollwertigen Abfindung gegen eine Hinauskündigungsklausel nicht einzuwenden sei (S. 80)); *Schöne*, Gesellschafterausschluss, S. 160 f. (*Schöne* will sogar einer sachliche Rechtfertigung die Zulässigkeit versagen.); *Schilling*, ZGR 1979, 419, 422.

393 *Hopt*, in Baumbach/Hopt HGB, § 140 Rn. 31; *Stuhlfelner*, in Glanegger HGB, § 140 Rn. 8 f.; *Schmidt*, in MünchKomm HGB, § 140 Rn. 100; a.A. angedeutet bei *Koller*, in Koller/Roth/Morck HGB, § 140 Rn. 6.

394 *Schäfer*, in Staub HGB (2009), § 140 Rn. 62.

gungsklauseln.[395] Auch Teile der übrigen Literatur folgen der Rechtsprechungslinie. Sie begründen ihr Eintreten für den BGH mit dem ständigen Druck, unter dem der Betroffene bei der Ausübung seiner Gesellschafterrechte stehe.[396]

Gegen die Ansicht der Rechtsprechung hat sich insbesondere die Aufsatzliteratur gewandt.[397] Deren Vertreter weisen beispielsweise auf die fehlenden Reaktionsmöglichkeiten im Falle von persönlichen Meinungsverschiedenheiten der Gesellschafter hin, wenn keine freie Ausschlussklausel zugelassen wird.[398]

II. Entwickelte Lösungsmodelle

1. Einleitung

Im Folgenden werden die von der Literatur ausgearbeiteten Lösungsansätze kurz dargestellt und kritisch gewürdigt. Dies soll als Übersicht und zur Vorbereitung eines eigenen Lösungsansatzes dienen.

2. Der Gesellschafter minderen Rechts

Der Ansatz des „Gesellschafters minderen Rechts" stellt darauf ab, dass es in der Gesellschaft zwei unterschiedliche Arten von Gesellschaftern geben kann[399]: gleichberechtigte Gesellschafter und solche „minderen Rechts". Letztere würden sich dadurch auszeichnen, dass sie eine nach dem Gesellschaftsvertrag minderberechtigte Stellung einnähmen. Dies drücke sich etwa durch eine fehlende Beteiligung am Liquidationsgewinn, den Erwerb der Beteiligung durch Schenkung oder Erbfolge und vor allem durch die freie Ausschlussmöglichkeit selbst aus.[400]

Für die gleichberechtigten Gesellschafter gelte der strenge Grundsatz des § 140 Abs. 1 Satz 1 HGB, also das Erfordernis eines wichtigen Grundes zur Ausschließung.[401] Dieses ergebe sich aus dem gesellschaftsrechtlichen Gleich-

---

395 *Schäfer*, in Staub HGB (2009), § 140 Rn. 62.

396 Z.B. *Westermann*, Handbuch der Personengesellschaften, S. 854, Rz. 1128.

397 So z.B. bei *Kübler/Assmann*, GesR, S. 92: *„Es handelt sich (fast) durchweg um Vereinbarungen, die von mündigen und/oder wohlberatenen Partnern aus durchweg rationalen Gründen abgeschlossen wurden und schon deshalb so massive Eingriffe in die Vertragsfreiheit der Beteiligten nicht verdienen. Wo ausnahmsweise Korrektur geboten ist, lässt sie sich mit den Rechtsbehelfen des allgemeinen Zivilrechts (culpa in contrahendo, Wegfall der Geschäftgrundlage, Rechtsmissbrauch) bewirken."*

398 *Koller*, DB 1984, 545, 546; *Koller* begründet dieses weiterhin mit dem Vergleich mit leitenden Angestellten, die nach den §§ 14 Abs. 2 Satz 2, 9 Abs. 1 Satz 2, 10 KSchG gegen eine Abfindung ohne soziale Rechtfertigung entlassen werden können. Folge man dem BGH uneingeschränkt, so wäre die Schutzwürdigkeit von Gesellschaftern höher einzuschätzen als die von leitenden Angestellten. Dies könne nicht richtig sein.

399 *Flume*, NJW 1979, 902; *Flume* lehnte sich in seiner Terminologie wohl an den BGH vor 1977 an, der verschiedentlich von einer „minderberechtigten Stellung" eines Gesellschafters sprach (etwa BGH vom 07.05.1973 – II ZR 140/71, NJW 1973, 1606, 1607).

400 *Flume*, NJW 1979, 902, 903.

401 *Flume*, NJW 1979, 902, 902 f.

behandlungsgrundsatz. Genanntes Prinzip lasse es nicht zu, gleichberechtigte Gesellschafterstellungen willkürlich zu beenden.[402] Dagegen könne es Beteiligungen mit unterschiedlich ausgestalteten Rechten und Pflichten geben.[403] „Gesellschafter minderen Rechts“ seien schon aufgrund ihres Status’, der ihnen im Vergleich zu den gleichberechtigten Gesellschaftern von vornherein eine schwächere Position gäbe, ohne weiteres frei ausschließbar.[404]

Der Rechtsfigur des „Gesellschafters minderen Rechts“ beruht allerdings auf einem Zirkelschluss. Wenn ein Gesellschafter „minderen Rechts“ sei, könne er frei ausgeschlossen werden; er sei „minderen Rechts“, wenn er frei ausgeschlossen werden könne.[405] Es ist festzuhalten, dass Gesellschaftsbeteiligungen durch den Gesellschaftsvertrag zulässigerweise sehr unterschiedlich ausgestaltet werden können.[406] Eine Gesellschafterstellung, die im Vergleich zu einem anderen verbundenen Rechtsverhältnis erkennbar in den Hintergrund tritt, kann auch nach Auffassung des BGH leichter beendet werden. Anderes gilt, wenn ein Gesellschafter mit voller Gewinn- und Verlustbeteiligung der Gesellschaft angehört. Die erstgenannten Gesellschafter sind den anderen gegenüber immer noch prinzipiell gleichgestellt. Ihre Gesellschafterstellung erfüllt nur eine andere Funktion und kann aufgrund dessen leichter zulässig beendet werden. Demgegenüber führen allein die Umstände der Erlangung der Gesellschafterstellung ohne das Hinzutreten von weiteren Faktoren nicht zu einer freien Ausschlussmöglichkeit.[407]

Die Terminologie des „Gesellschafters minderen Rechts“ ist zwar etwas unglücklich.[408] Aber man kann dem Ansatz, dass es unterschiedliche Arten zu Beteiligungen geben muss, zustimmen. Eine Spielart dieser Lösung findet sich bei *K. Schmidt*. Dieser will eine Hinauskündigungsklausel dann zulassen, wenn auch die Übertragung und Vererblichkeit des Anteils des betroffenen Gesellschafters der Zustimmung der übrigen Gesellschafter bedarf.[409] Dazu ist nicht anderes zu sagen als zum „Gesellschafter minderen Rechts“.

3. Statusgeminderte Stellung

Eine ähnliche Ansicht wie *Flume* vertritt *Behr*.[410] Seiner Meinung nach lassen sich die Gesellschafter ebenfalls allgemein in zwei Gruppen einteilen. Bei den einen ist das Gesellschaftsverhältnis ein „echtes Statusverhältnis“; bei den ande-

---

402 *Flume*, DB 1986, 629, 633.
403 *Flume*, DB 1986, 629, 633.
404 *Schöne*, Gesellschafterausschluss, S. 67.
405 So auch *Behr*, ZGR 1985, 475, 492.
406 *Schmidt*, GesR, § 16 II 4, S. 464.
407 *Bunte*, ZIP 1983, 8, 13.
408 *Huber*, ZGR 1980, 177, 196 spricht insofern von der Erweckung juristischer Beschützerinstinkte.
409 *Schmidt*, in MünchKomm HGB, § 140 Rn.103.
410 *Behr*, ZGR 1985, 475.

ren besteht es lediglich im formellen Sinne.[411] Bei der Frage der Zulässigkeit einer Hinauskündigungsklausel gehe es nicht um den Schutz der betroffenen Gesellschafter, sondern um den Schutz der Funktionsfähigkeit der Gesellschaft.[412] Diese sei gefährdet, wenn ein dem gesetzlichen Regeltyp entsprechender „echter Statusgesellschafter" seine Rechte und Pflichten nur unter der ständigen Bedrohung des „Damoklesschwertes" wahrnehmen könne.[413] Wenn die Beteiligung nur eine „formale Hülle"[414] etwa in Form einer treuhandähnlichen Position darstelle, so sei die Funktionsfähigkeit der Gesellschaft von vornherein nicht gefährdet und bedarf keines Schutzes durch die Nichtigkeit der Hinauskündigungsklausel.[415] Auch nach diesem Ansatz würde die bloße schenk- oder erbweise Erlangung des Anteils ohne den erkennbaren Willen der Gesellschafter zur Schaffung einer formalen Gesellschaftsstellung nicht zur Zulässigkeit einer Hinauskündigungsklausel führen.[416]

Kritisch zu sehen ist die Argumentation mit dem mangelnden Schutzbedürfnis von statusgeminderten Gesellschaftsbeteiligungen. Eine Geschäftsführerbeteiligung kann beispielsweise zu „verkümmerten"[417] Kontroll- und Informationsbefugnissen führen. Aber diese Stellung ist nicht weniger schutzbedürftig. Dies ergibt sich schon aus der Funktion der angesprochenen Rechte, nämlich auch dem Minderheitsgesellschafter bei der Willenbildung der Gesellschafter gegenüber den Beschlüssen der Mehrheit zumindest eine Form der Partizipation zu gewähren.[418] Gesetzlich vorgesehene Kontroll- und Informationsrechte müssen somit als im Kern schützwürdig, unabhängig von der sonstigen Ausgestaltung der Beteiligung, angesehen werden.

Abschließend ist zu den beiden aufgezeigten Ansätzen anzumerken, dass es im Grundsatz keinen Sachzusammenhang zwischen den geminderten Rechten eines Gesellschafters aufgrund des Gesellschaftsvertrags und einer geminderten Bestandsfestigkeit seiner Mitgliedschaft als solches gibt. Die fehlende Schutzwürdigkeit der Beteiligung kann demnach nicht allein mit dem Hinweis auf nur eingeschränkte (Binnen-) Rechte des vom Ausschluss betroffenen Gesellschafters begründet werden. Dazu müssen weitere Umstände wie etwa im Falle einer bloßen treuhänderischen Beteiligung hinzutreten.

---

411 *Behr*, ZGR 1985, 475, 493 ff.

412 *Behr*, ZGR 1985, 475, 493.

413 *Behr*, ZGR 1985, 475, 493.

414 *Krämer* NJW 1981, 2253, 2256 nennt in diesem Zusammenhang unter Hinweis auf *Huber* (ZGR 1980, 177, 196) etwa die Konstellation, dass das Innenverhältnis der Gesellschaft wie das einer stillen Gesellschaft ausgestaltet ist.

415 *Behr*, ZGR 1985, 475, 496.

416 *Behr*, ZGR 1985, 475, 495 spricht allenfalls von einer Indizwirkung.

417 *Behr*, ZGR 1985, 475, 494.

418 *Reul*, DNotZ 2007, 184, 202 f.

4. Lösung über die Abfindung

a) Darstellung

Viele Stimmen in der Literatur lehnen die durch den BGH vorgenommene strenge Trennung zwischen Hinauskündigungsklausel und vereinbarter Abfindung ab.[419] Sie wollen eine Abfindung in voller Höhe[420] im Fall der Ausschließung entweder als ein Indiz für die Zulässigkeit der Hinauskündigungsklausel[421] oder sogar als alleinige Rechtfertigung für eine solche Klausel ansehen[422]. Dies bedeutet im Ergebnis eine weitreichende Verknüpfung zwischen Ausschluss und Abfindung. Ein mögliches rechtliches Defizit beim ersteren soll durch Beibehalten der gesetzlichen Regelung des § 738 Abs. 1 Satz 2 BGB ausgeglichen werden.[423] Als Begründung wird angeführt, dass im Falle einer angemessenen Abfindungsregelung das „Damokles"-Argument nicht greife. Für die zur Ausschließung berechtigten Gesellschafter gebe es zumindest wirtschaftlich keinen Anreiz, den Betroffenen willkürlich auszuschließen.[424] Des Weiteren zeige die Regelung des § 327a AktG[425], dass die Verwirklichung des Schutzes des Minderheitsgesellschafters durch die Voraussetzung einer angemessenen Abfindung dem Gesellschaftsrecht nicht fremd sei.[426]

b) Kritik

Der BGH wandte sich schon sehr früh gegen eine gemeinsame Betrachtung von Ausschluss- und Abfindungsregelungen.[427] Die Höhe der vereinbarten Abfindung sei für die Frage der Zulässigkeit der Hinauskündigungsklausel ohne Bedeutung. Im Übrigen liegt das Problem dieses Lösungsansatzes in der Vermen-

---

419 Z.B. *Huber*, ZGR 1980, 177, 210: *„Das Kernproblem aller Ausschlussklauseln ist die Abfindungsregelung."*; *Grunewald*, DStR 2004, 1750, 1751 f.; *Hirtz*, BB 1981 761, 765.

420 In diesem Fall entspricht die Abfindung dem wirklichen Wert der Beteiligung (vgl. zur Wertberechnung ausführlich *Oppenheim*, Abfindungsklauseln, S. 35 ff.). Im Gegensatz dazu bedeutet beispielsweise die Vereinbarung einer sog. Buchwertklausel, dass der ausscheidende Gesellschafter weder am Liquidationsgewinn/Firmenwert noch an den stillen Reserven beteiligt wird (vgl. *Esch*, NJW 1979, 1390, 1391).

421 *Benecke*, ZIP 2005, 1437, 1440.

422 *Grunewald*, DStR 2004, 1750, 1751 f.; in diese Richtung auch *Koller*, DB 1984, 545, 549, der eine Abfindung zum Buchwert zulassen will, wenn die Ausschließung des Betroffenen kurze Zeit nach dessen Eintritt erfolgt.

423 *Grunewald*, Der Ausschluss aus Gesellschaft und Verein, S. 11 ff.

424 *Drinkuth*, NJW 2006, 410, 411; *Huber*, ZGR 1980. 177, 210 f.

425 Danach kann der Hauptaktionär (min. 95%) die Übertragung der übrigen Aktien der Minderheitsaktionäre ohne weitere Rechtfertigung gegen eine angemessene Barabfindung verlangen.

426 *Drinkuth*, NJW 2006, 410, 411; nach *Grunewald*, DStR 2004, 1750, 1751 schließe die gesetzgeberische Möglichkeit des § 327a AktG die Sittenwidrigkeit einer Hinauskündigungsklausel bei angemessener Abfindung aus.

427 Vgl. nur BGH vom 23.10.1972 – II ZR 31/70, NJW 1973, 651, 652 m.w.N.

gung von Tatbestand und Rechtsfolge. Erst ein bereits zulässiger und damit rechtswirksamer Ausschluss löst den Abfindungsanspruch des betroffenen Gesellschafters überhaupt aus. Wenn die Ausschlussklausel und folglich der Ausschluss nichtig sind, kommt es gar nicht erst zur Abfindung. Weiterhin widerlegt eine volle Abfindung noch nicht das Hauptargument der Rechtsprechung für die Sittenwidrigkeit von Hinauskündigungsklauseln, den „Damokles"-Gedanken. Die Vereinbarung einer angemessenen Abfindung kann zwar den Anreiz schmälern, die betroffenen Gesellschafter willkürlich hinauszukündigen, ihn aber nicht vollständig ausschließen.[428] Besonders vor dem Hintergrund einer Hinauskündigung aus sachfremden persönlichen Motiven wird sich der Berechtigte kaum von einer möglichen Schädigung der Gesellschaft durch die zu gewährende Abfindung abschrecken lassen.[429]

§ 327a AktG stellt im vorliegenden Zusammenhang eine für den Bereich der Personengesellschaft und der GmbH nicht anwendbare Sonderregelung des Aktienrechts dar. Die Vorschrift bezweckt die Stärkung der unternehmerischen Freiheit des Mehrheitsaktionärs, der in seinen wirtschaftlichen Aktionen nicht mehr durch den Minderheitenschutz und damit einhergehende Anfechtungsklagen behindert werden soll.[430] Dieser Gesichtspunkt gilt außerhalb des Aktienrechts nicht in gleicher Weise, sondern ist der oftmals großen Verteilung der AG-Anteile geschuldet. Die Rechtsstellung eines Aktionärs ist nicht mit der eines Personengesellschafters vergleichbar.[431] Dies wird schon an dem Umstand deutlich, dass der AG-Anteil ein von der Person des Inhabers losgelöster Vermögensgegenstand ist, während die Beteiligung an einer Personengesellschaft eine persönliche Vertragspartnerschaft begründet.

c) Schlussfolgerungen

Abfindungsvereinbarungen sind im Ergebnis als unabhängig von den Ausschlussklauseln und als grundsätzlich unbeachtlich für die Zulässigkeit von Hinauskündigungsklauseln zu behandeln. Allerdings sind bei einer Inhaltskontrolle[432] immer die Interessen des ausschlussberechtigten Gesellschafters mit denen des Betroffenen zu vergleichen. Die Vereinbarung einer angemessenen Abfindung ist im Zuge dieser Abwägung zugunsten des ersteren zu berücksichtigen. In diesem Fall trifft der Verlust der Gesellschafterstellung den Ausgeschlossenen weniger hart, da er zumindest finanziell keine unmittelbaren Nachteile erleidet. Diese Überlegung ist nicht so zu verstehen, dass eine vollwertige Abfindung allein zur Wirksamkeit einer freien Ausschlussklausel oder eines freien

---

428 *Habersack/Verse*, ZGR 2005, 451, 456 unter Verweis auf BGH vom 13.07.1981 – II ZR 56/80, BGHZ 81, 263.

429 *Miesen*, RNotZ 2006, 522, 532.

430 *Hüffer*, in Hüffer AktG, § 327a Rn. 1.

431 *Timm/Schöne*, in Bamberger/Roth BGB, § 737 Rn. 29.

432 Und ebenso bei einer Ausübungskontrolle, wenn man eine solche bevorzugt.

Ausschlusses führen soll. Dafür müssen weitere Umstände vorliegen, die eine willkürliche Beendigung der Gesellschafterstellung ausschließen.

In diesem Sinne fordert die Zulässigkeit einer Hinauskündigungsklausel im Regelfall die Vereinbarung einer vollen Abfindung.[433] Andersfalls wäre der Ausschluss für den ausscheidenden Gesellschafter zumindest mittelbar mit so großen Nachteilen verbunden, dass dies die Rechtsordnung nicht mehr tolerieren könnte. Daneben ist der Anreiz für einen willkürlichen Ausschluss bei einer nicht vollwertigen Abfindung ungleich höher.[434] Auch wenn eine volle Abfindung nicht zu einer vollständigen Widerlegung des „Damokles"-Argument führt, muss eine solche doch eine allgemeine Voraussetzung für das Ausscheiden ohne wichtigen Grund sein. Ein Ausschluss ohne angemessene Abfindung würde zudem den Anschein einer Bestrafung ausstrahlen. Eine solche ist (darf) aber in der Kündigung in keinem Fall zu sehen (sein).[435]

Zusammengefasst muss die Frage der Abfindung entgegen der Auffassung des BGH für die Frage der Zulässigkeit von freien Ausschlussklauseln doch eine gewisse Rolle spielen. Der dafür richtige Prüfungsort ist die immer anzustellende Interessenabwägung.

5. „Automatisches" Ausscheiden

Andere Autoren schlagen als Alternative für eine Hinauskündigungsklausel ein „automatisches" Ausscheiden beim Eingreifen von im Gesellschaftsvertrag festgelegten Fällen vor.[436] Der Betroffene würde dann ohne weiteres seine Gesellschafterstellung verlieren, wenn in seiner Person der im Vertrag genannte Umstand vorliege.[437] In diesem Fall sei das „Damokles"-Argument des BGH widerlegt, da kein Gesellschafter mehr einen bestimmenden Einfluss auf den Ausschluss habe.[438]

Das automatische Ausscheiden kommt der auch nach Ansicht des BGH zulässigen Festlegung von „absoluten" Ausschlussgründen im Gesellschaftsvertrag sehr nahe.[439] Die Meinung verzichtet auf einen Ausschlussbeschluss. Dieser steckt vielmehr antizipiert schon in der Vereinbarung im Gesellschaftsvertrag bzw. beim nachträglichen Gesellschaftsbeitritt im Einverstandensein mit dieser.[440] Die Ausscheidenstatbestände müssen allerdings mit dem Zweck der Ge-

---

433 *Miesen*, RNotZ 2006, 522, 533.

434 *Oppenheim*, Abfindungsklauseln, S. 69.

435 *Hueck*, OHG, S. 435 ff.

436 *Hennerkes/Binz*, NJW 1983, 73, 79.

437 *Hennerkes/Binz*, NJW 1983, 73, 79.

438 *Hennerkes/Binz*, NJW 1983, 73, 79.

439 BGH vom 20.06.1983 – II ZR 237/82, NJW 1983, 2880 (2881); *Gehrlein*, NJW 2005, 1969, 1970.

440 Dies ist nach dem BGH vom 20.06.1983 – II ZR 237/82, NJW 1983, 2880 (2881) möglich. Nicht zu verkennen ist allerdings die damit verbundene weitere Entfernung vom gesetzlichen Erfordernis der Gestaltungsklage.

sellschaftsbeteiligung vereinbar[441] und auch im Übrigen rechtmäßig sein. Es wird im Endeffekt der automatische Ausscheidensgrund geprüft.

Dagegen ist in diesem Zusammenhang eine ähnliche Auffassung unter Zugrundelegung der Sicht des BGH abzulehnen. Unter Wahrung einer kurzen Überlegungsfrist seien Klauseln nicht zu beanstanden, die der Gesellschaftermehrheit das Recht zur Hinauskündigung in bestimmten festgelegten Fällen geben.[442] So könnte eine dementsprechende Klausel im Gesellschaftsvertrag vorsehen, dass der Gesellschaftermehrheit des Recht zusteht, einen Gesellschafter, der nicht länger als drei Jahre Inhaber des Anteils ist und das sechzigste Lebensjahr vollendet hat, auszuschließen. Dieser Fall würde sich aber ersichtlich nicht entscheidend von dem unterscheiden, in dem die Gesellschaftermehrzeit berechtigt ist, den Gesellschafter ohne weitere Voraussetzungen hinauszukündigen. Hierbei käme es doch wieder auf die Sichtweise und die Motive der Gesellschaftermehrheit an und das „Damokles“-Argument des BGH würde voll greifen. Von einem Automatismus ohne Einflussmöglichkeit kann also dabei keine Rede sein.

6. Nachschieben von Ausschlussgründen

Eine weitere Ansicht folgt im Grundsatz der „Damokles“-Rechtsprechung, kommt aber zu anderen Schlussfolgerungen in Hinblick auf die Rechtsfolge von unwirksamen Hinauskündigungsklauseln.[443] Die geltungserhaltende Auslegung einer an sich unwirksamen Ausschlussklausel analog § 139 BGB solle demnach möglich sein.[444] Dies ergäbe sich aus dem Umstand, dass der betroffene Gesellschafter bei der Vertragsgestaltung seine schutzwürdigen Belange nicht sachgerecht wahrgenommen oder nicht durchgesetzt habe.[445] Aufgrund der dadurch bedingten geringeren Schutzwürdigkeit erscheine es nicht angemessen, das freie Kündigungsrecht stets als sittenwidrig anzusehen.[446]

Zudem würde in diesem Fall der Gesellschafter, der sich auf eine freie Ausschlussklausel eingelassen hat, gegenüber dem, der nur eine bestimmte sachliche Rechtfertigung gelten lassen wollte, bevorzugt.[447] Diese Ansicht kommt zu dem Ergebnis, dass jede Hinauskündigungsklausel wirksam ist, wenn ein sachlicher Grund zum Zeitpunkte des Ausschlusses vorliegt. Dieser wird quasi konkludent mitvereinbart. Bezüglich des Katalogs der sachlichen Gründe orientiert sich die Meinung an den bisher vom BGH anerkannten Erwägungen. Denkt man diese

441 BGH vom 24.03.2003 – II ZR 4/01, NJW 2003, 1729, 1730.

442 *Hennerkes/Binz*, NJW 1983, 73, 79 f.

443 *Gehrlein*, NJW 2005, 1969, 1972 f.

444 *Gehrlein*, NJW 2005, 1969, 1972; der BGH ist den Weg analog § 139 BGB verschiedentlich gegangen (vgl. etwa BGH vom 19.09.1988 – II ZR 329/87, BGHZ 105, 213 und BGH vom 05.06.1989 – II ZR 227/88, BGHZ 107, 351).

445 *Gehrlein*, NJW 2005, 1969, 1972.

446 *Gehrlein*, NJW 2005, 1969, 1972.

447 *Gehrlein*, NJW 2005, 1969, 1972.

Konstruktion konsequent zu Ende, kann man die vom BGH durchgeführte Inhaltskontrolle auch gleich durch eine an § 242 BGB orientierte Ausübungskontrolle ersetzen.

Ergänzend findet sich ein Plädoyer für die Berücksichtigung eines im Gesellschaftsvertrag nicht genannten, nachgeschobenen, aber allgemein anerkannten sachlichen Grundes.[448] Etwas nebulös wird gefordert, dass es sich bei dem sachlichen Grund um einen solchen handeln müsse, der für das Gesellschaftsverhältnis vom Vertragsschluss bis zum Ausschlussausspruch von Bedeutung gewesen sei.[449] Generell sind die geltungserhaltende Auslegung und das Nachschieben eines sachlichen Grundes zwei Seiten derselben Medaille. Inhaltlich macht es keinen Unterschied, ob man den sachlichen Grund gleich von Anfang an in die freie Ausschlussklausel hineinliest oder ihn erst im Nachhinein berücksichtigt.

Gegen die vorgestellte Ansicht spricht die Konturlosigkeit des „allgemein anerkannten sachlichen Grundes". Es wird, außer dass auf die von der Rechtsprechung bereits gefundenen sachlichen Rechtfertigungen Bezug genommen wird, nicht aufgezeigt, wie ein solcher zu definieren ist. Im Übrigen wird es schwer zu bestimmen sein, welcher Grund die ganze Zeit über, quasi über dem Gesellschaftsverhältnis schwebend, Bedeutung hatte.

Es spricht insgesamt viel dafür, die Schlussfolgerungen dieser Meinung vor dem Hintergrund der Möglichkeit einer Missbrauchskontrolle zu vernachlässigen. Entscheidend ist, dass sich zum Zeitpunkt des Ausschlusses dafür ein sachlicher Grund finden lässt. Oder anders ausgedrückt, dass der Ausschluss an dieser Stelle nicht aus sachfremden oder willkürlichen Motiven erfolgt. Dazu bedarf es des dogmatischen Umwegs über eine geltungserhaltende Auslegung einer an sich als nichtig erachteten Hinauskündigungsklausel nicht. Dies gilt ebenso für ihre Aufrechterhaltung aufgrund des Nachschiebens von sachlichen Gründen. Im Übrigen trägt der Ansatz nichts zur Überwindung des Hauptproblems der BGH-Judikatur, der damit einhergehenden Rechtsunsicherheit, bei. Er liefert dagegen Argumente für die Abkehr von der Inhalts- hin zur Ausübungskontrolle.

7. Aufrechterhaltung analog § 139 BGB

Die Verfechter dieser Auffassung wollen die nach der Rechtsprechung sittenwidrige Hinauskündigungsklausel analog § 139 BGB aufrechterhalten.[450] Aufgrund des Umstandes, dass der BGH bis jetzt noch keine fallübergreifenden Abgrenzungskriterien zwischen sittenwidriger Ausschlussklausel und sachlicher Rechtfertigung gefunden hat[451], stelle die analoge Anwendung von § 139 BGB

448 *Gehrlein*, NJW 2005, 1969, 1972 f.
449 *Gehrlein*, NJW 2005, 1969, 1973.
450 *Reymann*, DNotZ 2006, 106; *Behr*, ZGR 1990, 370.
451 *Reymann*, DNotZ 2006, 106, 109.

einen gangbaren Weg dar[452]. Dessen Berücksichtigung sei durch entsprechende Formulierungen im Gesellschaftsvertrag sicherzustellen. Der Gedanke an eine geltungserhaltende Reduktion analog § 139 BGB sei gerade im Personengesellschaftsrecht aufgrund der komplizierten und speziell zugeschnittenen Vertragswerke interessengerecht.[453]

Als Voraussetzungen werden die Teilbarkeit der konkreten Klausel und die Erkennbarkeit des hypothetischen Parteiwillens genannt.[454] Die einzelnen Klauselbestandteile müssten jeweils für sich auf ihre rechtliche Zulässigkeit hin überprüft werden können.[455] Es sei zwischen partiell gegen § 138 Abs. 1 BGB verstoßenden Klauseln und solchen, die in ihrer Gesamtheit sittenwidrig sind, zu unterscheiden.[456] Für den Fall, dass der hypothetische Parteiwille nicht zu ermitteln ist oder die Teilbarkeit fehlt, sei eine Heilung der Sittenwidrigkeit ex tunc durch eine Änderung des Vertrags nicht möglich. Ansonsten würde die Wertung des § 138 Abs. 1 BGB, der dem Klauselverwender das Risiko der Sittenwidrigkeit zuweist, unterlaufen.[457] Für die Vertragsgestaltung sei zu folgern, dass die ermessensauslösenden Bestandteile der Klausel möglichst konkret zu fassen sind, damit der sittenwidrige Teil vom Gericht durch eine sich am hypothetischen Parteiwillen orientierende Regelung ersetzt werden könne.[458]

Dem Ansatz ist generell zuzustimmen. Er geht von der Angemessenheit der „Damokles"-Rechtsprechung aus und will einige Härten abmildern.[459] Im Endeffekt kommt es aber bei der Lösung analog § 139 BGB durch den Rückgriff auf die sachlichen Rechtfertigungen des BGH, die den wirksamen Teil der Klausel tragen müssen, wieder zur unbefriedigenden Rechtsunsicherheit. Dieselben Ergebnisse können im Zuge einer grundsätzlichen Revision dieser Rechtsprechung mit dem Ziel in Richtung einer Ausübungskontrolle erreicht werden.

8. Die gesellschaftsrechtliche Treuepflicht

Schockenhoff[460] vertritt schon hinsichtlich des Prüfungsmaßstabs der freien Ausschlussklauseln einen anderen Ansatz. Hinauskündigungsklauseln müsse man zunächst an der gesellschaftsrechtlichen[461] Treuepflicht messen. Diese ergebe sich nicht aus § 242 BGB, sondern sei eine zusammenfassende Bezeichnung für

452 *Reymann*, DNotZ 2006, 106, 121.
453 *Behr*, ZGR 1990, 370, 387.
454 *Reymann*, DNotZ 2006, 106, 115.
455 *Behr*, ZGR 1990, 370, 388.
456 *Reymann*, DNotZ 2006, 106, 116.
457 *Reymann*, DNotZ 2006, 106, 117.
458 *Reymann*, DNotZ 2006, 106, 116.
459 So formuliert *Behr*, ZGR 1990, 370, 386 denn auch: *„Will man dem Ansatz des BGH überhaupt folgen...".*
460 *Schockenhoff*, ZIP 2005, 1009.
461 Oder auch „gesellschafterliche" Treuepflicht.

mitgliedschaftliche Nebenpflichten.[462] Wenn eine freie Ausschlussklausel mit dieser Treuepflicht vereinbar sei, ergebe sich in keinem Fall ein Verstoß gegen die §§ 138 Abs. 1, 242 BGB. Umgekehrt liege ein Verstoß gegen sie und § 242 BGB zwingend vor, wenn die Klausel an § 138 Abs. 1 BGB scheitere.[463] Der Grund für die bevorzugte Beachtung der Treuepflicht sei deren größere Flexibilität gegenüber den mit einem hohen Abstraktionsgrad versehenen Generalklauseln der §§ 138 Abs. 1, 242 BGB.[464]

Der Inhalt der Treuepflicht selbst ergebe sich aus dem Gesellschaftszweck, der tatsächlichen Ausgestaltung der Gesellschafterstellung sowie dem Maß der persönlichen Beiträge bzw. der persönlichen Bindung.[465] Damit sei eine Hinauskündigungsklausel rechtmäßig, wenn der betroffene Gesellschafter mit dem Ausschluss rechnen musste und dieser nicht zu einer Änderung des ursprünglich zugrundegelegten Äquivalenzverhältnisses zu Lasten des Betroffenen führt.[466] Oder anders gewendet, die Klausel sei immer dann wirksam, wenn der betroffene Gesellschafter nicht annehmen durfte, dass ihm die Gesellschafterstellung auf Dauer zukommt.[467] Dieser Aspekt ist für Schockenhoff der entscheidende, da eine Prüfung der §§ 138 Abs. 1, 242 BGB nur in krassen Einzelfällen zu erfolgen habe.[468]

Die Prüfung der freien Ausschlussklausel anhand der gesellschafterlichen Treuepflicht ist schon in dogmatischer Hinsicht problematisch. Die Treuepflicht verlangt von dem Gesellschafter im Verhältnis zu den anderen Anteilsinhabern, deren Belange nicht ungerechtfertigt zu beeinträchtigen und die Wahl des schonensten Mittels bei der Geltendmachung eigener Rechte.[469] Im Normalfall wird mit der Vereinbarung einer zunächst nur abstrakt gehaltenen Ausschlussklausel im Gesellschaftsvertrag die Treuepflicht nicht tangiert, da diese auf eine Anwendung im konkreten Einzelfall zugeschnitten ist.[470] Erst die treuwidrige Rechtsausübung führt zur Unwirksamkeit des Ausschlusses.[471] Die Treuepflicht kann somit erst auf der Ebene der Ausübung von Rechten relevant werden[472], so dass damit noch nichts über eine etwaige Treu- oder Sittenwidrigkeit der Hinauskündigungsklausel an sich gesagt ist. Die bloße Verlagerung der Prüfungs-

---

462 *Schockenhoff*, ZIP 2005, 1009, 1013.
463 *Schockenhoff*, ZIP 2005, 1009, 1013.
464 *Schockenhoff*, ZIP 2005, 1009, 1013.
465 *Schockenhoff*, ZIP 2005, 1009, 1013.
466 *Schockenhoff*, ZIP 2005, 1009, 1016.
467 *Schockenhoff*, ZIP 2005, 1009, 1016.
468 *Schockenhoff*, ZIP 2005, 1009, 1016.
469 *Sprau*, in Palandt BGB, § 705 Rn. 27.
470 Etwa auf die einschränkende Geltendmachung von Ansprüchen oder die Zustimmung zu einer Änderung des Gesellschaftsvertrags (vgl. BGH vom 28.04.1975 – II ZR 16/73, BGHZ 64, 253, 257 f.).
471 *Bunte*, ZIP 1983, 8, 11.
472 Dieses erkennt *Schockenhoff*, ZIP 2005, 1009, 1016 wiederum und gehört damit zu den Verfechtern einer Ausübungskontrolle.

ebene[473] ändert nichts an der erforderlichen Auseinandersetzung mit den Argumenten der Rechtsprechung. Für die Rechtfertigung einer so weitreichenden Inhaltskontrolle, wie sie die Rechtsprechung vornimmt, kann die gesellschaftsrechtliche Treuepflicht nicht ins Feld geführt werden.[474]

Der Aspekt des Vertrauens auf das Behaltendürfen einer Rechtsposition ist im Zuge der Interessenabwägung im Rahmen der Ausübungskontrolle zu berücksichtigen. Bei der Prüfung nur dieses einen Gesichtspunktes darf aber nicht stehengeblieben werden. Dies ergibt sich aus der Vielschichtigkeit und -seitigkeit von Gesellschaftsbeteiligungen in der Rechtswirklichkeit. Es ist eine Vielzahl von Fällen denkbar, in denen der Betroffene zwar billigerweise nicht mit dem dauerhaften Behaltendürfen der Gesellschafterstellung rechnen durfte, die Ausschließung im konkreten Fall aber rechtsmissbräuchlich und/oder sittenwidrig ist.[475] Nachvollziehbar sind die Ausführungen *Schockenhoffs* zu den verschiedenen Rechtsfolgen der anwendbaren Prüfungsmaßstäbe. Die Prüfung des Verstoßes der gesellschaftsvertraglichen Ausschließungsbestimmung gegen die gesellschafterliche Treuepflicht sei Ausübungskontrolle und führe „nur" zur Einredebehaftetheit der Klausel.[476] Dagegen bedeute die Nichteinhaltung des Maßstabs der guten Sitten die Nichtigkeit der entsprechenden Vertragsgestaltung.[477]
An diesem Beispiel lässt sich bereits ein großer Vorteil der Ausübungskontrolle aufzeigen. Die Inhaltskontrolle mit ihrer Sittenwidrigkeitsprüfung führt zwingend zur Nichtigkeit. Diese Rechtsfolge ist vom Gericht von Amts wegen zu berücksichtigen. Dagegen findet eine richterliche Ausübungskontrolle, sei es anhand des § 242 BGB oder der Treuepflicht, nur statt, wenn sich der Ausgeschlossene darauf beruft. Ihm bleibt also die, für ihn unter Umständen attraktivere, Möglichkeit, sich auf den Erhalt einer angemessenen Abfindung zu beschränken.

Zwar unterscheidet der BGH streng zwischen Ausschließungs- und Abfindungsregelung[478], doch sind gewisse Wechselwirkungen denkbar. Dies gilt etwa in dem Fall, dass Ausschluss und Abfindung untrennbar in einer Klausel miteinander verbunden sind und sich im Fall der Hinauskündigung eine vorteilhaftere

---

473 Auch wenn Schockenhoff die Kontrolle anhand der §§ 138 Abs. 1, 242 BGB für etwas nebulöse Fälle, *„in denen eine Rechtfertigung (...) keinesfalls, d.h. in keiner möglichen Situation der konkreten Gesellschaft, in Betracht kommt..."* (ZIP 2005, 1009, 1016) in der Hinterhand behält.

474 *Bunte*, ZIP 1983, 8, 11.

475 Man denke zum Beispiel an den Fall, dass der Gesellschafter-Geschäftsführer oder ein sonstiger leistender Gesellschafter im Falle seiner Abberufung bzw. Kündigung zwar mit dem Verlust der Gesellschafterstellung rechnen muss (Management- oder Mitarbeiterbeteiligungsmodell), aber diese bereits vorher aufgrund einer entsprechenden freien Ausschlussklausel aus sachfremden Motiven durchgeführt wird.

476 *Schockenhoff*, ZIP 2005, 1009, 1016.

477 *Schockenhoff*, ZIP 2005, 1009, 1017.

478 Siehe nur BGH vom 29.05.1978 – II ZR 52/77, WM 1978, 1044.

Abfindungsvereinbarung als bei einem Ausschluss aus wichtigem Grund findet. Bei einer Sittenwidrigkeit fiele, außer man verfährt auch hier analog § 139 BGB[479], die ganze Klausel weg. Bei einer Einredebehaftetheit bliebe sie mitsamt dem günstigen Abfindungsteil bestehen. Dieselbe Problematik ergibt sich, wenn die Abfindungsklausel ausdrücklich Bezug auf die Hinauskündigungsklausel nimmt. Eine strikte Trennung ist dann ebenfalls nicht denkbar, ohne den Betroffenen in seiner Entscheidungsfreiheit zu beschränken. Die Handhabung einer Ausübungskontrolle ist also weitaus flexibler als die starre Inhaltskontrolle. Insbesondere erweitert sie die Reaktionsmöglichkeiten des Ausgeschlossenen, ohne dass ihm ein Rechtsverlust droht.

9. Ausübungs- statt Inhaltskontrolle

Und dann gibt es eine Reihe von Stimmen in der Literatur, die das ganze Konzept einer Inhaltskontrolle von gesellschaftsvertraglichen Hinauskündigungsklauseln schon von Grund auf ablehnen und statt dessen eine Rechtsausübungskontrolle bevorzugen.[480] Diese Rechtsausübungskontrolle und ihre Vorzüge werden ausführlich in Kapitel 5 vorgestellt und besprochen.

E. Endergebnis 3. Kapitel

Die aufgeworfene Frage nach der materiellrechtlichen Abbedingbarkeit des wichtigen Grundes bei § 140 Abs. 1 Satz 1 HGB lässt sich nach Durchsicht der dazu ergangenen Rechtsprechung und entwickelten Literatur wie folgt beantworten: Der BGH geht von der grundsätzlichen materiellrechtlichen Nachgiebigkeit von § 140 Abs. 1 Satz 1 HGB aus. Allerdings verstoßen freie Ausschlussklauseln seiner Ansicht nach im Regelfall gegen § 138 Abs. 1 BGB. In diesem Zusammenhang hat das Gericht eine neue Kategorie des sachlichen Grundes „erfunden", bei dessen Vorliegen der Ausschluss aufgrund einer Hinauskündigungsklausel möglich sein soll. Dieser sachliche Grund erfordert nicht das Erreichen eines wichtigen Grundes. Der Weg des BGH stellt damit einen Mittelweg zwischen freiem Ausschlussrecht und Unabdingbarkeit des wichtigen Grundes bei § 140 Abs. 1 Satz 1 HGB dar.

Die Spanne der Literaturmeinungen reicht von der völligen Befürwortung der materiellrechtlichen Nachgiebigkeit von § 140 Abs. 1 Satz 1 HGB bis hin zum Anschluss an die Ansicht des BGH im Ganzen oder in Teilbereichen. Rein zahlenmäßig am weitesten verbreitet sind dabei, neben der dem BGH folgenden Kommentarliteratur, die Lösungen über die angemessene Abfindung und des

479 Dies wird nur in wenigen Konstellationen denkbar sein, da der Parteiwille gerade auf eine weitgehende Verknüpfung zwischen Ausschluss und Abfindung gerichtet war.

480 Z.B. *Bunte*, ZIP 1983, 8 und ZIP 1985, 915; *Kowalski/Bormann*, GmbHR 2004, 1438; *Mülsch/Penzel*, ZIP 2004, 1987; *Habersack/Verse*, ZGR 2005, 451; *Hirtz*, BB 1981; 761 *Koller*, DB 1984, 545.

Vorrangs der Ausübungskontrolle. Dagegen wird die Ansicht, dass das Erfordernis des wichtigen Grundes eine unabdingbare gesetzliche Regelung darstelle, soweit ersichtlich, nicht vertreten.

4. Kapitel: Nachteile einer Inhaltskontrolle des Gesellschaftsvertrags im Vergleich zur Rechtsausübungskontrolle

Die „Damokles"-Rechtsprechung des BGH beruht auf einer nachvollziehbaren und praxisrelevanten Fragestellung: Wie kann die Minderheit der Gesellschafter vor der Willkür der Mehrheit geschützt werden? Und wie kann dieser Minderheitenschutz verwirklicht werden, ohne die Vertragsfreiheit zu sehr in den Hintergrund treten zu lassen?

Der BGH meint bezüglich des Gesellschafterausschlusses auf beide Fragen eine Antwort gefunden zu haben. Der Minderheitenschutz wird durch eine Inhaltskontrolle schon des Gesellschaftsvertrags erreicht. Dabei wird allen solchen Bestimmungen die Wirksamkeit versagt, die zu einer grundlosen Ausschließung des Minderheitsgesellschafters führen könnten. Die Erhaltung der Privatautonomie erfolgt über die Anerkennung der Möglichkeit einer sachlichen Rechtfertigung für solche Klauseln.

Gerade durch das Zusammenspiel dieser beiden Grundgedanken bleibt aber ein anderes Rechtsprinzip auf der Strecke: die Rechtssicherheit. Durch die Weigerung des BGH, einen abschließenden und verbindlichen Katalog von sachlichen Rechtfertigungen zu nennen, wird diese in nicht hinnehmbarer Weise beeinträchtigt. An sich wäre es zur weitestgehenden Verwirklichung dieser Rechtssicherheit notwendig, das Erfordernis des wichtigen Grundes in § 140 Abs. 1 Satz 1 HGB für zwingend zu erklären. Andererseits kann man aber auch eine gewisse Unsicherheit in Kauf nehmen und zur Durchsetzung des Minderheitenschutzes zu einem anderen Instrument greifen: der Ausübungskontrolle. Speziell für das Gebiet des Gesellschaftsrechts mit seinen unzähligen möglichen Gestaltungsvarianten erscheint eine solche als besonders geeignet. Das folgende Kapitel verfolgt zunächst das Ziel, die Grundlagen der Inhaltskontrolle im Allgemeinen und die der Inhaltskontrolle von gesellschaftsvertraglichen Bestimmungen im Speziellen aufzuzeigen und kritisch zu würdigen.

A. Auslegung

Die herkömmlichen Auslegungsmethoden kommen bei § 140 Abs. 1 Satz 1 HGB bezüglich der Nachgiebigkeit des materiellrechtlichen Erfordernisses des wichtigen Grundes zu keinem eindeutigen Ergebnis. Der Wortlaut der Vorschrift[481] könnte zum einen heißen, dass ein Ausschluss nur beim Vorliegen eines wichtigen Grundes möglich sein soll. Zum anderen ist die Deutung möglich, dass das Ausschlussrecht auch in Ermangelung einer Regelung im Gesellschaftsvertrag bei einem wichtigen Grund immer gegeben ist.[482]

481 Das Gleiche gilt auch hinsichtlich der GbR bei § 737 Satz 1 BGB.
482 *Behr*, ZGR 1985, 475, 487 f.

Die Materialien zum ADHGB, HGB und BGB schweigen hinsichtlich des Charakters der materiellen Ausschlussregelung.[483] Ebenso gestaltet sich die Einordnung des § 140 Abs. 1 Satz 1 HGB in systematischer Hinsicht mehrdeutig. § 109 HGB, der die gesetzlichen Vorschriften als subsidiär im Verhältnis zum Gesellschaftsvertrag erachtet, gilt ausdrücklich nur für die §§ 110 bis 122 HGB. Er betrifft damit die Binnenbeziehungen der Gesellschafter, zu denen der Ausschluss gerade nicht gehört.[484]

Hinsichtlich des Telos lassen sich sowohl für als auch gegen den zwingenden Charakter der Norm gute Gründe anführen. Dafür spricht beispielsweise ein weitreichender Minderheitenschutz[485], der bei einer Unabdingbarkeit des Erfordernisses eines wichtigen Grundes naturgemäß unterstützt würde. Dagegen lässt sich der Grundsatz „in dubio pro libertate“ ins Feld führen.[486] Gerade letzterem Prinzip kommt im Personengesellschaftsrecht aufgrund der Vielseitig- und Viel-artigkeit von gesellschaftsvertraglichen Konstellationen aber eine herausragende Stellung zu, so dass im Zweifel von dem nachgiebigen Charakter von § 140 Abs. 1 Satz 1 HGB auszugehen ist.[487] Die Frage ist nur, worin die Grenzen dieser Nachgiebigkeit bestehen.

B. Die „Damokles“-Rechtsprechung als Inhaltskontrolle

I. Definition der Inhaltskontrolle

Die richterliche Inhaltskontrolle stellt dogmatisch ein Instrument dar, das die Überprüfung der inhaltlichen Richtigkeit und Angemessenheit von zivilrechtlichen Verträgen anhand rechtlicher Maßstäbe zum Gegenstand hat.[488] Sie ist Rechts- und Wirksamkeitskontrolle, aber keine Zweckmäßigkeitskontrolle oder Vertragshilfe.[489] Für den Fall, dass eine Bestimmung der Inhaltskontrolle nicht standhält, tritt gewöhnlicherweise an ihre Stelle das dispositive Gesetzesrecht. Die Inhaltskontrolle hat suspendierende Wirkung.[490]

Streng zu unterscheiden ist sie von der Ausübungskontrolle.[491] Während die Inhaltskontrolle die Wirksamkeit einer Vertragsbedingung selbst zum Gegenstand hat, setzt die Ausübungskontrolle gerade die grundsätzliche Wirksamkeit der Klausel voraus.[492] Letztere betrifft allein die Frage, ob die Geltendmachung

483 *Manke*, Ausschließung, S. 26; *Behr*, ZGR 1985, 475, 488 deutet das Schweigen eher in Richtung zwingender Charakter, da etwas nach dem damaligen Standpunkt Selbstverständliches nicht ausgesprochen werden brauche.
484 *Behr*, ZGR 1985, 475, 488.
485 Schon herausgearbeitet von *Fischer*, ZGR 1979, 251, 261 ff.
486 *Behr*, ZGR 1985, 475, 488.
487 *Behr*, ZGR 1985, 475, 488.
488 *Becker*, WM 1999, 709, 710.
489 *Fastrich*, Richterliche Inhaltskontrolle, S. 13.
490 *Becker*, WM 1999, 709, 710.
491 *Looschelders/Olzen*, in Staudinger BGB, § 242 Rn. 344.
492 *Coester*, in Staudinger BGB, § 307 Rn. 36.

eines vertraglich eingeräumten Rechts aufgrund der besonderen Umstände des Einzelfalls als unzulässige Rechtsausübung anzusehen ist.[493]

II. Historische Entwicklung der Inhaltskontrolle

Das BGB geht von der Modellvorstellung eines durch freies Aushandeln inhaltlich richtigen und gerechten Vertrags aus, so dass es weitgehend auf zwingendes Gesetzesrecht verzichtet.[494] Dagegen herrscht in der Rechtswirklichkeit sehr häufig ein Machtgefälle zwischen den Vertragspartnern. Dieses fußt oft auf einer wirtschaftlichen, intellektuellen oder organisatorischen Überlegenheit des einen Teils.[495] Obwohl dieses Problem bereits sehr schnell zu Tage trag[496], setzte sich das Erfordernis einer gerichtlichen Kontrolle von privatautonomen (bürgerlich-rechtlichen) Abreden erst langsam im Laufe des 20. Jahrhunderts durch[497]. Das RG räumte der Privatautonomie einen beinahe absoluten Vorrang ein und war bis zum Ende seiner Jurisdiktion kaum bereit, Schranken für diese aufzustellen.[498] Lediglich im Falle der Ausnutzung einer Monopolstellung befürwortete es eine Inhaltskontrolle von Verträgen anhand von § 138 Abs. 1 BGB.[499]

Der BGH ging im Bereich der Allgemeinen Geschäftsbedingungen (AGB) in den 50er Jahren zu einer Inhaltskontrolle über.[500] Im der Folgezeit erweiterte das Gericht deren Anwendungsbereich stetig.[501] Als Beispiele zu nennen sind notarielle Gewährleistungsausschlüsse bei Bauträgerverträgen[502] oder auf dem Gebiet des Gesellschaftsrechts die Verträge von Publikums-KG's[503]. Dabei verließ der BGH zwischenzeitlich verfolgte Lösungswege, wie etwa eine einschränkenden Auslegung der problematischen Klauseln oder eine Ausübungskontrolle, schnell wieder.[504]

---

493 *Looschelders/Olzen*, in Staudinger BGB, § 242 Rn. 344.

494 *Schlosser*, in Staudinger BGB, Vorbem zu §§ 305 ff. Rn. 2.

495 *Schlosser*, in Staudinger BGB, Vorbem zu §§ 305 ff. Rn. 3 f.

496 Vgl. nur den Sachverhalt von RG vom 16.06.1883, RGZ 11, 100 betreffend der weit reichenden Haftungsabwälzung durch AGB.

497 *Fastrich*, Richterliche Inhaltskontrolle, S. 1.

498 *Fastrich*, Richterliche Inhaltskontrolle, S. 1; vgl. aber die Nachweise zur RG-Rechtsprechung in BGH vom 29.10.1956 – II ZR 79/55, BGHZ 22, 90, 95 f. zur durchaus kritischen Würdigung von weitreichenden Freizeichnungsklauseln in AGB.

499 *Wolf/Lindacher/Pfeiffer*, AGB-Recht, Einl. Rn. 6.

500 BGH vom 29.10.1956 – II ZR 79/55, BGHZ 22, 90.

501 *Fastrich*, Richterliche Inhaltskontrolle, S. 1 f.

502 Vgl. nur BGH vom 17.09.1987 – VII ZR 153/86, WM 1987, 1367.

503 BGH vom 14.04.1975 – II ZR 147/73, BGHZ 64, 238 (Rechtsgrundlage § 242 BGB). *Schneider*, ZGR 1978, 1, 5 spricht von einem *„Sonderrecht für Publikumspersonengesellschaften"*. Vor der erstgenannten BGH-Entscheidung wurden die Bestimmungen des Gesellschaftsvertrags allein am Maßstab der Sittenwidrigkeit gemessen (vgl. *Heid*, DB Beilage Nr. 4/1985, S. 2).

504 *Fuchs*, in Ulmer/Brandner/Hensen AGB-Recht, Vorb. v. § 307 BGB Rn. 15.

Der BGH und mit ihm die h.M. geht im Übrigen davon aus, dass es sich beim Gesetz über Allgemeine Geschäftsbedingungen[505] (AGBG, heute: §§ 305 ff. BGB) nur um eine Teilkodifikation der Inhaltskontrolle handelt.[506] Daneben kann eine „allgemeine“ Inhaltskontrolle, insbesondere bei den nach § 310 Abs. 4 Satz 1 BGB von der gesetzlichen AGB-Kontrolle ausgenommenen Rechtsbereichen, weiterhin stattfinden.[507]

III. Rechtsgrundlagen der Inhaltskontrolle

Neben der positivrechtlichen Regelung der Inhaltskontrolle in den §§ 305 ff. BGB findet weiterhin § 242 BGB, aus dem die richterliche Inhaltskontrolle ursprünglich entwickelt wurde[508], als Rechtsgrundlage Anwendung.[509] Außerdem werden noch § 138 Abs. 1 BGB und Art. 2 Abs. 1 GG sowie aus rechtsvergleichender Perspektive gemeineuropäische Quellen herangezogen.[510] In der Vergangenheit fand zudem vereinzelt § 315 Abs. 3 BGB Anwendung.[511] Es ist allerdings nicht nötig, eine einzelne Norm als Rechtsfundament herauszustellen.[512] Man kann mit Becker[513] formulieren: *„Richterliche Inhaltskontrolle (...) ist eine einfachrechtlich zulässige und verfassungsrechtlich gebotene Rechtsfortbildung.“*

IV. Rechtfertigung der Inhaltskontrolle

Die Inhaltskontrolle stellt einen weitreichenden Eingriff in die durch Art. 2 Abs. 1 GG grundrechtlich abgesicherte Privatautonomie bzw. Vertragsfreiheit dar. Aus diesem Grunde bedarf sie auf verschiedenen juristischen Ebenen der Rechtfertigung.

1. Verfassungsrechtliche Rechtfertigung

Die erste Begründunglinie leitet sich aus der Verfassung selbst her. Das Grundgesetz ist keine wertneutrale Ordnung. In seinem Grundrechtsteil finden sich objektive Grundentscheidungen, an die sich alle Bereiche des Rechts, inklusive

505 Gesetz zur Regelung des Rechts der Allgemeinen Geschäftsbedingungen vom 09.12.1976, BGBl. I 3317.

506 BGH vom 17.09.1987 – VII ZR 153/86, WM 1987, 1367, 1368.

507 BGH vom 17.09.1987 – VII ZR 153/86, WM 1987, 1367, 1368; *Coester*, in Staudinger BGB, § 307 Rn. 35.

508 *Becker*, WM 1999, 709, 712.

509 *Coester*, in Staudinger BGB, § 307 Rn. 35.

510 *Becker*, WM 1999, 709, 712 f.

511 *Wolf/Lindacher/Pfeiffer*, AGB-Recht, Einl. Rn. 6.

512 *Fastrich*, Richterliche Inhaltskontrolle, S. 65 ff. (Treu und Glauben als Rechtsprinzip und nicht § 242 BGB als Rechtsnorm als Rechtsgrundlage der Inhaltskontrolle).

513 *Becker*, WM 1999, 709, 712.

des Zivilrechts, zu halten haben.[514] Daraus ergibt sich unter anderem der Gedanke, dass die Gewährleistung der Privatautonomie selbst bestimmter Schranken bedarf.[515] Eine dieser Begrenzungen ist die richterliche Inhaltskontrolle.[516]

Nach Ansicht des BVerfG beruht die Privatautonomie auf dem Prinzip der freien Selbstbestimmung. Es sei unentbehrlich, dass diese auch tatsächlich vorliegt.[517] Es müsse zumindest ein annäherndes Kräftegleichgewicht zwischen den Parteien vorherrschen, ansonsten gebiete der Schutzauftrag der Verfassung ein staatliches Eingreifen.[518] Diese Forderung richte sich nicht nur an den Gesetzgeber, sondern auch an den Zivilrichter. Dessen Werkzeuge zur Behebung der gestörten Vertragsparität seien die bürgerlich-rechtlichen Generalklauseln.[519]

Die gestörte Vertragsparität zeichne sich einerseits durch eine strukturelle Unterlegenheit des einen Partners aus.[520] Andererseits müssten sich die Folgen des Vertrags für den Unterlegenen als ungewöhnlich belastend darstellen.[521] Die Verfassung erfordere es zu verhindern, dass Verträge als Mittel zur Fremdbestimmung benutzt würden.[522] Bei der danach erforderlichen Ergebnisfindung lasse die Verfassung einen weiten Spielraum zu, so dass sich der Verfahrengang und das Endresultat in allererster Linie nach dem einfachen Recht bestimmten.[523] Somit entstehe die Prüfungskompetenz des BVerfG erst, wenn das Problem des fehlenden Vertragsgleichgewichts gar nicht gesehen oder versucht wird, es mit völlig ungeeigneten Mitteln zu lösen.[524]

Für den weiteren Gang der Untersuchung lässt sich aus diesen Erörterungen folgende Schlussfolgerung ziehen: Es besteht zwar an sich die sich aus der Verfassung resultierende Verpflichtung, auf eine Störung der Vertragsparität mit den Mitteln des Zivilrechts zu reagieren. Aber dieses erfordert auf der anderen Seite das Überschreiten einer gewissen Erheblichkeitsschwelle. Die Pflicht zum Eingreifen ergibt sich grundsätzlich erst beim Vorliegen der folgenden zwei Voraussetzungen: Der strukturellen Unterlegenheit einer Partei und ungewöhnlich belastenden Vertragsnachteilen. Unterhalb dieser Grenze ist, zumindest aus verfassungsrechtlicher Sicht, kein Einschreiten des Zivilrichters in Form einer Inhaltskontrolle angebracht.[525]

---

514 BVerfG vom 07.02.1990 – 1 BvR 26/84, NJW 1990, 1469, 1470.
515 BVerfG vom 07.02.1990 – 1 BvR 26/84, NJW 1990, 1469, 1470.
516 *Stoffels*, AGB-Recht, § 5 Rn. 76.
517 BVerfG vom 07.02.1990 – 1 BvR 26/84, NJW 1990, 1469, 1470.
518 BVerfG vom 07.02.1990 – 1 BvR 26/84, NJW 1990, 1469, 1470.
519 BVerfG vom 07.02.1990 – 1 BvR 26/84, NJW 1990, 1469, 1470.
520 BVerfG vom 19.10.1993 – 1 BvR 567/89, NJW 1994, 36, 38.
521 BVerfG vom 19.10.1993 – 1 BvR 567/89, NJW 1994, 36, 38.
522 BVerfG vom 19.10.1993 – 1 BvR 567/89, NJW 1994, 36, 38.
523 BVerfG vom 19.10.1993 – 1 BvR 567/89, NJW 1994, 36, 39.
524 BVerfG vom 19.10.1993 – 1 BvR 567/89, NJW 1994, 36, 39.
525 Dazu dass BVerfG vom 19.10.1993 – 1 BvR 567/89, NJW 1994, 36, 38 im Wortlaut: *„Allerdings kann die Rechtsordnung nicht für alle Situationen Vorsorge treffen, in denen das Verhandlungsgleichgewicht mehr oder weniger beeinträchtigt ist. Schon aus*

2. Vertragstheoretische Rechtfertigung

Die Inhaltskontrolle bedarf außerhalb des verfassungstheoretischen Bereichs weiterhin einer zivil- bzw. vertragstheoretischen Herleitung. Dabei ergibt sich das Konzept in erster Linie[526] aus dem „Gedanken der vertraglichen Richtigkeitsgewähr".[527] Diese Theorie besagt, dass dem Vertragsschluss regelmäßig eine Richtigkeitsvermutung innewohne. Durch ihn entfalte sich nicht nur eine subjektiv gewollte, sondern zugleich auch eine im Großen und Ganzen objektiv gerechte Ordnung.[528] Dieser Mechanismus versagt in den Fallen der gestörten Vertragsparität und muss durch die richterliche Inhaltskontrolle wiederhergestellt werden.[529]

Die Rechtfertigung dieses Eingriffs beschränkt sich allerdings auf typisierbare Fallgestaltungen, in denen die Richtigkeitsgewähr generell und nachhaltig versagt. Die Überlegenheit des einen Vertragsteils muss situativ bedingt sein.[530] Auch in vertragstheoretischer Hinsicht ist damit wiederum das Überschreiten einer Erheblichkeitsschwelle erforderlich. Nicht jede Ungleichgewichtslage, die jeder Vertragsschluss in einem gewissen Maße mit sich bringt, löst somit gleich das Erfordernis einer Inhaltskontrolle aus.

3. Zusammenfassende Betrachtung

Die Betrachtung der verfassungs- und vertragstheoretischen Rechtfertigungen ergibt, dass eine Inhaltskontrolle ohne Verstoß gegen die Privatautonomie nur unter zwei Voraussetzungen zuzulassen ist. Erstens muss es sich um eine strukturell bzw. situativ bedingte Unterlegenheit des einen Vertragspartners in einem konkret abgrenzbaren Bereich handeln, die zu einem Eingreifen des Zivilrichters zwingt. Der vertragliche Interessenausgleich muss offensichtlich unangemessen sein.[531] Zweitens ist dafür aus grundrechtlicher Perspektive erforderlich, dass sich die Folgen des Kontrakts für den unterlegenen Vertragsteil als außergewöhnlich belastend darstellen. Im Umkehrschluss dazu reicht eine bloß geringfügige Störung des vertraglichen Äquivalenzverhältnisses nicht aus. Dieses er-

---

Gründen der Rechtssicherheit darf ein Vertrag nicht bei jeder Störung des Verhandlungsgleichgewichts nachträglich in Frage gestellt oder korrigiert werden."

526 Eine ausführliche Untersuchung der rechtstheoretischen Grundlagen der Inhaltskontrolle, inklusive der anderen vertretenen Theorien (Normtheorien, institutioneller Rechtsmissbrauch usw.), findet sich bei *Fastrich*, Richterliche Inhaltskontrolle, S. 29 ff. Diese Theorien sollen hier nicht nachgezeichnet werden, da sie für den vorliegend interessierenden Bereich der Inhaltskontrolle von Personengesellschaftsverträgen keine weiteren Erkenntnisse bringen.

527 *Stoffels*, AGB-Recht, § 5 Rn. 82.

528 *Stoffels*, AGB-Recht, § 5 Rn. 82.

529 *Stoffels*, AGB-Recht, § 5 Rn. 82.

530 *Stoffels*, AGB-Recht, § 5 Rn. 82 f.

531 BVerfG vom 19.10.1993 – 1 BvR 567/89, NJW 1994, 36, 38.

gibt schon aus dem Umstand, dass die Privatautonomie und damit auch die Vertragsinhaltsfreiheit auf dem Gedanken der Selbstbestimmung und Selbstverantwortung beruhen.[532] Den Parteien soll nicht jedes Risiko ihres rechtsgeschäftlichen Handels von vornherein abgenommen werden. In richtiger Interpretation müssen die beiden genannten Voraussetzungen kumulativ vorliegen.[533]

V. Funktionen der Inhaltskontrolle

Die Inhaltkontrolle im Privatrecht erfüllt im Wesentlichen drei Funktionen: eine Schutz- und eine Abwehrfunktion sowie die Gewährleistung der vertraglichen Richtigkeitsgewähr.[534]

1. Schutzfunktion

Die (individuelle) Schutzfunktion zielt auf den Ausgleich der typischerweise bei Vertragsschluss vorliegenden Ungleichgewichtslage ab.[535] Die Inhaltskontrolle sichert demzufolge die effektive und gleichberechtigte Berücksichtigung auch der Interessen des unterlegenden Vertragspartners.[536]

2. Abwehrfunktion

Die Abwehrfunktion soll dafür sorgen, dass dem institutionellen Rechtsmissbrauch des Klauselverwenders entgegengetreten wird.[537] Die Inhaltskontrolle richtet sich in dieser Funktion explizit gegen denjenigen, der den vom dispositiven Gesetzesrecht eingeräumten Gestaltungsspielraum zur Durchsetzung eigener Interessen unter fehlender Berücksichtigung der Interessen des Vertragspartners ausnutzt.[538] Der Abwehrfunktion kommt in diesem Sinne auch eine gewisse Schutzdimension in Form des Schutzes des funktionierenden, wettbewerbsgesteuerten Marktes zu.[539]

---

532 *Heinrichs*, in Palandt BGB, Überbl v § 104 Rn. 1.

533 Siehe dafür den Wortlaut von BVerfG vom 19.10.1993 – 1 BvR 567/89, NJW 1994, 36, 38: *„Handelt es sich (...) um eine typisierbare Fallgestaltung, die eine strukturelle Unterlegenheit des einen Vertragsteils erkennen lässt,* ***und*** *sind die Folgen des Vertrags für den unterlegenden Vertragsteil ungewöhnlich belastend, so muss die Zivilrechtsordnung darauf reagieren und Korrekturen ermöglichen."* (Hervorhebung durch den Verfasser).

534 *Coester*, in Staudinger BGB, § 307 Rn. 3 ff. (Hier und im Folgenden jeweils für die Inhaltskontrolle im AGB-Recht. Die Prämissen sind allerdings verallgemeinerungsfähig bzgl. aller Inhaltskontrollen.)

535 Dazu *Heid*, DB Beilage Nr. 4 /1985, S. 4 ff.

536 *Coester*, in Staudinger BGB, § 307 Rn. 3.

537 Dazu *Stoffels*, AGB-Recht, § 5 Rn. 84.

538 *Coester*, in Staudinger BGB, § 307 Rn. 4.

539 *Coester*, in Staudinger BGB, § 307 Rn. 4.

3. Gewährleistung von Vertragsgerechtigkeit

Schließlich bleibt als dritte Funktion (oder als gemeinsamer Richtpunkt der beiden anderen Funktionen[540]) die Gewährleistung von Vertragsgerechtigkeit im Sinne einer vertraglichen Richtigkeitsgewähr. Dabei sei noch einmal betont, dass im Allgemeinen das Verhältnis der wirtschaftlichen Angemessenheit der ausgetauschten Leistungen keiner gerichtlichen Kontrolle oder Korrektur unterliegt.[541] Nur für den Fall einer außerordentlich schweren Äquivalenzstörung kann es zu einer Inhaltskontrolle/-korrektur kommen.[542]

4. Vertragsfreiheit gegen Vertragsgerechtigkeit

Zusammenfassend lässt sich der Zweck aller Funktionen der Inhaltskontrolle als das Finden des richtigen Ausgleichs zwischen Vertragesfreiheit und Vertragsgerechtigkeit beschreiben. Damit ist auf der einen Seite die zu schützende Privatautonomie bzw. die zumutbare Eigenverantwortung und auf der anderen Seite die Fürsorgepflicht zugunsten des unterlegenden Vertragspartners gemeint.[543] Aus diesen Funktionen und der zuletzt genannten Überlegung folgend speisen sich die Faktoren, die zum Bedürfnis nach einer Inhaltskontrolle führen.

VI. Kontrollauslösende Faktoren im Einzelnen

1. Verständnisungleichgewichte

Die typisierte Ungleichgewichtslage ergibt sich aus verschiedenen Umständen beim Vertragsschluss. Insbesondere bei Gesellschaftsverträgen kann es aufgrund der betriebswirtschaftlichen, steuer- und handelsrechtlichen Kompliziertheit der Beteiligung zu einer intellektuellen Unterlegenheit des Beitretenden kommen.[544] Dieser verkennt dadurch die Tragweite und Konsequenzen der entsprechenden vertraglichen Regelungen.[545] Hinzu kommt der Zeitfaktor, aus dem sich zumeist ein organisatorischer Vorsprung des Begünstigten ergibt.[546] Dem Betroffenen ist es zeitlich oft gar nicht möglich (auch hat er selten ein Interesse dran), die vertraglichen Regelungen im Einzelnen nachzuvollziehen, während sich der andere Teil meist ausführlich mit den Klauseln befassen kann.[547] Gegen die Ungleichgewichtslage spricht auch nicht die für den Betroffenen vorhandene Möglichkeit

540 *Coester*, in Staudinger BGB, § 307 Rn. 5.
541 *Becker*, WM 1999, 709, 717.
542 *Becker*, WM 1999, 709, 717.
543 *Coester*, in Staudinger BGB, § 307 Rn. 5.
544 *Heid*, DB Beilage Nr. 4/1985, S. 5 (hier und im Folgenden für die Publikums-KG).
545 *Heid*, DB Beilage Nr. 4/1985, S. 5.
546 *Heid*, DB Beilage Nr. 4/1985, S. 6.
547 *Heid*, DB Beilage Nr. 4/1985, S. 5 f.

fachkundiger Beratung.[548] Diese stellt nur ein zusätzliches Schutzmittel dar und kann die einseitige Benachteiligung nicht beseitigen.[549]

2. Abweichung vom dispositiven Gesetzesrecht

Kontrollauslösend wirkt weiterhin eine den Betroffenen einseitig belastende, erhebliche und unverhältnismäßige Abweichung vom dispositiven Gesetzesrecht durch die vertragliche Regelung.[550] Dabei ist als Maßstab für die Unverhältnismäßigkeit die Leitbildordnung des abbedungenen Gesetzesrechts anzusetzen, da der Gesetzgeber darin seine elementaren Vorstellungen ausgedrückt hat.[551] Dagegen reicht für die Annahme eines Kontrollbedürfnisses nicht die bloße Abweichung selbst, da es sich ja gerade um nachgiebiges Recht handelt.[552]

3. Schwere Äquivalenzstörung

Der Gesichtpunkt des schweren Mißverhältnisses zwischen Leistung und Gegenleistung spielt bei Gesellschaftsverträgen naturgemäß kaum eine Rolle. Sie sind keine Austauschverträge, sondern begründen eine Gemeinschaft.[553] Dieser Aspekt ist nur der Vollständigkeit halber erwähnt.

4. Stellen vorformulierter Vertragsbedingungen

Der Umstand des Stellens von vorformulierten Vertragsbedingungen, auf deren Inhalt der Betroffene so gut wie keinen Inhalt hat, wird sich bei Personengesellschaften kaum als Problem erweisen. Anders sieht dies bei Publikums-KGs aus.[554] Bedeutung bekommt dieser Gesichtspunkt aber für den Fall, dass der Beitretende seinen Anteil auf schenk- oder erbmäßigem Wege erlangt hat. Dann hat er ebenso wenig Einfluss auf den Inhalt des Gesellschaftsvertrags nehmen können.

VII. Die Damokles-Rechtsprechung als Inhaltskontrolle

Dass die BGH-Rechtsprechung zu den gesellschaftsvertraglichen freien Ausschlussklauseln eine Inhaltskontrolle darstellt, ist nicht unumstritten.[555] Deshalb ist zu untersuchen, ob es sich bei der vorliegenden Problemstellung überhaupt um eine richterliche Inhaltskontrolle von privatrechtlichen Verträgen handelt.

---

548 *Heid*, DB Beilage Nr. 4/1985, S. 6.
549 *Heid*, DB Beilage Nr. 4/1985, S. 6.
550 *Becker*, WM 1999, 709, 717.
551 *Becker*, WM 1999, 709, 717.
552 *Becker*, WM 1999, 709, 717.
553 *Schneider*, ZGR 1978, 1, 10.
554 Dazu *Heid*, DB Beilage Nr. 4/1985, S. 4.
555 Dagegen vor allem *Fastrich*, Richterliche Inhaltskontrolle, S. 156 ff.

1. Die BGH-Rechtsprechung als einzelne Schranke

Eine Ansicht in der Literatur sieht in der „Damokles"-Rechtsprechung des BGH keine Inhaltskontrolle von privatautonomen Regelungen, sondern eine verdeckte Rechtsfortbildung durch das Gericht.[556] Der BGH habe mit seinem Sittenwidrigkeitsdogma bezüglich einer freien Ausschlussklausel eine einzelne, isolierte Schranke geschaffen. Diese ergebe sich nicht aus der fehlenden Richtigkeitsgewähr des Gesellschaftsvertragsschlusses, sondern aus der besonderen Gefährlichkeit der Ausschlussklausel selbst.[557]

a) Definition der isolierten Schranken

Bei isolierten Schranken handele es sich um solche, die einer einzelnen Bestimmung des Vertrags aufgrund ihrer besonderen Gefährlichkeit für die Vertragsdurchführung und die Interessen der Vertragspartner von vornherein ihre Gültigkeit versagen wollen.[558] Dabei sei nicht, wie bei der Inhaltskontrolle, auf die Abschlusssituation abzustellen, sondern auf die Auswirkungen, die die in Frage stehende Klausel im weiteren Verlauf der vertraglichen Beziehungen haben kann.[559] Bei diesen Schranken gehe es zudem nicht um eine generelle Einschränkung der Vertragsfreiheit auf dem Gebiet des Abschlusses von Gesellschaftsverträgen, sondern um die Lösung eines einzelnen, speziell auftretenden Problems.[560]

b) § 276 Abs. 3 BGB als einzelne, isolierte Schranke

Die genannte Literaturmeinung führt als Beispiel für eine einzelne, isolierte Schranke die gesetzliche Bestimmung des § 276 Abs. 2 (heute: Abs. 3) BGB an.[561] § 276 Abs. 3 n.F. BGB gehe von der besonderen Gefährlichkeit des vorherigen Ausschlusses der Vorsatzhaftung für die Vertragsdurchführung aus, weil dadurch der Schuldner einen Freibrief für Missbräuche erhielte.[562]

Ob eine solche Schranke durch den Gesetzgeber oder durch richterliche Rechtsfortbildung geschaffen wurde, ist dabei nicht von entscheidender Bedeutung. Die „Damokles-Rechtsprechung" könnte demnach auch einfach als neuer § 140 Abs. 2 HGB zu lesen sein, der dann folgendermaßen zu formulieren wäre:

> *„Eine Bestimmung des Gesellschaftsvertrags, die einem Gesellschafter oder der Gesellschaftermehrheit das Recht einräumt, einen Gesellschafter ohne das Vorliegen*

---

556 *Fastrich*, Richterliche Inhaltskontrolle, S. 158.
557 *Fastrich*, Richterliche Inhaltskontrolle, S. 158.
558 *Fastrich*, Richterliche Inhaltskontrolle, S. 157.
559 *Fastrich*, Richterliche Inhaltskontrolle, S. 157.
560 *Fastrich*, Richterliche Inhaltskontrolle, S. 157.
561 *Fastrich*, Richterliche Inhaltskontrolle, S. 158.
562 *Fastrich*, Richterliche Inhaltskontrolle, S. 158.

eines sachlichen oder wichtigen Grundes aus der Gesellschaft auszuschließen, ist nichtig.“

c) Die Ansicht des BGH

Der BGH erwähnt in den Entscheidungen zu den freien Ausschlussklauseln das Wort „Inhaltskontrolle“ nicht. Allerdings deuten mehrere Aussagen des Gerichts und daraus zu ziehende Schlussfolgerungen in diese Richtung. So formuliert der BGH[563] etwa:

> *„Schon bei Eingehung des Gesellschaftsverhältnisses ist deshalb unter anderem zu fordern, dass Vertragsklauseln, die einzelnen Gesellschaftern das Recht zur Ausschließung von Mitgesellschaftern geben, nicht so gestaltet sind, dass sie die nach dem Gesellschaftsvertrag erforderliche Zusammenarbeit (...) im Kern treffen, die Erfüllung der dem einzelnen Gesellschafter obliegenden Aufgaben gefährden und die im Rahmen des gemeinsamen Unternehmens gebotene gesellschaftstreue Mitarbeit in Frage stellen.“*

Aus dieser Formulierung kommt hinreichend deutlich zum Ausdruck, dass der BGH nicht nur eine einzelne starre Schranke aufstellen möchte. Vielmehr sieht er es als seine Aufgabe an, eine Gesamtbetrachtung der gesellschaftsvertraglichen Regelungen anzustellen. Ansonsten wäre auch die Möglichkeit der sachlichen Rechtfertigung nicht darstellbar. Im Übrigen stellt das Gericht entgegen der aufgezeigten Ansicht von *Fastrich* bezüglich des entscheidenden Zeitpunktes der Beurteilung der Zulässigkeit von Hinauskündigungsklauseln allein auf den des Vertragsschlusses ab.[564] Allein unter Betrachtung dieses Moments beurteilt das Gericht, ob die „Damokles“-Situation im weiteren Fortlauf der Entwicklung der Gesellschaft eintreten kann.

d) Die Literaturmeinung

Das Schrifttum benutzt nahezu einhellig den Begriff „Inhaltskontrolle“[565] und ordnet die Rechtsprechung auch inhaltlich dementsprechend ein. Entscheidend ist für sie die Frage der Zulässigkeit einer Inhaltskontrolle von gesellschaftsvertraglichen Regelungen bei einer Regel-Personengesellschaft an sich.

---

563 Aus BGH vom 13.07.1981 – II ZR 56/80, BGHZ 81, 263, 266.

564 Nochmals BGH vom 13.07.1981 – II ZR 56/80, BGHZ 81, 263, 268: *„Bereits die Exis-tenz einer derartigen Klausel führt zu den dargelegten Gefahren für ein gedeihliches Zusammenwirken in der handelsrechtlichen Personengesellschaft.“*

565 Vgl. beispielsweise Schäfer, in *Staub* HGB, § 140 Rn. 63; *von Gerkan/Haas*, in Röhricht/von Westphalen HGB, § 140 Rn. 24; *Schmidt*, GesR, § 5 III 4, S. 125 f.

2. Stellungnahme

Unter Verwendung der dargestellten Kriterien stellt die „Damokles"-Rechtsprechung eine Inhaltskontrolle dar. Der BGH prüft die inhaltliche Richtigkeit und Angemessenheit einer zivilvertraglichen Bestimmung anhand rechtlicher Maßstäbe. Er nimmt also eine umfassende Rechts- und Wirksamkeitskontrolle vor und stellt nicht nur eine starre Schranke auf. Diese Einordnung ergibt sich weiterhin vor allem aus der Möglichkeit einer sachlichen Rechtfertigung. Diese erfordert nach der Deutungsweise des BGH eine Abwägung aller Umstände des konkreten Einzelfalls.[566] Bei Anwendung einer starren Schranke wäre diese dieser besonderen Inhaltskontrolle eigene Betrachtung nicht möglich.

Schließlich wird entgegen der Ansicht von Fastrich auch nicht nur ein typischerweise auftretendes Problem geregelt. Der BGH befasst sich allumfassend mit den gesellschaftsvertraglichen Regelungen und den äußeren Umständen des jeweiligen Verbandes. Bei Annahme der Unwirksamkeit der Hinauskündigungsklausel erfolgt in diesem Bereich eine Beschränkung der Vertragsfreiheit. Im Folgenden wird die „Damokles"-Rechtsprechung als Inhaltskontrolle eingeordnet.

C. Die Nichtigkeit von Hinauskündigungsklauseln

Nach Auffassung des BGH leitet sich die Nichtigkeit von Herauskündigungsklauseln aus § 138 Abs. 1 BGB ab. In diesem Zusammenhang ist fraglich, ob man privatautonome gesellschaftsvertragliche Regelungen von größtenteils geschäftserfahrenen Anteilsinhabern als im Grundsatz sittenwidrig bezeichnen kann und darf. Nachfolgend soll aus diesem Grunde untersucht werden, ob sich die Rechtsfolge der Sittenwidrigkeit nach § 138 Abs. 1 BGB für die Problematik der Hinauskündigungsklauseln eignet.

I. Rechtsfolge der Sittenwidrigkeit

1. Vollständige Nichtigkeit als Grundsatz

Ein sittenwidriges Rechtsgeschäft ist nach § 138 Abs. 1 BGB nichtig. Die Nichtigkeit ist von Amts wegen zu beachten und kann von und gegenüber jedermann geltend gemacht werden.[567] Das betroffene Rechtsgeschäft wird grundsätzlich im Ganzen erfasst.[568]

---

566 *von Gerkan/Haas*, in Röhricht/von Westphalen HGB, § 140 Rn. 24.
567 *Heinrichs*, in Palandt BGB, § 138 Rn. 21.
568 BGH vom 17.05.1988 – VI ZR 233/87, NJW 1989, 26, 27.

2. Ausnahmen

Eine teilweise Aufrechterhaltung des Vertrages ohne den sittenwidrigen Part ist nach § 139 BGB möglich, wenn dies dem mutmaßlichen Parteiwillen entspricht, der Sittenverstoß sich eindeutig auf einen abgrenzbaren Teil beschränkt und im Übrigen gegen den Inhalt und das Zustandekommen des Vertrags keine Bedenken bestehen.[569] Weiterhin ist es denkbar, dass in besonderen Ausnahmefällen das Berufen auf die Sittenwidrigkeit nach § 242 BGB rechtsmissbräuchlich sein kann.[570] Schließlich ermöglicht § 140 BGB unter engen Voraussetzungen die Umdeutung eines nichtigen Rechtsgeschäfts in ein wirksames.[571] Sonstige Einschränkungen bezüglich der Rechtsfolge sind von Gesetz und Rechtsprechung im Allgemeinen nicht vorgesehen.

3. Besonderheiten bei Hinauskündigungsklauseln

Im Gegensatz dazu gibt es auf dem Gebiet der Hinauskündigungsklauseln etliche Durchbrechungen der vollständigen Nichtigkeit. Das fängt damit an, dass im Falle einer sittenwidrigen Klausel nicht der gesamte Gesellschaftsvertrag als nichtig erachtet wird.[572] Nur die Klausel an sich fällt weg. Die übrigen Regelungen bleiben bestehen. Diese Einschränkung der Rechtsfolge findet sich im Übrigen in § 306 Abs. 1 BGB für den Bereich der Allgemeinen Geschäftsbedingungen wieder. § 139 BGB wird vom BGH auf die entsprechenden gesellschaftsvertraglichen Bestimmungen nicht nur direkt, sondern auch analog angewandt.[573] Dies führt etwa im Falle einer vereinbarten zu langen oder unbefristeten Kündigungsmöglichkeit zur Aufrechterhaltung der freien Ausschlussklausel mit einer angemessenen Geltungsdauer.[574]

Eine weitere Besonderheit stellt die Möglichkeit einer sachlichen Rechtfertigung dar. Der BGH hat hiermit eine rein richterrechtliche Neuschöpfung erdacht, die zumindest in Hinblick auf die von § 138 Abs. 1 BGB angeordnete allgemeine gesetzliche Nichtigkeitsfolge problematisch ist.

Bereits aufgrund der, unabhängig von den Vorschriften des Gesellschaftsvertrags bestehenden, gesetzlichen Regelung des § 140 Abs. 1 Satz 1 HGB wird

---

569 *Heinrichs*, in Palandt BGB, § 138 Rn. 19.

570 BGH vom 28.04.1986 – II ZR 254/85, NJW 1986, 2944, 2945.

571 Vgl. zu den einzelnen Voraussetzungen *Busche*, in MünchKomm BGB, § 140 Rn. 7 ff.

572 Vgl. nur zuletzt BGH vom 07.05.2007 – II ZR 281/05, NJW-RR 2007, 1256, 1257 f. Ansonsten ist eine solche Aufrechterhaltung des Gesamtvertrags nur in Ausnahmefällen bei einer fehlerhaften Gesellschaft möglich (vgl. dazu *Bälz*, in MünchHandbuch GesR, § 100 Rn. 2 ff.).

573 BGH in 19.09.1988 – II ZR 329/87, BGHZ 105, 213.

574 BGH in 19.09.1988 – II ZR 329/87, BGHZ 105, 213, 220 f. Allerdings findet sich diese analoge Anwendung des § 139 BGB auch bei einigen zu lang bemessenen Bezugsverträgen wieder (vgl. nur BGH vom 14.06.1972 – VIII ZR 14/71, NJW 1972, 1459 für Bierbezugsverträge).

die Möglichkeit des berechtigten Gesellschafters, den anderen Gesellschafter beim Vorliegen eines wichtigen Grundes aus der Gesellschaft auszuschließen zu können, durch eine nichtige freie Ausschlussklausel nicht eingeschränkt. Weiterhin bleiben die Verfahrensregelungen der nichtigen Hinauskündigungsklausel bestehen.[575] Wenn also das Gestaltungsklageerfordernis des § 140 Abs. 1 Satz 1 HGB durch die Bestimmung abbedungen ist, bleibt dies auch beim Wegfall des übrigen (materiellen) Teils wirksam.[576]

Es bleibt an dieser Stelle festzuhalten, dass die Rechtsprechung im Bereich der Problematik der Hinauskündigungsklauseln eine weitgehend eigenständige Dogmatik hinsichtlich der Rechtfolgen entwickelt hat. Dies geschieht erkennbar aus dem Grund, die Folgen von nichtigen freien Ausschlussklauseln für die Gesellschaftsrechtspraxis in Grenzen zu halten und interessengerechte Lösungen zu schaffen. Hierbei drängt sich die Überlegung auf, ob nicht bereits die Rechtsfolgenfrage durch eine reine Ausschlusskontrolle besser zu lösen wäre.

II. Rechtsfolgen im Vergleich

Der Unterschied der allgemeinen Rechtsfolgen einer Ausübungs- gegenüber einer Inhaltskontrolle wird schon anhand des unterschiedlichen Beurteilungszeitpunkts deutlich. Während die Inhaltskontrolle an die Umstände des Vertragsschlusses anknüpft und für die weitere Entwicklung des Rechtsverhältnisses einer Prognose vertrauen muss, nimmt die Ausübungskontrolle die konkrete Lage im Zeitpunkt der Geltendmachung des umstrittenen Rechts in den Blickpunkt.[577]

1. Inhaltskontrolle

Diese unterschiedliche zeitliche Betrachtungsweise führt hinsichtlich der Rechtsfolgen der Inhaltskontrolle dazu, dass das in Frage stehende Recht selbst in Zweifel gezogen wird.[578] Diesem wird endgültig die Anerkennung versagt.[579] Im Falle der AGB-Kontrolle bleibt der Vertrag nach § 306 Abs. 1 BGB entgegen der Grundannahme des § 139 BGB im Übrigen wirksam. Dies gilt auch für nichtige Hinauskündigungsklauseln.[580] Dogmatisch ergibt sich dieses Ergebnis wohl am überzeugensten aus einer teleologischen Reduktion des § 139 BGB.[581] An die Stelle der durchgefallenen Bestimmung tritt im Regelfall das dispositive Gesetzes- oder Richterrecht.[582] Die privatautonome Regelung der Vertragspar-

575 BGH vom 05.06.1989 – II ZR 227/88, BGHZ 107, 351.
576 BGH vom 05.06.1989 – II ZR 227/88, BGHZ 107, 351, 355 ff.
577 *Coester*, in Staudinger BGB, § 307 Rn. 36.
578 *Fastrich*, Richterliche Inhaltskontrolle, S. 27.
579 *Fastrich*, Richterliche Inhaltskontrolle, S. 27.
580 Vgl. nur zuletzt BGH vom 07.05.2007 – II ZR 281/05, NJW-RR 2007, 1256, 1257 f.
581 *Fastrich*, Richterliche Inhaltskontrolle, S. 27 ff.
582 *Becker*, WM 1999, 709, 718; für die AGB-Kontrolle siehe § 306 Abs. 2 BGB.

teien wird demnach vollständig verdrängt und ignoriert. Grundsätzlich kassiert die Inhaltskontrolle und reformiert nicht.[583]

2. Ausübungskontrolle

Die Ausübungskontrolle prüft dagegen nur den konkreten Gebrauch des Rechts. So schließt die Unzulässigkeit der Rechtsausübung im Einzelfall nicht aus, dass das in Frage stehende Recht unter anderen Umständen und zu einem anderen Zeitpunkt rechtmäßig angewandt werden kann.[584] Es wird also nur für die konkrete Situation über die Rechtmäßigkeit der Ausübung entschieden. Das Recht an sich bleibt erhalten. Schon aus diesem Grund greift die Ausübungskontrolle weitaus weniger in die Vertragsfreiheit ein.[585]

III. Die guten Sitten

Bei den „guten Sitten" handelt es sich, ebenso wie beim Begriff von „Treu und Glauben", um eine ausfüllungsbedürftige zivilrechtliche Generalklausel. Diese Bestimmungen können durch richterliche Rechtsanwendung an die jeweils herrschenden Wertungen und Umstände angepasst werden, ohne dass der Gesetzestext selbst zu ändern wäre. Ihre Anwendung bringt allerdings aufgrund ihrer Unbestimmtheit eine Reihe von Problemen mit sich.

1. Hergebrachte Definition

Die guten Sitten sind ein wertausfüllungsbedürftiger Begriff. Noch unter der Jurisdiktion des Reichsgerichts[586] bürgerte sich die heute gültige Definition des „Anstandsgefühls aller billig und gerecht Denkenden" ein. Die gesetzlichen Bestimmungen, die auf die guten Sitten verweisen[587], nehmen damit zumindest auch die Maßstäbe von Moral und Sittlichkeit in Bezug.[588]

Durch die Aufstellung der vorstehenden Formel wird aber der genaue Inhalt der guten Sitten kaum deutlicher.[589] Das Anstandsgefühl ist weder für jedermann deutlich oder offenkundig noch gibt es zu seiner Bestimmung Sachverständige. Die Anstandsformel sperrt sich gegen ihre empirische Anwendung.[590] Ihre Be-

583 *Coester*, in Staudinger BGB, § 307 Rn. 55.
584 *Fastrich*, Richterliche Inhaltskontrolle, S. 27 ff.
585 *Looschelders/Olzen*, in Staudinger BGB, § 242 Rn. 344.
586 RG vom 11.04.1901 – VI 443/00, RGZ 48, 114, 124 f.
587 Außer § 138 Abs. 1 BGB etwa noch die §§ 817, 826 BGB, 228 StGB.
588 *Sack*, NJW 1985, 761, 761. Im Übrigen werden die Begriffe Sittlichkeit, Ethik und Moral im Folgenden synonym gebraucht (dazu *Sack*, in Staudinger BGB, § 138 Rn. 19).
589 Aus diesem Grund wird sie von einigen Autoren auch als „Leerformel" bezeichnet (vgl. *Sack*, NJW 1985, 761, 766). *Sack* erkennt aber ihre Bedeutung für das Abstecken zumindest eines Rahmens, in dem sich die Bestimmungsversuche bewegen müssen, an.
590 *Kühl*, JA 2009, 833, 837.

deutung und Reichweite ist daher für jeden Einzelfall unter Beachtung der Besonderheiten des jeweiligen Rechtsgebiets herauszuarbeiten.

2. Legalität und Moralität

Wenn das Gesetz die Beachtung der guten Sitten fordert, soll damit eine außerrechtliche moralische Wertung zu einer rechtlichen Problemlösung herangezogen werden. Legalität und Moralität sind aber zwei im Grundsatz zu trennende Wertungsebenen.[591] Das Recht gibt sich damit zufrieden, dass eine Handlung mit dem Gesetz oder den sonstigen geltenden juristischen Grundlagen übereinstimmt.[592] Dagegen fordert die Moral nicht nur die Einhaltung des Rechts, sondern darüber hinaus muss dies aus einer bestimmten inneren Einstellung heraus erfolgen. Das Subjekt muss aufgrund des innerlich vorhandenen Pflichtgefühls gegenüber dem Recht handeln.[593] Oder anders gewendet: Das Recht gibt sich mit einem korrekten äußeren Verhalten zufrieden, für die Einhaltung von Moral und Sitte müssen die richtigen inneren Beweggründe hinzutreten.[594]

Diese Zweiteilung wird vor dem Hintergrund der unterschiedlichen Funktionen von Recht und Moral deutlich. Das Recht bezweckt den wechselseitigen Schutz der äußeren Freiheit von jedermann. Diese Freiheit wird aber durch eine unmoralische oder sonst verwerfliche Gesinnung ohne eine diesbezügliche Handlung nicht verletzt.[595] Umgekehrt kommt es bei einer Verletzung des äußeren Handlungsspielraums im Grundsatz nicht auf die innere Einstellung dazu an.[596] Aus diesen unterschiedlichen Anforderungen ist beispielsweise herzuleiten, dass es für die Bestimmung des Begriffs der guten Sitten auf heteronome Moralordnungen ankommt.[597] Dabei handelt es sich um alle fremd gesetzten Moralnormen, die auf einen gerechten Interessenausgleich zielen.[598]

Im Ergebnis ist allerdings im Rahmen der notwendigen Bezugnahme auf Moral und Sittlichkeit zu erkennen, dass die Sittenkontrolle die Berücksichtigung positiv-rechtlich fixierter Wertentscheidungen des Gesetzgebers, wie sie vor allem durch die Statuierung der Grundrechte erfolgte, zwingend gebietet.[599] Letzteres ergibt sich schon aus der Funktion der privatrechtlichen Generalklauseln wie § 138 Abs. 1 BGB oder, um ein weiteres Beispiel zu nennen, § 242

591 *Kühl*, JA 2009, 833, 833.
592 *Kühl*, JA 2009, 833, 833.
593 *Kühl*, JA 2009, 833, 833.
594 *Kühl*, JA 2009, 833, 833.
595 *Kühl*, JA 2009, 833, 834.
596 Dies erklärt, warum nicht nur ein vorsätzliches, sondern auch ein fahrlässiges (z.B. § 276 Abs. 1 Satz 1, 823 Abs. 1 BGB) Verhalten und unter Umständen sogar der Zufall (vgl. § 287 Satz 2 BGB) rechtsrelevant sein können.
597 *Sack*, in Staudinger BGB, § 138 Rn. 20.
598 *Sack*, in Staudinger BGB, § 138 Rn. 20.
599 *Boemke*, JuS 2001, 444, 445.

BGB als „Einfallstor“ der Grundrechte im Zuge ihrer mittelbaren Drittwirkung.[600]

3. Bewertungsperspektive

Hinsichtlich der Frage, aus welcher Perspektive das Anstandsgefühl aller billig und gerecht Denkenden zu bestimmen ist, kommen diverse Personengruppen in Betracht. Von vornherein lässt sich festhalten, dass weder auf eine absolut geltende Sittenordnung noch auf demoskopisch zu ermittelnde Mehrheitsmeinungen abzustellen ist.[601] Man könnte beispielsweise eine gruppenspezifische Perspektive in der Annahme beziehen, dass die Sittenwidrigkeit eines Verhaltens am besten nach den Anschauungen des betroffenen Gesellschaftskreises beurteilt werden kann. Hier wären etwa der verständige Durchschnittsgewerbetreibende[602], die Sportgesellschaft[603] oder „angesehene Persönlichkeiten“[604] zu nennen. Indessen geht es richtigerweise nicht um spezielle moralische Kenntnisse wissenschaftlicher Art, sondern um allgemein bekannte und jedermann zugängliche Wertungen.[605] Es kommt auf den im konkreten Einzelfall billig und gerecht Denkenden an.[606] Aus dessen Sicht ist zu beurteilen, ob sich ein bestimmtes rechtsgeschäftliches Verhalten als anstößig darstellt.

Die Auffindung dieser allgemeinen Maßstäbe ist stellvertretend dem entscheidenden Richter überlassen.[607] Die Sittenwidrigkeitsformel enthält die Aufforderung an den Richter, im konkreten Einzelfall eine nach seinem – durch Herkunft, Bildung und Ausbildung geprägten – Anstandsgefühl billige und gerechte Entscheidung zu treffen.[608] Dieser Grundsatz erfordert zudem, dass der Richter bei einer Entscheidung in einem Rechtsgebiet dessen unter Umständen besondere Sitten berücksichtigt.[609] Es ist Aufgabe der Parteien, ihm diese entscheidungserheblichen Besonderheiten im Laufe des Rechtsstreits aufzuzeigen, sollten sie ihm fehlen.[610]

Zusammenfassend lässt sich festhalten, dass es für die Beantwortung der Sittenwidrigkeitsfrage nicht auf die moralischen Auffassungen einer einzigen sozialen Gruppe ankommt, sondern auf die der Gesamtheit der Gesellschaft. Die

---

600 Vgl. nur BVerfG vom 15.01.1958 – 1 BvR 400/51, BVerfGE 7, 198, 206.

601 *Boemke*, JuS 2001, 444, 445.

602 *Sack*, NJW 1985, 761, 762.

603 *Kühl*, JA 2009, 833, 837 bzgl. des Gebrauchens leistungsfördernder Substanzen.

604 BGH vom 29.01.1953 – 5 StR 408/52, NJW 1953, 473, 475 zur Sittenwidrigkeit der „Schlägermensur“.

605 *Kühl*, JA 2009, 833, 837.

606 *Sack*, in Staudinger BGB, § 138 Rn. 15.

607 *Sack*, NJW 1985, 761, 763 f.

608 *Sack*, NJW 1985, 761, 764.

609 Man denke nur etwa an die Gewohnheiten und Gebräuche des Handelsrechts. § 346 HGB fordert sogar ausdrücklich deren Berücksichtigung.

610 *Sack*, in Staudinger BGB, § 138 Rn. 16.

Entscheidungsfindung im konkreten Einzelfall obliegt dem Richter als vom Gesetzgeber bestimmten Organ. Besonderheiten des jeweiligen Rechtsgebiets sind aber zu berücksichtigen.

4. Beurteilungszeitpunkt

Für die Überprüfung der Sittenwidrigkeit eines Verhaltens im Zuge eines Rechtsgeschäfts ist nach überwiegender Auffassung der Zeitpunkt des Vertragsschlusses und nicht der der Vertragserfüllung entscheidend.[611] Dies entspricht dem allgemeinen Rechtsgedanken, dass ein Schuldverhältnis nach seinen Voraussetzungen, seinen Wirkungen und seinem Inhalt dem Recht untersteht, das zurzeit der Verwirklichung des Entstehenstatbestandes galt.[612] Durch eine spätere Änderung der Verhältnisse wird ein sittenwidriges Rechtsgeschäft weder wirksam noch ein sittengemäßes nachträglich nichtig.[613] Es gibt also keine rückwirkende Sittenwidrigkeit.

Dass der entscheidungserhebliche Zeitpunkt bei § 138 BGB der des Vertragsschlusses ist, wird im Übrigen durch die Betrachtung des Systemzusammenhangs zwischen der Inhalts- und der Ausübungskontrolle deutlich.[614] Die Inhaltskontrolle nimmt gerade die Wirksamkeit des vertraglich eingeräumten abstrakten Rechts ins Blickfeld, während die Ausübungskontrolle die Wirksamkeit der konkreten Geltendmachung dieses Rechts überprüfen will. Späteren Änderungen der tatsächlichen Umstände oder des rechtlichen Maßstabs der Sittenwidrigkeit kann demnach am Besten mit der Ausübungskontrolle Rechnung getragen werden. Auch bei der Bewertung letztwilliger Verfügungen kommt es nach überwiegender Ansicht auf den Zeitpunkt der Errichtung und nicht den des Erbfalls an.[615]

An dieser Stelle wird ein weiterer Unterschied zwischen Inhalts- und Ausübungskontrolle deutlich. Während erstere im Zuge der Sittenwidrigkeitsprüfung nach § 138 BGB relativ starr auf den Zeitpunkt des Vertragsschlusses schaut, kann letztere sich auf den oftmals weitaus relevanteren Zeitpunkt der Geltendmachung eines durch den Vertrag gewährten Rechts konzentrieren. Dadurch stellen sich bestimmte Abgrenzungs- und Gerechtigkeitsprobleme bei ei-

---

611 *Heinrichs*, in Palandt BGB, § 138 Rn. 9; *Sack*, in Staudinger BGB, § 138 Rn. 79 unter Verweis auf die Motive zum BGB; aA etwa OLG Stuttgart vom 18.08.1972 – 2 U (Kart) 66/72, BB 1972, 1202, danach sind inzwischen eingetretene Änderungen der maßgeblichen Sittenauffassungen zu berücksichtigen.

612 Vgl. nur BGH vom 11.11.1953 – II ZR 181/52, BGHZ 10, 391, 394. Nach der Ansicht von *Armbrüster*, in MünchKomm BGB, § 138 Rn. 133 soll sich dieser Grundsatz aus Art. 170 EGBGB herleiten lassen.

613 *Sack*, in Staudinger BGB, § 138 Rn. 79.

614 *Sack*, in Staudinger BGB, § 138 Rn. 79.

615 Armbrüster, in MünchKomm BGB, § 138 Rn. 134. Die Lösung im Falle späterer Veränderung erfolgt dann wiederum über die Grundsätze der unzulässigen Rechtsausübung (vgl. dazu im Einzelnen *Sack*, in Staudinger BGB, § 138 Rn. 86 ff.).

ner Änderung der tatsächlichen Verhältnisse oder sittlichen Anschauungen erst gar nicht. So ist denn auch anerkannt, dass einem solchen Wandel mit einer Ausübungskontrolle nach § 242 BGB besser Rechnung getragen werden kann.[616]

5. Voraussetzungen eines Verstoßes

Ein möglicher Sittenverstoß hat unter Berücksichtigung der vorgenannten Punkte die folgenden Voraussetzungen. Dabei dürfen bei der konkreten Anwendung die Besonderheiten des jeweiligen Rechtsgebiets nicht außer Acht gelassen werden.

a) Erforderlichkeit einer sittenwidrigen Gesinnung

Die Annahme der Sittenwidrigkeit eines Verhaltens bedarf keiner Verwirklichung eines subjektiven Tatbestands.[617] Dies ergibt sich schon aus der richtigen Anwendung der Anstandsformel. Danach kommt es nicht darauf an, wie sich ein gerecht und billig Denkender in der Lage des Handelnden verhalten hätte, sondern, wie ein solcher dieses Verhalten bewertet.[618]

b) Notwendigkeit eines qualifizierten Verstoßes

Weiterhin ist nicht nur der „grob rechtswidrige" Verstoß gegen „fundamentale" Normen der Rechts- und Sozialmoral beachtlich.[619] Bedeutung haben auch nicht fundmentale Bestimmungen, die auf einen gerechten und billigen Interessenausgleich zielen.[620] Dies kann andererseits nicht bedeuten, dass die Anforderungen an ein Fehlverhalten zu weit herabgesetzt werden sollen. Die Vorschrift des § 138 Abs. 1 BGB setzt im Allgemeinen eine Interessenverletzung von einiger Stärke voraus und stellt damit höhere Hürden als beispielsweise § 307 Abs. 1 Satz 1 BGB im Zuge der AGB-Kontrolle auf.[621]

c) Richtiger Beurteilungsmaßstab

Im Grundsatz stehen als anzuwendender Maßstab zur Prüfung der Sittenwidrigkeitsfrage zwei rechtliche Normenkomplexe zur Verfügung. Da sind auf der einen Seite ethisch fundierte Rechtsvorschriften und auf der anderen Seite ethisch neutrale.[622] Schon unter Beachtung des aufgezeigten Einflusses von Sittlichkeit

---

616 *Sack*, in Staudinger BGB, § 138 Rn. 79.
617 *Sack*, NJW 1985, 761, 765.
618 *Sack*, NJW 1985, 761, 765.
619 *Sack*, in Staudinger BGB, § 138 Rn. 17.
620 *Sack*, in Staudinger BGB, § 138 Rn. 17.
621 Vgl. nur BGH vom 25.04.2001 – VIII ZR 135/00, NJW 2001, 2331, 2333.
622 *Sack*, NJW 1985, 761, 766.

und Moral auf die Sittenwidrigkeitsprüfung kann nur ein Verstoß gegen ethisch fundierte rechtliche Verhaltensnormen zu einer Sittenwidrigkeit führen.[623]

Ein bloßes Fehlverhalten bezüglich einer im Ausgangspunkt neutralen rechtlichen Handlungsanweisung kann von vornherein nicht als sittenwidrig eingeordnet werden. So ist beispielsweise ein Vertrag, mit dem eine an Standesregeln gebundene Partei standeswidrig handelt, nicht ohne Weiteres bereits sittenwidrig und nichtig.[624] Nur eine einheitliche und gefestigte, mithin moralisch fundierte, Standesauffassung ist als Grundlage für einen Sittenverstoß geeignet.[625] Eine Kündigung im Bereich des Arbeitsrechts ist nicht etwa bereits deshalb sittenwidrig, weil sie am Heiligen Abend zugeht.[626] Dies kann nur angenommen werden, wenn der Kündigungszeitpunkt darüber hinaus eine Beeinträchtigung der berechtigten Interessen des Erklärungsempfängers darstellt.[627] In Frage kommt dabei insbesondere das Recht auf Achtung der Persönlichkeit.[628] Auch in diesem Fall sorgen somit erst ethisch fundierte rechtliche Handlungsanweisungen für den richtigen Maßstab zur Beurteilung einer möglichen Sittenwidrigkeit.

Die Verhaltensanordnungen können im Ausgangspunkt aus dem ganzen Komplex heterogener Moralnormen gezogen werden. Es kommen dafür die Rechts- und Staatsmoral, die Kirchenmoral, die Vereinsmoral, die Standesmoral usw. in Betracht.[629] Bloße autonome Moralvorstellungen des Einzelnen müssen für die Beurteilung außer Betracht bleiben, um die Grenze zwischen Ethik und Recht nicht zu verwischen.

d) Zusammenfassung

Es bietet sich danach ein dreistufiger Prüfungsaufbau hinsichtlich des richtigen Prüfungsmaßstabes bei Sittenwidrigkeitsfragen an. Zunächst ist das fragliche Rechtsgebiet abzugrenzen. Dann müssen sich in diesem Bereich rechtliche Verhaltensanweisungen für den konkret zu entscheidenden Einzelfall finden lassen. Schließlich gilt es zu beurteilen, ob es sich dabei um ethisch fundierte Grundsätze handelt oder ob diese sich in moralisch-ethischer Hinsicht als neutral herausstellen.

623 *Sack*, NJW 1985, 761, 766.
624 BGH vom 23.10.1980 – IVa ZR 28/80, BGHZ 78, 263, 267.
625 *Sack*, in Staudinger BGB, § 138 Rn. 417.
626 BAG vom 14.11.1984 – 7 AZR 174/83, NZA 1986, 97, 97.
627 BAG vom 14.11.1984 – 7 AZR 174/83, NZA 1986, 97, 98.
628 BAG vom 14.11.1984 – 7 AZR 174/83, NZA 1986, 97, 98.
629 *Sack*, in Staudinger BGB, § 138 Rn. 20.

IV. Die Sittenwidrigkeitsprüfung bei Hinauskündigungsklauseln

Unter Anwendung der aufgeführten Kriterien lässt sich im Folgenden darstellen, ob eine gesellschaftsvertragliche Hinauskündigungsklausel bei einer den gesetzlichen Regelfall entsprechenden Personengesellschaft sittenwidrig sein kann.

1. Entscheidender Personenkreis im Gesellschaftsrecht

Die Beurteilung darüber, was im Gesellschaftsrecht sittenwidrig ist und was nicht, obliegt nach allgemeinen Grundsätzen den zur Entscheidung berufenen Richtern. Diese haben bei ihrer Urteilsfindung die Besonderheiten des entsprechenden Rechtsgebiets zu beachten. Für den Bereich des Personengesellschaftsrechts ist in diesem Zusammenhang insbesondere die schon von Gesetzes wegen weitreichende Vertragsfreiheit zu berücksichtigen.[630] Im Regelfall stehen sich erfahrungsgemäß zwei oder mehr intellektuell und wirtschaftlich gleichgestellte Parteien gegenüber.[631] Somit ist im Zuge richterlicher Beurteilungen der von diesen Personen aufgestellten Vertragsbedingungen Zurückhaltung angebracht.[632] Dies gilt im besonderen Maße für die Sittenwidrigkeitskontrolle.

2. Zeitpunkt des Gesellschaftsvertragsschlusses

Auch im Gesellschaftsrecht mit seinen typischen Dauerrechtsverhältnissen ist der entscheidende Zeitpunkt für die Beurteilung der Sittenwidrigkeit der des Gesellschaftsvertragsschlusses. Eine rückwirkende Sittenwidrigkeit aufgrund einer zwischenzeitlich eingetretenen Änderung der Sitten- und Moralvorstellungen gibt es hier ebenfalls nicht.

Dies wird schon anhand der Rechtsprechung des BGH zu den sog. Buchwertklauseln deutlich. Bei Buchwertklauseln handelt es sich um gesellschaftsvertragliche Abfindungsbestimmungen, nach der der ausscheidende Gesellschafter weder am Liquidationsgewinn bzw. am Firmenwert noch an den stillen Reserven beteiligt wird.[633] Nach Ansicht des BGH führt das Auseinanderfallen von wirklichem Firmenwert und dem Abfindungsanspruch aufgrund der Buchwertklausel im Laufe der Jahre nicht zu einer Sittenwidrigkeit der Klausel.[634] Die vertrag-liche Regelung an sich wird als wirksam angesehen. Vielmehr liegt die Lösung bei einem außergewöhnlich weitem Auseinanderfallen von Buchwert und tatsächlichem Wert, so dass dem Ausscheidenden die Abfindung nach Maßgabe der Klausel nicht mehr zugemutet werden kann, darin, der Berufung

630 Vgl. nur § 109 HGB.

631 Im Gegensatz dazu die früh erkannte typische Ungleichgewichtslage bei der Publikums-KG (vgl. *Heid*, DB Beilage Nr. 4/1985, S. 4 f.).

632 *Schäfer*, in Staub HGB, § 140 Rn. 63.

633 *Esch*, NJW 1979, 1390, 1391.

634 BGH vom 20.09.1993 – II ZR 104/92, NJW 1993, 3193.

auf die Bestimmung im Einzelfall nach § 242 BGB die Wirksamkeit zu versagen.[635] An diesem Beispiel zeigt sich, dass auch im Zuge von Dauerrechtsverhältnissen nach Vertragsschluss eintretenden Änderungen der tatsächlichen Umstände oder der rechtlichen Bewertungsmaßstäbe am Besten durch die Überprüfung der Geltendmachung des Rechts im konkreten Einzelfall Rechnung getragen werden kann. Die Inhaltskontrolle einer Buchwertklausel zum Zeitpunkt des Gesellschaftsvertragsschlusses könnte nicht zu einer solch flexiblen Lösung führen.

Im Übrigen ist an dieser Stelle die Aufmerksamkeit auf zwei interessante Aspekte der Rechtsprechung des BGH zu richten. Zum einen geht das Gericht anscheinend von einem sehr schnellen Wandel der sittlichen Anschauungen im Fall der Hinauskündigungsklausel innerhalb von noch nicht einmal vier Jahren aus. Noch im Mai 1973 hatte der BGH ein freies Ausschlussrecht ausdrücklich gebilligt.[636] Dagegen erklärte er es bereits im Januar 1977 für grundsätzlich unzulässig.[637] An diesem Punkt wird bereits erkennbar, dass die Sittenwidrigkeitsfolgerung des Gerichts[638] im konkreten Zusammenhang nicht überzeugen kann. Es ist nicht ersichtlich, welche praktischen oder rechtlichen Umstände sich innerhalb dieses kurzen Zeitraums dermaßen geändert haben sollen, dass eine weithin akzeptierte und gebrauchte Klausel plötzlich gegen das Anstandsgefühl aller billig und gerecht Denkenden verstößt. Vielmehr ist zu vermuten, dass das Problem der Hinauskündigungsklauseln erst wieder durch die Entscheidung BGH NJW 1973, 1606 in den Fokus der Betrachtung rückte. Im Nachgang dieses Urteils gab es eine Vielzahl zu Publikationen, die solche Bestimmungen aus unterschiedlichen Gründen angriffen.[639] Der BGH folgte dann mit seiner „Damokles"-Rechtsprechung weitgehend diesen Autoren.

Zum anderen handelt es sich bei dieser Rechtssprechung bei genauerem Hinsehen doch um so etwas wie eine rückwirkende Sittenwidrigkeit. Schließlich urteilte der BGH über Hinauskündigungsklauseln, die sich beispielsweise bereits seit 1962[640] bzw. mindestens 1963[641] in den jeweiligen Gesellschaftsverträgen

---

635 *Piehler/Schulte*, in MünchHandbuch GesR, § 76 Rn. 49.

636 BGH vom 07.05.1973 – II ZR 140/71, NJW 1973, 1606.

637 BGH vom 20.01.1977 – II ZR 217/75, BGHZ 68, 212 (Als „Ergänzung" von BGH vom 07.05.1973 – II ZR 140/71, NJW 1973, 1606, NJW 1973, 1606 bezeichnet, da angeblich sachliche Gründe vorlegen haben sollen. Dazu der BGH in letztgenannter Entscheidung: *„Es ist zulässig, im Gesellschaftsvertrag zu bestimmen, dass ein Kommanditist durch Beschluss der Gesellschaftermehrheit ohne Nachweis eines wichtigen oder sachlichen Grundes aus der Gesellschaft ausgeschlossen werden kann."* (LS)).

638 Die ausdrückliche Bezugnahme auf den § 138 Abs. 1 BGB erfolgte in BGH vom 25.03.1985 – II ZR 240/84, NJW 1985, 2421.

639 *Fischer*, ZGR 1979, 251 (Minderheitenschutz); *Schilling*, ZGR 1979, 419 („Damokles"-Gedanke); *Wiedemann*, ZGR 1980, 148 (vertragliches Ungleichgewicht) usw.

640 BGH vom 20.01.1977 – II ZR 217/75, BGHZ 68, 212. (15 Jahre zwischen Abschluss der Klausel und gerichtlicher Entscheidung).

641 BGH vom 13.07.1981 – II ZR 56/80, BGHZ 81, 263 (18 Jahre zwischen Beitritt als Kommanditist und gerichtlicher Entscheidung).

befanden. In den betroffenen Verkehrskreisen waren die freien Ausschlussklauseln weithin gebräuchlich[642] und kaum jemand rechnete mit ihrer Unwirksamkeit. Das Gericht selbst würde seine relativ abrupte Art der Rechtsprechungsänderung wahrscheinlich als bloßen Nachvollzug der inzwischen angeblich geänderten Moralvorstellungen ansehen.[643]

3. Sittenverstoß

Speziell auf dem Gebiet des Personengesellschaftsrechts gibt es nur wenige Bereiche, deren Regelungen anhand des § 138 Abs. 1 BGB überprüft wurden und an ihm scheiterten. So wurden Kündigungsbeschränkungen außerhalb des direkten Anwendungsbereichs von § 723 Abs. 3 BGB (in Verbindung mit den §§ 105 Abs. 3, 161 Abs. 2 HGB) auf ihre Sittenwidrigkeit hin überprüft.[644] Ein anderer, damit eng verbundener, Komplex betrifft die Nichtigkeit von Abfindungsvereinbarungen.[645] Daneben sind andere Problemfelder kaum im Zusammenhang mit § 138 Abs. 1 BGB in Erscheinung getreten.[646]

Diese Zurückhaltung hat ihren Anlass in der weitgehenden Gewährung von Vertragsfreiheit auf dem Gebiet des Gesellschaftsrechts. Es wird in diesem Bereich von einer grundsätzlich vorhandenen Mündigkeit der vertragsschließenden Partner ausgegangen. Aus diesem Grund in jede Einschränkung der Privatautonomie auf dem Gebiet des Personengesellschaftsrechts besonders kritisch zu hinterfragen.[647] Einer weitgehenden Kontrolle bedürfen angesichts der typischerweise vorliegenden Ungleichgewichtslage unpersönliche Gesellschaftsformen wie die Publikums-KG.[648]

a) Rechtliche Verhaltensnormen

Nach der Betrachtung der einschlägigen Entscheidungen des BGH fällt auf, dass das Gericht nur zwei grundlegende Rechtsprinzipien anführt, an denen Hinauskündigungsklauseln zu messen sein sollen. Auf der einen Seite sind die Grundprinzipien des Gesellschaftsrechts zu nennen.[649] Auf der anderen Seite sind die der Vertragsfreiheit immanenten Grenzen anzuführen.[650] Hinzu kommt als wei-

---

642 Vgl. *Fischer*, ZGR 1979, 251, 262; *Schilling*, ZGR 1979, 419, 426.
643 *Sack*, in Staudinger BGB, § 138 Rn. 84.
644 BGH vom 16.12.1991 – II ZR 58/91, BGHZ 116, 359 für die GmbH.
645 BGH vom 16.12.1991 – II ZR 58/91, BGHZ 116, 359.
646 Natürlich mit Ausnahme der Hinauskündigungsklauseln.
647 Nach *Schmidt*, GesR, § 5 III 4 S. 125 sollte die Inhaltskontrolle aus diesem Grund nur bei unpersönlichen gesellschaftlichen Gestaltungsformen zum Zuge kommen.
648 *Schmidt* GesR, § 5 III 4 S. 123 f.
649 BGH vom 13.07.1981 – II ZR 56/80, BGHZ 81, 263, 266.
650 BGH vom 13.07.1981 – II ZR 56/80, BGHZ 81, 263, 266.

terer wichtiger Aspekt der Minderheitenschutz, der im gesamten Bereich des Gesellschaftsrechts eine große Rolle spielt.[651]

aa) Grundprinzipien des Gesellschaftsrechts

Nach Auffassung des BGH umfassen die im Zusammenhang mit Hinauskündigungsklauseln zu beachtenden Grundprinzipien des Gesellschaftsrechts vor allem die gesellschafterliche Treuepflicht.[652]

bb) Gesellschafterliche Treuepflicht

Die besondere Treuepflicht unter den Gesellschaftern erlaube es nach Ansicht des BGH nicht, dass das für eine gedeihliche Zusammenarbeit vorauszusetzende Vertrauen durch eine solche Bestimmung von Anfang an belastet würde.[653] Die Treuepflicht solle nicht nur dem einzelnen Gesellschafter Schutz gewähren, sondern auch die Funktionsfähigkeit des Verbands erhalten.[654] Ihre Grundlage habe sie in der allgemeinen Zweckförderungspflicht, die jedem Gesellschaftsvertrag innewohnt.[655]

Aus den Grundprinzipien des Gesellschaftsrechts in ihrer Ausprägung als gesellschafterliche Treuepflicht kann eine rechtliche Verhaltensnorm als eine Voraussetzung für einen Sittenwidrigkeitsverstoß gezogen werden. Die Treuepflicht besagt unter anderem, dass die Besonderheiten der im Vergleich zu anderen Verträgen engeren Verbindung zwischen den Gesellschaftern bei der Ausübung von Rechten berücksichtigt werden müssen.[656] Bereits daran wird allerdings deutlich, dass die Treuepflicht in erster Linie eine Ausübungskontrolle erfordert.[657] Im Gegensatz dazu vermutet die Rechtsprechung bei Vereinbarung einer Hinauskündigungsklausel eine Verletzung der Treuepflicht als Grundprinzip des Gesellschaftsrechts. Die Treuepflicht und § 138 Abs. 1 BGB sind aber strikt aus-einanderzuhalten. Im konkret zu prüfenden Einzelfall ist die Sittenwidrigkeitskontrolle aufgrund ihres hohen Abstraktionsgrades subsidiär anzuwenden.[658]

Dagegen streitet auch nicht die Ansicht, die § 138 Abs. 1 BGB als äußere Wirksamkeitsschranke der Rechtsausübung grundsätzlich vor § 242 BGB als Binnenschranke prüft.[659] Diese Überlegung beruht auf dem Gedanken, dass ein

---

651 Vgl. *Schilling* ZGR 1979, 419, 426, auf den der BGH in BGH vom 13.07.1981 – II ZR 56/80, BGHZ 81, 263 268 explizit verweist.
652 BGH vom 13.07.1981 – II ZR 56/80, BGHZ 81, 263, 266.
653 BGH vom 13.07.1981 – II ZR 56/80, BGHZ 81, 263, 266.
654 *Schäfer*, in Staub HGB, § 140 Rn. 63.
655 *Weipert*, in MünchHandbuch GesR, § 6 Rn. 32.
656 *Schockenhoff*, ZIP 2005, 1009, 1013.
657 *Schockenhoff*, ZIP 2005, 1009, 1013.
658 *Schockenhoff*, ZIP 2005, 1009, 1013.
659 *Looschelders/Olzen*, in Staudinger BGB, § 242 Rn. 368.

Fall der Sittenwidrigkeit automatisch einen Verstoß gegen den Grundsatz von Treu und Glauben darstellt.[660] Umgekehrt treffe dies aber nicht immer zu.[661] Die Besonderheiten des Personengesellschaftsrechts, insbesondere die besonders weitgehende Vertragsfreiheit, bedingen allerdings eine andere Betrachtungsweise. Die vielen möglichen Gestaltungsvarianten auf diesem Gebiet erfordern zunächst eine Kontrolle anhand des konkreten Maßstabs der gesellschafterlichen Treuepflicht.[662] Andernfalls besteht die Gefahr, dass man diese übersieht und vorschnell in pauschalierender Weise auf das Sittengebot zurückgreift.[663]

Zusammenfassend bleibt festzuhalten, dass die Treuepflicht der Sonderverbindung der Gesellschafter untereinander und zur Gesellschaft entspringt. Schon aufgrund dieser Erwägung eignet sie sich nicht als Beurteilungsmaßstab für den Abschluss des Gesellschaftsvertrags. Eine gesellschaftsvertragliche Klausel sollte nur mittelbar anhand der spezifischen Treuepflicht im Zuge einer Ausübungskontrolle überprüft werden.[664] Eine Inhaltskontrolle am Maßstab des § 138 Abs. 1 BGB ist, wenn überhaupt, nur subsidiär durchzuführen. Von dieser vorgreifenden Überlegung abgesehen beinhaltet die Treuepflicht rechtliche Verhaltensanweisungen als mögliche Grundlage für eine Sittenwidrigkeitskontrolle.

cc) Immanente Grenzen der Vertragsfreiheit

Die vom BGH angeführten immanenten Grenzen der Vertragsfreiheit haben an sich keine eigenständige Bedeutung. Sie dienen nur als Überbegriff für die aufgeführten Grundprinzipien des Gesellschaftsrechts. Diese Grundsätze bestimmen die Schranken der Privatautonomie.[665] Das dazu Gesagte gilt somit ebenso für diesen Gesichtspunkt.

dd) Minderheitenschutz

Schließlich sind Hinauskündigungsklauseln auch am Prinzip des Minderheitenschutzes zu messen. Der BGH steht Personengesellschaften kritisch gegenüber, in denen nur der Mehrheitsgesellschafter die Geschicke der Gesellschaft lenken und die Minderheitsgesellschafter dominieren kann. Eine einseitige Bevorzugung der vertraglichen Gestaltungsfreiheit zu Lasten der Minderheit sei auch auf dem Gebiet des Personengesellschaftsrechts nicht hinzunehmen.[666]

Daran ist richtig, dass sich Gesellschaftsverträge wie alle Vereinbarungen im Rahmen des rechtlich Erlaubten bewegen müssen. In der vom Grundgesetz und seinen Grundrechten dominierten deutschen Rechtsordnung erfordert deren

---

660 *Looschelders/Olzen*, in Staudinger BGB, § 242 Rn. 367.
661 *Looschelders/Olzen*, in Staudinger BGB, § 242 Rn. 368.
662 *Benecke*, ZIP 2005, 1437, 1441.
663 *Schockenhoff*, ZIP 2005, 1009, 1013.
664 Zur weiteren Argumentation sei auf das 5. Kapitel verwiesen.
665 BGH vom 13.07.1981 – II ZR 56/80, BGHZ 81, 263, 266.
666 *Fischer*, ZGR 1979, 251, 261.

mittelbare Drittwirkung in verfassungsmäßiger Hinsicht die Beachtung von Art. 3 Abs. 1 GG.[667] Allerdings ist der Vertragsfreiheit in den Fällen grundsätzlich Vorrang zu gewähren, in denen die Beeinträchtigung des Gleichheitssatzes allein Folge privatrechtlicher Verträge ist.[668] Eine rein verfassungsrechtliche Betrachtungsweise führt demnach nicht weiter.

Speziell auf dem Gebiet des Gesellschaftsrechts erfordert der Minderheitenschutz allerdings daneben, dass den Anteilseignern ein Mindestmaß an Teilhabe und Einflussnahme zugestanden wird. Dieses wird beispielsweise durch das Zugestehen von unabdingbaren Gesellschafterrechten[669], von Minderheitenrechten im eigentlichen Sinn[670] und der sogenannten „Kernbereichslehre"[671] erreicht. Gerade die letztere gewinnt im Personengesellschaftsrecht vor dem Hintergrund des Prinzips der Selbstorganschaft und Einstimmigkeit größere Bedeutung, da sich deshalb nur wenige gesetzlich anerkannte oder von der Rechtsprechung entwickelte Minderheitenrechte finden lassen.[672] Im Endeffekt ergeben sich aus dem Gedanken des Minderheitenschutzes einige rechtliche Verhaltensanweisungen hinsichtlich der Beurteilung der Zulässigkeit von Mehrheitsbeschlüssen und -rechten.

b) Ethisches Fundament

Rechtliche Verhaltensanweisungen reichen für sich genommen nicht aus, um die Sittenwidrigkeit einer Vertragsbestimmung annehmen zu können. Vielmehr sind die gefundenen juristischen Handlungsanweisungen auf ihr mögliches ethisches Fundament hin zu überprüfen.

aa) Treuepflicht

Die gesellschafterliche Treuepflicht beruht auf keinem ethischen Fundament. Sie ist nach richtiger Auffassung keine Ausprägung des allgemeinen Gebots von Treu und Glauben nach § 242 BGB, sondern bildet die zusammenfassende Bezeichnung aller gesellschafterlichen Nebenpflichten.[673] Mit ihr sind ausschließlich Rechtspflichten verbunden. Eine, wie auch immer geartete, ethisch-

---

667 *Jarass*, in Jarass/Pieroth GG, Art. 3 Rn. 13.

668 *Jarass*, in Jarass/Pieroth GG, Art. 3 Rn. 13.

669 Vgl. zum Beispiel § 118 Abs. 2 HGB für die Kontrollrechte der OHG-Gesellschafter.

670 Etwa § 37 Abs. 1 BGB für die Einberufung einer Vereins-Mitgliederversammlung.

671 Danach gibt es einen unangreifbaren Kernbereich von Mitgliedschaftsrechten, die auch durch eine Mehrheitsentscheidung nicht beeinträchtigt werden dürfen (vgl. nur BGH vom 12.11.1952 – II ZR 260/51, BGHZ 8, 35).

672 *Schmidt*, GesR, § 16 III 1 S. 467 f.

673 *Schockenhoff*, ZIP 2005, 1009, 1013; *Weipert*, in MünchHandbuch GesR, § 6 Rn. 36; aA beispielsweise *Müller*, in Beck´sches Handbuch Personengesellschaften, § 4 Rn. 169 (danach beruhe zumindest die Treuepflicht in Form der Rechtsausübungsschranke auf § 242 BGB).

moralische Komponente wird durch die Treuepflicht nicht eingeführt. Zum Beispiel ist es den Mehrheitsgesellschaftern aufgrund der Treuepflicht nicht gestattet, überhöhte Rücklagen zu bilden, um so den auszuschüttenden Gewinn für die Minderheitsgesellschafter zu schmälern.[674] Mit diesem Verbot stellt die Treuepflicht eine konkrete rechtliche Handlungsanweisung auf. Weiterhin ist anerkannt, dass es die Treuepflicht verlangt, nach milderen Mitteln zu suchen, bevor ein Gesellschafter ausgeschlossen wird.[675] Dieses ultima-ratio-Prinzip durchzieht das gesamte Kündigungsrecht und beruht auf dem Gedanken der Verhältnismäßigkeit und des Übermaßverbotes.[676] Es ist aber nicht auf rechtsethische oder –moralische Wertungen zurückzuführen, sondern auf den weitergehenden Bestandsschutz bei Dauerschuldverhältnissen.

Es ist zu betonen, dass die Treuepflicht als Prüfungsmaßstab prädestiniert für die Ausübungskontrolle erscheint.[677] Die Einhaltung der Treuepflicht ist für den konkreten Gebrauch des in Frage stehenden Rechts festzustellen. Die bloße abstrakte Einräumung einer späteren Ausübungsmöglichkeit kann deshalb keinen Verstoß gegen sie bedeuten. Die Sittenwidrigkeit aufgrund einer Nichtbeachtung der Treuepflicht ist schon von vornherein die falsche Rechtsfolge. Ein etwaiges ethisches Fundament dieser Verhaltenspflicht kann sich somit nicht mehr ergeben.

bb) Minderheitenschutz

Nach verbreiteter Ansicht trägt der Minderheitenschutz[678] bestimmte rechtsethische Maßstäbe in sich. So soll etwa bereits die freie Ausschlussklausel an sich das unmoralische Ausnutzen eines zeitlichen, sachlichen oder intellektuellen Vorsprungs beim Vertragsschluss darstellen.[679]

Im Einzelfall kann es zwar zu einem solchen Vorsprung kommen. Aber aus dem Inhalt der Vertragsklausel selbst folgt noch nicht ohne Weiteres ein sittenwidriges Ausnutzen dieses Vorteils. In Bezug auf den Minderheitenschutz ist deshalb im hier allein interessierenden Bereich der freien Ausschlussklauseln ein konkretes ethisches Fundament dieser abstrakten Verhaltenspflicht abzulehnen. Die richtige Begründung des Minderheitenschutzes leitet sich aus der inneren Rechtfertigung der Mehrheitsherrschaft ab und stellt keine rechtsethisch

674 *Müller*, in Beck'sches Handbuch Personengesellschaften, § 4 Rn. 172.

675 *Müller*, in Beck'sches Handbuch Personengesellschaften, § 4 Rn. 172.

676 Für den Bereich des Arbeitsrechts vgl. nur *Dörner*, in Ascheid Kündigungsrecht, § 1 KSchG Rn. 65 f.

677 *Schockenhoff*, ZIP 2005, 1009, 1013.

678 Dazu *Fischer*, ZGR 1979, 251, 262 f.: *„Darüber hinaus ist (...) zu beachten, dass die Gestaltungsfreiheit (...) nicht nur ein Problem der (...) Interessenabwägung von Minderheit und Mehrheit innerhalb der Gesellschaft ist, sondern dass sie auch schutzwerte Interessen der Allgemeinheit, insbesondere des redlichen Rechtsverkehrs, ernsthaft gefährden kann."*

679 *Wiedemann*, ZGR 1980, 147, 154.

notwenige Ergänzung des Mehrheitsprinzips dar.[680] Es sollen dadurch etwaige Legitimationsdefizite der gesellschafterlichen Mehrheitsmacht ausgeglichen werden.[681] Wie bereits der gesamte Verlauf der Diskussion um die Zulässigkeit von Hinauskündigungsklauseln zeigt, kann die Aufnahme einer solchen Bestimmung in den Gesellschaftsvertrag mannigfaltige Gründe haben. Diese reichen von der Erprobung über die Partizipation von Arbeitnehmern oder Führungskräften bis zur treuhandähnlichen Beteiligung. Es ist nicht ersichtlich, inwiefern an dieser Stelle ethische Grundprinzipien, beruhend auf dem Minderheitenschutz, gegen solche Begründungen sprechen sollen. Verschiedenste Motivationen sind denn auch von der Rechtsprechung als sachliche Rechtfertigungen anerkannt worden.

Weiterhin untersagt auch der gesellschaftsrechtliche Gleichbehandlungsgrundsatz als Ausprägung des Minderheitenschutzes nicht jede Ungleichbehandlung oder fordert in einem ethisch-moralischen Kontext eine allgemeine Gleichheit im Gesellschaftsrecht.[682] Eine Ungleichbehandlung durch gesellschaftsvertrag-liche Regelungen ist bis zur Grenze des allgemeinen Willkürverbots zulässig.[683]

Die oben dargestellte Ansicht verfährt nach einer anderen Grundannahme. Für sie ist eine freie Ausschlussklausel immer moralwidrig, es sei denn, für sie können im Einzelfall bei ihrer Einfügung sachlich rechtfertigende Erwägungen geltend gemacht werden. Diese Ansicht greift aber stark in die gesellschaftsvertragliche Satzungsautonomie ein und begnügt sich im Übrigen mit bloßen Vermutungen. Nach dieser Lesart wird bei Vereinbarung einer Hinauskündigungsklausel widerleglich vermutet, dass diese aufgrund der Schwäche des Betroffenen getroffen wurde. Dagegen lässt es sich besser mit der Vertragsfreiheit in Einklang bringen, die freie Ausschlussklausel bei ihrem Abschluss zunächst zu akzeptieren und erst ihren Gebrauch zu überprüfen. Denn erst zum Zeitpunkt des Ausschlusses kommt ein etwaiger Willkürcharakter meistens überhaupt erst zum Vorschein.[684]

Damit es dann aber immer noch keine moralische Prüfungsebene eröffnet. Die Ausnutzung einer vertraglich eingeräumten Ausschlussposition aus sachfremden Erwägungen heraus kann danach ohne Zweifel rechtswidrig sein. Nur dafür ohne Not eine außerrechtliche Kontrollebene einzuführen, kann keine akzeptable Lösung des Problems sein. Der Minderheitenschutz auf dem Gebiet des Personengesellschaftsrechts beschränkt sich also auf die Forderung nach rein rechtlich zu beurteilenden Verhaltensweisen. Ethisch-moralische Auffassungen spielen keine Rolle.

---

680 *Schmidt,* in GesR § 16 III 1 S. 467.
681 *Schmidt,* in GesR § 16 III 1 S. 467.
682 *Schmidt,* in GesR § 16 II 4 S. 463.
683 BGH in 16.12.1991 – II ZR 58/91, BGHZ 116, 359, 373.
684 *Schmidt,* in GesR § 16 II 4 S. 463.

V. Ergebnis

Nach alledem lässt sich konstatieren, dass die vom BGH angenommene Rechtsfolge der grundsätzlichen Sittenwidrigkeit von Hinauskündigungsklauseln dogmatisch nicht haltbar ist. Es sprechen zwar durchaus einige Gründe dafür, solche Bestimmungen bzw. die auf ihnen beruhende Rechtsausübung nicht in jedem Fall als rechtmäßig hinzunehmen, dafür ist das Verdikt der Sittenwidrigkeit aber nicht der richtige Ansatzpunkt. Die Unwirksamkeit der Ausübung des Ausschlussrechts im Einzelfall wegen des Verstoßes gegen die gesellschafterliche Treuepflicht oder allgemein gegen Treu und Glauben passt als Rechtsfolge besser. Diese Ausübungskontrolle ermöglicht zudem flexiblere Lösungen.

D. Kein allgemeines Erfordernis einer Inhaltskontrolle

Personengesellschaftsverträge sind im Grundsatz in weit geringerem Maße als andere Rechtsgeschäfte vom zwingenden Gesetzesrecht betroffen. Es herrscht die Prämisse der weitgehenden Gestaltungsfreiheit. Aus diesem Grunde ist von vornherein bezüglich der Durchführung einer Inhaltskontrolle Zurückhaltung geboten. Insbesondere darf durch sie nicht die gesetzgeberische Zielsetzung des Vorrangs der Privatautonomie unterlaufen werden.

I. Die Inhaltskontrolle von Gesellschaftsverträgen

Die Inhaltskontrolle kann auf verschiedenen Rechtsgrundlagen beruhen. Speziell im Bereich des Gesellschaftsrechts kommen dafür auf den ersten Blick die AGB-Inhaltskontrolle nach den §§ 305 ff. BGB und die Überprüfung anhand des Maßstabs von Treu und Glauben gemäß § 242 BGB in Betracht. Im Übrigen könnte sich die Kontrolle unter Umständen auch auf § 138 Abs. 1 BGB stützen lassen.

1. Anwendbarkeit der §§ 305 ff. BGB

Eine spezialgesetzliche Regelung der Inhaltskontrolle findet sich für den Bereich der Allgemeinen Geschäftbedingungen in den §§ 305 ff. BGB. Es stellt sich bei Personengesellschaftsverträgen von vornherein die Frage, ob diese AGB im Sinne der genannten Vorschrift darstellen können. Schließlich wird bei ihnen die Situation, die die genannten Vorschriften vor Augen haben, nur sehr selten anzutreffen sein. Im Gegensatz zu den meisten Vertragstypen des BGB stellen Gesellschaftsverträge im Regelfall keine reinen Austauschverträge dar, sondern haben die Organisation eines Verbandes zum Inhalt.[685]

---

685 *Stoffels*, AGB-Recht. § 6 Rn. 156.

a) Ausschluss durch § 310 Abs. 4 Satz 1 BGB

Endgültig geklärt scheint die Frage durch § 310 Abs. 4 Satz 1 BGB, der den Bereich des Gesellschaftsrechts ausdrücklich aus der AGB-Inhaltskontrolle ausklammert. Im Gegensatz etwa zum Arbeitsrecht gilt dies dem Wortlaut nach ausnahmslos. Allerdings sind einige Einschränkungen anerkannt. Entsprechend dem Schutzzweck des AGB-Rechts sind nur spezifisch organisationsrechtliche Regelungen von der Kontrolle ausgeschlossen, dagegen sind etwa Anstellungsverträge von Vorstandsmitgliedern oder die Veräußerung von Gesellschaftsanteilen prüffähig.[686] Nach einhelliger Ansicht gehören die Hinauskündigungsklauseln zu den rein verbandsorganisatorischen Regelungen, die deshalb im Grundsatz unter die Bereichsausnahme des § 310 Abs. 4 Satz 1 BGB fallen.[687]

b) Einfluss des Europarechts

Dagegen darf man es im Zusammenhang mit dem AGB-Recht nicht bei einer rein nationalen Perspektive belassen. Denn gerade dieser Bereicht ist in weiten Teilen durch europarechtliche Vorgaben geprägt. Fraglich ist deshalb, ob nicht die vorrangige Berücksichtigung des Europarechts zu einer anderen Beurteilung der vorgenannten Fragestellung und damit zu einer richtlinienkonformen einschränkenden Anwendung des § 310 Abs. 4 Satz 1 BGB zwingt. Diese Sichtweise könnte sich aus der Richtlinie der EG über missbräuchliche Klauseln in Verbraucherverträgen[688] ergeben.

aa) Gesellschaftsbeitritt als Verbrauchergeschäft

Nach einer Auffassung stellt der Gesellschaftsbeitritt einen Vertrag zwischen einem Verbraucher und einem Gewerbetreibenden im Sinne von Art. 1 Abs. 1 der EG-Klauselrichtlinie dar und zwingt deshalb zu einer richtlinienkonformen einschränkenden Auslegung des § 310 Abs. 4 Satz 1 BGB.[689] Ähnlich den Definitionen von Verbraucher und Unternehmer in den §§ 13, 14 Abs. 1 BGB knüpft die EG-Klauselrichtlinie zur Abgrenzung zwischen Verbraucher und Gewerbetreibendem in ihren Art. 2 b) und c) allein an den Vertragszweck an. Der persönliche Status des Vertragschließenden spielt dagegen keine Rolle. Indes ist nur die reine Vermögensanlage dem nicht-gewerblichen Bereich zuzuordnen.[690] Oder anders ausgedrückt: Nur, wenn durch den Gesellschaftsbeitritt keine beruf-

---

686 *Stoffels*, AGB-Recht, § 6 Rn. 158.

687 *Stoffels*, AGB-Recht, § 6 Rn. 158.

688 Vom 05.04.1993; ABl. EG Nr. L 95 vom 21.05.1993 (nachfolgend: EG-Klauselrichtlinie).

689 *Heinrichs*, NJW 1996, 2190, 2192.

690 *Drygala*, ZIP 1997, 968, 969.

lich-unternehmerische Tätigkeit bezweckt wird, lässt sich ein Verbrauchergeschäft annehmen.[691]

Diese Ansicht deckt sich mit der herrschenden Auffassung des deutschen Rechts, dass bei Anlagebeteiligungen, etwa bei der Publikums-KG, eine Inhaltskontrolle durchzuführen ist.[692] Ob diese auf die §§ 307 ff. BGB oder auf § 242 BGB gestützt wird, spielt inhaltlich kaum eine Rolle.[693] Für die in vorliegendem Zusammenhang typischen Personengesellschaften ergeben sich unter Berücksichtigung des Verbraucherbegriffs der EG-Klauselrichtlinie keine Besonderheiten im Vergleich zum deutschen Recht. Die Gesellschaftsverträge der typischen Personengesellschaft sind im Regelfall keine Verbraucherverträge, so dass die §§ 307 ff. BGB keine Anwendung finden.

bb) Bedeutung der Erwägungsgründe

Der zehnte Erwägungsgrund der EG-Klauselrichtlinie nimmt Verträge auf dem Gebiet des Gesellschaftsrechts ausdrücklich aus ihrem Anwendungsbereich heraus.[694] Die Vertreter der zu fordernden richtlinienkonformen Auslegung von § 310 Abs. 4 Satz 1 BGB halten diesen Erwägungsgrund für fehlerhaft, da er auf einer falschen Annahme beruhe.[695] Die Kommission sei offensichtlich davon ausgegangen, dass es im gesellschaftsrechtlichen Bereich keine Verbraucherverträge gebe.[696] Da dies aber, wie oben aufgezeigt, der Fall sei, müsse sich der beschränkungslose Wortlaut der Richtlinie gegen den zehnten Erwägungsgrund durchsetzen.[697]

Dieser Auffassung ist gleich aus mehreren Gründen nicht zu folgen. Zunächst geht sie ersichtlich davon aus, dass die Erwägungsgründe im Vergleich zum Richtlinientext nur eine unbedeutende Rolle spielen. Im Europarecht ist dagegen ihre eigenständige und wichtige Bedeutung weitgehend anerkannt. Sie definieren, welche Ziele die zuständige Verwaltung und der Rat und/oder das Europäische Parlament als politische Entscheidungsorgane mit der Richtlinie verfolgen wollten.[698] Zudem steht der Kommission nach Art. 26 Abs. 3

---

691 *Drygala*, ZIP 1997, 968, 969.

692 *Drygala*, ZIP 1997, 968, 969 fragt nur, warum die Rechtsprechung bis der Publikums-KG nicht die AGB-Grundlage nutzt, sondern über Treu und Glauben geht.

693 So lässt denn auch zum Beispiel das OLG Frankfurt a.M. vom 04.02.2004 – 23 U 66/03, NJW-RR 2004, 991, 992 die Frage der Anwendbarkeit der EG-Klauselrichtlinie offen und prüft anhand von § 242 BGB.

694 Im Wortlaut: *„Durch die Aufstellung einheitlicher Rechtsvorschriften auf dem Gebiet missbräuchlicher Klauseln kann der Verbraucher besser geschützt werden. Diese Vorschriften sollten für alle Verträge zwischen Gewerbetreibenden und Verbrauchern gelten. Von dieser Richtlinie ausgenommen sind daher insbesondere Arbeitsverträge sowie Verträge auf dem Gebiet des Erb-, Familien- und Gesellschaftsrechts."*

695 *Heinrichs*, NJW 1996, 2190, 2191 f.

696 *Heinrichs*, NJW 1996, 2190, 2191 f.

697 *Heinrichs*, NJW 1996, 2190, 2191 f.

698 *Drygala*, ZIP 1997, 968, 970.

AEUV[699] im Bereich des Binnenmarktes ein Initiativrecht zu. Sie legt damit auch die Reichweite des entsprechenden Harmonisierungsvorhabens fest.[700] Die Kommission hat sich ausdrücklich entschieden, das Gesellschaftsrecht aus dem Anwendungsbereich der EG-Klauselrichtlinie herauszunehmen.

Schließlich stellt die Herausnahme des Gesellschaftsrechts keine gesetzgeberische Fehlanschauung dar. Die Kommission ließ sich dabei anscheinend von den gleichen Gründen leiten wie der deutsche Gesetzgeber bei § 310 Abs. 4 Satz 1 BGB.[701] Im Vergleich zum allgemeinen Verbrauchervertrag ergeben sich beim typischen gesellschaftsrechtlichen Kontrakt zusätzliche Fragen und Wertungen, die nicht mit den standardisierten AGB-Vorschriften zu vereinbaren sind.[702] Solange keine eklatanten Schutzlücken oder Umgehungsproblematiken auftreten, sind die Bereichsausnahmen in § 310 Abs. 4 Satz 1 BGB und der EG-Klauselrichtlinie notwendig und sinnvoll. Im Endeffekt führt damit die „bloße" Verankerung der Bereichsausnahme in den Erwägungsgründen der EG-Klauselrichtlinie und nicht in ihrem Text nicht zu einer AGB-Kontrolle von typischen Gesellschaftsverträgen inklusive freier Ausschlussklauseln.

cc) Ergebnis

Nach alledem lässt sich feststellen, dass bezüglich der freien Ausschlussklauseln eine europarechtskonforme Auslegung der Bereichsausnahme des § 310 Abs. 4 Satz 1 BGB nicht zulässig und auch nicht notwendig ist. Eine etwaige richterliche Inhaltskontrolle von Hinauskündigungsklauseln kann und darf nicht auf die §§ 307 ff. BGB gestützt werden.

2. Anwendbarkeit von § 242 BGB

Die richterliche Inhaltskontrolle wurde ursprünglich anhand des Grundsatzes von Treu und Glauben entwickelt.[703] § 242 BGB wird hinsichtlich der Inhaltskontrolle des Gesellschaftsvertrags der Publikums-KG als Rechtsgrundlage von der Rechtsprechung angewandt.[704] Schon daraus lässt sich schließen, dass die Vorschrift auch hinsichtlich der typischen Personengesellschaften zur Anwendung kommen könnte. Dagegen erscheint § 242 BGB (in Verbindung mit der gesellschafterlichen Treuepflicht) im vorliegenden Zusammenhang allerdings eher als Grundlage für die Ausübungskontrolle in Frage zu kommen. Der Grundsatz von Treu und Glauben stellt gegenüber der Sittenwidrigkeitskontrolle

699 Vertrag über die Arbeitsweise der Europäischen Union vom 09.05.2008; Abl. Nr. C 115 S. 47.
700 *Drygala*, ZIP 1997, 968, 970 (mit Bezugnahme auf die Vorgängerregelung des Art. 54 EGV).
701 *Drygala*, ZIP 1997, 968, 970.
702 *Drygala*, ZIP 1997, 968, 970.
703 *Becker*, WM 1999, 709, 712.
704 Vgl. nur BGH vom 14.04.1975 – II ZR 147/73, BGHZ 64, 238.

das weitaus flexiblere Prüfungsinstrument dar. Mit seiner Hilfe kann für jede individuelle Gesellschaftskonstruktion beurteilt werden, ob eine Hinauskündigung aufgrund einer freien Ausschlussklausel zulässig ist oder nicht.

3. Anwendbarkeit von anderen Rechtsgrundlagen

Bleibt schließlich noch die Inhaltskontrolle anhand von § 138 Abs. 1 BGB. Diese Rechtsgrundlage wird vom BGH für die Überprüfung von freien Ausschlussklauseln favorisiert. Dem Verdikt der Sittenwidrigkeit haften allerdings schon hinsichtlich der Rechtsfolge die oben aufgezeigten Probleme an. Andere Rechtsgrundlagen, etwa § 315 Abs. 3 Satz 1 BGB, werden im Bereich des Gesellschaftsrechts nicht angewandt.

4. Zwischenergebnis

Nach Ansicht des BGH bildet § 138 Abs. 1 BGB in Hinblick auf die Inhaltskontrolle von Ausschlussbestimmungen in Personengesellschaftsverträgen die einzige Rechtsgrundlage.

II. Die Inhaltskontrolle von Hinauskündigungsklauseln

Die Überprüfung von Hinauskündigungsklauseln kann also unmittelbar durch eine Inhaltskontrolle oder mittelbar zum Zeitpunkt des Ausschlusses des betroffenen Gesellschafters durch eine Ausübungskontrolle erfolgen. Im Folgenden soll zunächst untersucht werden, warum das Gericht eigentlich der Inhaltskontrolle den Vorzug gibt und ob die dafür vorgebrachten Argumente zumindest schlüssig sind. Weiterhin stellt sich die Frage, ob eine solch weitreichende Kontrolle bereits des Vertragsinhalts überhaupt im Hinblick auf interessengerechte Ergebnisse erforderlich ist.

1. Das „Damokles“-Argument

Die wichtigste Begründung der Rechtsprechung des BGH ist das „Damokles“-Argument. Damit versucht das Gericht vor allem zu erklären. warum eine Kontrolle zum Zeitpunkt des Ausschlusses zum Schutz der betroffenen Gesellschafter und der Gesellschaft nicht ausreichen soll. Das „Damokles“-Argument hat verschiedene Begründungsebenen und Schutzrichtungen.[705] Erstens soll die Funktionsfähigkeit der Gesellschaft gewährleistet werden. Zweitens Ziel des BGH ist der Schutz des Betroffenen vor Willkürentscheidungen des Ausschließungsberechtigten. Beide Argumentationen führen konsequenterweise dazu, dass selbst eine vollwertige Abfindung die durch die Rechtsprechung gesehenen Gefahren nicht beseitigen kann.

705 Nach BGH vom 13.07.1981 – II ZR 56/80, BGHZ 81, 263, 266 ff.

a) Funktionsfähigkeit der Gesellschaft

Der BGH sieht durch die Vereinbarung einer Hinauskündigungsklausel bereits von Anfang an die für eine Personengesellschaft unabdingbare enge und vertrauensvolle Zusammenarbeit gefährdet.[706] Die Personengesellschaft stelle keinen reinen Austauschvertrag dar, sondern begründe weitergehende rechtliche und außerrechtliche Beziehungen für die Gesellschafter.[707] Dieses werde insbesondere in dem Fall deutlich, in dem die Gesellschaft für den von der Ausschließung bedrohten Gesellschafter seine Berufs- und Existenzgrundlage bilde.[708]

Diese Argumentation zielt auf einen kollektiven Schutz des Verbandes ab. Die freie Ausschlussklausel führe dazu, dass die Gesellschaft ihre Daseinsberechtigung in Form der Verfolgung eines gemeinsamen Zwecks nicht erreichen kann. Das von allen Gesellschaftern verfolge Ziel würde zu einem Individualziel des zum Ausschluss Berechtigten werden. Die Minderheitsgesellschafter dürften zwar ihre Beiträge zur Gesellschaft leisten, dem Mehrheitsgesellschafter steht aber aufgrund seines Kündigungsrechts in allen wichtigen und richtungsweisenden Angelegenheiten ein Letztentscheidungsrecht zu.

b) Freie Willensbildung

Der zweite Argumentationsstrang der „Damokles"-Rechtsprechung geht dagegen in eine individuelle Richtung. Aufgrund der Hinauskündigungsklausel würden die betroffenen Gesellschafter nicht mehr von ihren an sich vorgesehenen Rechten (etwa den Informationsrechten nach § 166 HGB) Gebrauch machen.[709] Zudem bestehe die Gefahr, dass diese sich den Wünschen und Vorschlägen der Mehrheitsgesellschafter ohne Rücksicht auf deren sachliche Berechtigung beugen.[710] Die Ansicht der Rechtsprechung geht damit von einer durch die freie Ausschlussklausel ausgelösten und dauerhaften psychologischen Zwangslage aus.

c) Unbeachtlichkeit der vollen Abfindung

Im Übrigen spräche auch eine vollwertige Abfindung nicht gegen die genannten Gefahren.[711] Diese sei allein geeignet, die Folgen der Hinauskündigungsklausel abzumildern.[712] Der Gesellschaftsvertrag an sich müsse geeignete Vorkehrungen zur Erreichung des vom BGH geforderten Schutzes der Minderheitsgesellschaf-

706 BGH vom 13.07.1981 – II ZR 56/80, BGHZ 81, 263, 266.
707 BGH vom 25.03.1985 – II ZR 240/84, NJW 1985, 2421, 2422.
708 BGH vom 25.03.1985 – II ZR 240/84, NJW 1985, 2421, 2422.
709 BGH vom 13.07.1981 – II ZR 56/80, BGHZ 81, 263, 266 f.
710 BGH vom 13.07.1981 – II ZR 56/80, BGHZ 81, 263, 267.
711 BGH vom 13.07.1981 – II ZR 56/80, BGHZ 81, 263, 268.
712 BGH vom 13.07.1981 – II ZR 56/80, BGHZ 81, 263, 268.

ter enthalten.[713] Die Argumentation des Gerichts geht dabei in eine ähnliche Richtung wie das Grundprinzip des Kündigungsschutzes im Arbeitsrecht. Auch auf diesem Gebiet reicht die Zahlung einer Abfindung im Regelfall nicht zur einseitigen Auflösung des Vertragsverhältnisses aus.[714] Dabei wird aber übersehen, dass die Bestimmungen des Arbeitsrechts allein dem Gedanken des Schutzes des wirtschaftlich, sozial und finanziell unterlegenen Arbeitnehmers folgen. Im Personengesellschaftsrecht ist im Normalfall nicht von einer solch starken Unterlegenheit und Abhängigkeit auszugehen.

2. Plausibilitätsprüfung

Alle vom BGH vorgebrachten Gründe haben ihre Berechtigung. Bezüglich des kollektiven Arguments ist aber Vorsicht geboten. Es ist zwar nicht von der Hand zu weisen, dass es in der Rechtswirklichkeit viele Personengesellschaften mit Mehrheits- und Minderheitsgesellschaftern gibt. Aber das dieses gleich das Funktionieren des Verbands ver- oder zumindest behindert bzw. seine Zweckerreichung unmöglich macht, steht nicht zu vermuten. Die Minderheitsbeteiligung wird niemanden aufgezwungen. Wenn jemand eine solche eingeht, um einen bestimmtes Ziel zu erreichen, wird er sich dies im Regelfall genau überlegt haben. Insbesondere wird er sich mit den Bestimmungen des Gesellschaftsvertrags auseinandersetzen, um beurteilen zu können, ob sich seine verfolgten Zwecke damit erreichen lassen.

Das zweite, individualschützende, Argument der Rechtsprechung überzeugt dagegen mehr. Es steht außer Frage, dass es auch im Personengesellschaftsrecht ein Mindestmaß an Minderheitenschutz geben muss. Die alles entscheidende Frage lautet nur, auf welchem, die Vertragsfreiheit schonensten, Wege man diesen erreichen kann. Dabei ist insbesondere zu berücksichtigen, dass die Vereinbarung einer freien Ausschlussklausel im Gesellschaftsvertrag zunächst wertneutral ist. Erst zum Zeitpunkt des Ausschlusses lässt sich beurteilen, ob dieser aus willkürlichen und sachfremden Motiven erfolgt. Deshalb scheint eine Ausübungskontrolle dieses Ausschlusses die richtige Lösung zu sein, um einen sinnvollen Ausgleich zwischen Vertragsfreiheit und Minderheitenschutz zu erreichen.

Hinsichtlich der Unbeachtlichkeit der vollen Abfindung soll dem BGH gefolgt werden. Das entscheidende Argument dafür ist, dass ansonsten Tatbestand und Rechtsfolge vermischt werden. Zudem bieten sich bessere Möglichkeiten, die Abfindung zu berücksichtigen. Im Zuge einer Ausübungskontrolle kann bzw. muss sie in die durchzuführende Interessenabwägung eingestellt werden.

---

713 BGH vom 13.07.1981 – II ZR 56/80, BGHZ 81, 263, 269.

714 Vgl. die Ausnahmeregelung des § 9 KSchG, nach der eine Auflösung des Arbeitsverhältnisses gegen eine Abfindung nur bei einer Unzumutbarkeit seiner Fortsetzung für den Arbeitnehmer angedacht ist.

III. Kontrollauslösende Faktoren

Im Übrigen gilt es anhand der oben herausgearbeiteten allgemeinen Dogmatik zu untersuchen, ob Hinauskündigungsklauseln eine Inhaltskontrolle zwingend erfordern. Dabei spielt der Gesichtspunkt der schweren Äquivalenzstörung keine Rolle, da Gesellschaftsverträge keine reinen Austauschverträge sind, sondern eine Gemeinschaft begründen.[715] Zwar kann es auch bei Gesellschaftsrechtsverhältnissen zu Äquivalenzstörungen kommen, aber diese werden typischerweise nicht schon beim Abschluss des Gesellschaftsvertrags, anders als bei der Verwendung von AGB, vorliegen. Dies gilt ebenfalls für Verträge, die Hinauskündigungsklauseln beinhalten.

1. Typisierte Ungleichgewichtslage

Fast jede Vertragsbeziehung bringt es mit sich, dass der eine Teil in objektiver Hinsicht mehr von ihr profitiert als der andere. Das allein reicht in keinem Fall aus, um einen Eingriff in die Privatautonomie zu rechtfertigen. Vielmehr geht es dabei um das einseitige Ausnutzen einer intellektuellen oder wirtschaftlichen Überlegenheit. Es stellt sich folgende Überlegung: Stellt die Hinauskündigungsklausel im Gesellschaftsvertrag in der überwiegenden Mehrheit des Fälle das Resultat eines solchen Ungleichgewichts dar?

Diese Frage wird man verneinen müssen. In den vom BGH entschiedenen Sachverhaltskonstellationen finden sich kaum Hinweise auf das einseitige Ausnutzen einer unzulässig überlegenden Stellung bei Vertragsschluss. Das Gericht hat überhaupt nur bis zum Jahre 1985[716] Hinauskündigungsklauseln für nichtig erachtet. Seitdem hat es bezeichnenderweise immer eine sachliche Rechtfertigung gefunden. Insgesamt hat der BGH in seinen elf seit dem Jahre 1977 ergangenen Urteilen zu freien Ausschlussklauseln ganze dreimal die Nichtigkeit der Bestimmung angenommen.[717] Schon daran zeigt sich, dass von einer typisierten Ungleichgewichtslage nicht die Rede sein kann. Dies bedeutet andererseits nicht, dass Hinauskündigungsklauseln nicht durchaus einem größeren Machtgefälle zwischen den Gesellschaftern entspringen können. Man kann aber keinesfalls von vornherein von einer sachfremden Ausnutzung der schwächeren Stellung des von der Klausel Betroffenen ausgehen.

715 *Schneider*, ZGR 1978, 1, 10.

716 BGH vom 25.03.1985 – II ZR 240/84, NJW 1985, 2421.

717 In BGH vom 08.03.2004 – II ZR 165/02, NJW 2004, 2013 war dem Gericht nur die Prüfungsfrist von zehn Jahren zu lang. Im Grundsatz erkannte es aber die Möglichkeit der sachlichen Rechtfertigung aufgrund einer Erprobungsphase an.

2. Stellen vorformulierter Vertragsbedingungen

Weiterhin stellt sich die Frage, ob der von einer freien Ausschlussklausel Betroffene Einfluss auf die Gestaltung des Gesellschaftsvertrags hatte. Diese Gestaltungsmöglichkeit wird im Regelfall vorhanden sein. Anders gilt für den Fall der schenk- oder erbmäßigen Erlangung des Gesellschaftsanteils. Hier wird der Erbe bzw. Beschenkte nur mit dem Inhalt des Vertrags konfrontiert.

Allein dieser Aspekt stellt noch keinen Grund dar, eine Inhaltskontrolle des Gesellschaftsvertrags zu befürworten. Zum einen sind davon nur wenige Fallkonstellationen betroffen. Zum anderen ist der erb- oder schenkmäßige Erwerb für den Betroffenen ausschließlich vorteilhaft. Dies heißt zwar mit dem BGH[718] nicht, dass er dann völlig rechtlos gestellt werden würde. Die Gesellschafter haben aber grundsätzlich die Lage der Gesellschaft zu akzeptieren, die sie beim Erbfall bzw. im Zeitpunkt der Schenkung vorfinden. Andernfalls würde man von den Ursprungsgesellschaftern eine nachträgliche Vertragsänderung nur aufgrund eines zufälligen Ereignisses verlangen.

Weiterhin spricht der Grundsatz der sachlichen Gleichbehandlung der Gesellschafter gegen eine Inhaltskontrolle aufgrund des vorgenannten Punktes. Die Gründungsgesellschafter haben den Gesellschaftsvertrag nach ihren Vorstellungen und Machtverhältnisses geschaffen. Wenn sie dabei eine Hinauskündigungsklausel als sachgerecht erachteten, ist dies im Grundsatz nicht zu beanstanden. Würde sich nunmehr der Erbe oder Beschenkte auf die Unwirksamkeit dieser Bestimmung berufen dürfen, wäre eine Ungleichbehandlung in Vergleich zu den ursprünglichen Gesellschaftern zu beobachten. Diese könnte auch nicht durch sachliche Erwägungen gerechtfertigt werden. Der bloße Erbfall bzw. die Schenkung ändern noch nichts an der gesellschaftsrechtlichen Lage. Vielmehr sind die Erben und Beschenkten genauso wie alle anderen Gesellschafter zu behandeln. Sie können ihren Ausschluss mit Hilfe der Ausübungskontrolle wie jeder Teilhaber überprüfen lassen. So werden an dieser Stelle einmal mehr die Vorteile des Konzepts der Ausübungskontrolle vor Augen geführt. Sie ermöglicht eine sachgerechte Lösung des Problems der ererbten bzw. durch Schenkung erhaltenden Gesellschafterstellung. Insgesamt führt auch dieser Teilaspekt nicht zum zwingenden Erfordernis einer Inhaltskontrolle.

3. Abweichung vom dispositiven Gesetzesrecht

Gesellschaftsvertragliche Hinauskündigungsklauseln weichen vom dispositiven Gesetzesrecht ab. § 140 Abs. 1 Satz 1 HGB statuiert das Erfordernis eines wichtigen Grundes für den Ausschluss eines Gesellschafters. Genannte Vorschrift stellt also das gesetzgeberische Leitbild in dieser speziellen Rechtsfrage dar.[719] Dies bedeutet allerdings nicht, dass die Norm wie eine zwingende Vorschrift

718 Vgl. nur BGH vom 13.07.1981 – II ZR 56/80, BGHZ 81, 263, 270.
719 Vgl. dazu *Becker*, WM 1999, 709, 717.

angewandt werden darf; Abweichungen müssen gerade erlaubt sein. Im Übrigen löst nur die einseitig belastende, erhebliche und unverhältnismäßige Abbedingung das Bedürfnis nach einer Inhaltskontrolle aus.[720] An dieser Stelle drängt sich die grundsätzliche Frage auf, ob die Herabstufung des gesetzlichen Erfordernisses eines wichtigen Grundes durch privatautonome Vereinbarung unverhältnismäßig ist. Dazu soll der Vergleich mit zwei kündigungsrechtlichen Vorschriften des BGB, den §§ 626 und 314, und der Möglichkeit ihrer Abdingung gezogen werden.

a) Abdingbarkeit von § 626 BGB

§ 626 Abs. 1 BGB stammt aus dem Dienstvertragsrecht und bestimmt, dass das Dienstverhältnis beim Vorliegen eines wichtigen Grundes außerordentlich gekündigt werden kann. Nach allgemeiner Ansicht ist die Vorschrift allein im arbeitsvertraglichen Bereich aufgrund des besonderen Schutzzwecks zwingend.[721] Außerhalb dieses Gebiets ist die Norm und auch das Erfordernis des wichtigen Grundes abdingbar.[722] Ein Dienstvertrag kann demnach Erleichterungen bezüglich des vorzusehenden Kündigungsgrundes enthalten.

b) Abdingbarkeit von § 314 BGB

Allgemeiner als § 626 Abs. 1 BGB erlaubt § 314 Abs. 1 Satz 1 BGB die außerordentliche Kündigung von Dauerschuldverhältnissen aus wichtigem Grund. Die Vorschrift hat zwar einen zwingenden Kern, allerdings können Individualvereinbarungen durchaus abweichende Bestimmungen treffen.[723] Das Kündigungsrecht bezüglich des Dauerschuldverhältnisses an sich darf nicht vollständig ausgeschlossen werden.[724] Im Übrigen spricht auch hier nichts gegen die Erleichterung des materiellrechtlichen Erfordernisses des wichtigen Grundes.[725]

c) Schlussfolgerung

Danach ist, außerhalb eines jeweils anhand der Schutzrichtung der Vorschriften zu bestimmenden Bereichs, die Abbedingung des Erfordernisses eines wichtigen Grundes bei den §§ 626, 314 BGB möglich. Diese Erkenntnis lässt sich ohne Weiteres in systematischer Hinsicht verallgemeinern. Zudem nimmt der BGH selbst die materiellrechtliche Nachgiebigkeit von § 140 Abs. 1 Satz 1 HGB an. Eine sachliche Rechtfertigung von freien Ausschlussklauseln wäre ansonsten

720 *Becker*, WM 1999, 709, 717.
721 *Weidenkaff*, in Palandt BGB, § 626 Rn. 2.
722 *Weidenkaff*, in Palandt BGB, § 626 Rn. 2.
723 *Grüneberg*, in Palandt BGB, § 314 Rn. 3.
724 *Grüneberg*, in Palandt BGB, § 314 Rn. 3.
725 *Geier*, in MünchKomm BGB, § 314 Rn. 4.

nicht zulässig. Im Endeffekt kann aufgrund dieser systematischen Erwägungen die Abweichung vom dispositiven Gesetzrecht durch die gesellschaftsvertragliche Hinauskündigungsklausel nicht unverhältnismäßig belastend sein.

4. Forderung von Verfassungs wegen

Zuletzt könnte die mittelbare Beachtung der Grundrechte im Zivilrecht eine Inhaltskontrolle von Hinauskündigungsklauseln erfordern. Nach Ansicht des BVerfG besteht die Pflicht zum Eingriff in die privatautonom ausgehandelte Vertragsgestaltung unter zwei Voraussetzungen:[726] Erstens muss die eine Vertragspartei ihrem Partner strukturell unterlegen und zweitens müssen die Folgen des Vertrags für den Unterlegenen ungewöhnlich belastend sein.

Die Vereinbarung einer Hinauskündigungsklausel in einem Gesellschaftsvertrag entspringt schon keiner strukturellen Unterlegenheit des Betroffenen. Strukturelle Unterlegenheit würde in diesem Sinne bedeuten, dass in der weit überwiegenden Mehrzahl der Fälle eine freie Ausschlussklausel auf einer Ausnutzung der schwächeren Verhandlungsposition des anderen Teils beruht. Hinauskündigungsklauseln werden aber aus verschiedensten Motivlagen heraus aufgenommen. Die zwingende Schlussfolgerung der Unterlegenheit des Betroffenen bei Abschluss des Gesellschaftsvertrags kann deshalb gerade nicht gezogen werden. Bis zum Beweis des Gegenteils im Zuge der Ausübungskontrolle ist davon auszugehen, dass die Klausel von grundsätzlich gleichberechtigten, gleichinformierten und mündigen Vertragsparteien vereinbart wurde.

Schließlich fehlt es auch an der ungewöhnlichen Belastung. Der Ausschluss aufgrund einer freien Ausschlussklausel, der der immer durchzuführenden Ausübungskontrolle standhält, ist zu akzeptieren. Im Zuge dieser Ausübungskontrolle ist dann insbesondere zu prüfen, ob dem Ausgeschlossenen eine angemessene Abfindung zukommt. Es darf ihm allein aufgrund der Hinauskündigungsklausel kein wirtschaftlicher oder finanzieller Schaden entstehen. Im Ergebnis erfordert die Verfassung keine Inhaltskontrolle von freien Ausschlussklauseln. Die dafür zwingend notwendige Erheblichkeitsschwelle des vertraglichen Ungleichgewichts wird nicht erreicht. Im Gegenteil erfordert die verfassungsrechtliche Betrachtungsweise im vorliegenden Zusammenhang die Beachtung der Privat- bzw. Verbandsautonomie und Zurückhaltung mit in diese tief eingreifenden Instrumenten.

IV. Ergebnis

Es bleibt festzuhalten, dass die im Allgemeinen zum Erfordernis einer Inhaltskontrolle hinführenden Faktoren im Fall der freien Ausschlussklauseln nicht vorliegen. Ein strukturelles Verhandlungsungleichgewicht lässt sich nicht erkennen, so dass die Erheblichkeitsschwelle für eine Intervention mit den Mitteln

726 BVerfG vom 19.10.1993 – 1 BvR 567/89, NJW 1994, 36, 38.

des Zivilrechts zum Zeitpunkt des Vertragsschlusses nicht überschritten ist. Aus diesem Grund kann ein solch schwerwiegender Eingriff in die Verbandsautonomie durch eine richterliche Inhaltskontrolle des Gesellschaftsvertrags nicht gerechtfertigt werden. An dieser Stelle sei nochmals des BVerfG ausdrücklich zitiert:

> *„Schon aus Gründen der Rechtssicherheit darf ein Vertrag nicht bei jeder Störung des Verhandlungsgleichgewichts nachträglich in Frage gestellt oder korrigiert werden.“*[727]

E. Endergebnis 4. Kapitel

Das 4. Kapitel hat einerseits die Inhaltskontrolle von zivilrechtlichen Vertragsbestimmungen, insbesondere ihre Voraussetzungen und Rechtsfolgen, im Allgemeinen näher beleuchtet. Andererseits erfolgte die Anwendung dieser Grundsätze auf die Hinauskündigungsklauseln.

Daraus haben sich zwei entscheidende Erkenntnisse ergeben. Zum einen erfordert die Dogmatik der Inhaltskontrolle eine solche bei freien Ausschlussklauseln nicht zwingend. Die mit solchen Bestimmungen verbundenen Gefahren und Probleme, vor allem die Verwirklichung eines grundsätzlichen Minderheitenschutzes, können alle mit der Ausübungskontrolle erfasst werden. Die genauere Darstellung der Ausübungskontrolle soll dem 5. Kapitel vorbehalten bleiben.

Zum anderen ist die von der Rechtsprechung gewählte Rechtsfolgenkonstruktion bei Vereinbarung einer Hinauskündigungsklausel nicht zu halten. Eine solche gesellschaftsvertragliche Bestimmung ist zunächst als wertneutral anzusehen und richtet sich nicht gegen das „Anstandsgefühl aller billig und gerecht Denkenden“. Dieses Ergebnis wird schon daran deutlich, dass der BGH bisher in der weit überwiegenden Zahl seiner entschiedenen Fälle eine sachliche Rechtfertigung der freien Ausschlussklausel angenommen hat. Er ist entgegen seiner Grundaussage stets bemüht, die Klauseln aufrechtzuerhalten.

727 BVerfG vom 19.10.1993 – 1 BvR 567/89, NJW 1994, 36, 38.

5. Kapitel: Grundlagen und Durchführung der Rechtsausübungskontrolle

Die folgende Darstellung wird zeigen, dass den Gefahrenherden der Hinauskündigungsklauseln, die die Rechtsprechung mit Hilfe der Inhaltskontrolle nach § 138 Abs. 1 BGB bannen will, besser durch eine Ausübungskontrolle anhand der gesellschafterlichen Treuepflicht begegnet werden kann. Diese hat zudem den großen Vorteil des weniger schwerwiegenden Eingriffs in die Verbandsautonomie.

A. Grundlagen der Ausübungskontrolle

Der Grundgedanke der Ausübungskontrolle beruht auf der Erkenntnis, dass nicht nur die vertragliche Einräumung eines bestimmten Rechts problematisch sein kann, sondern auch dessen Geltendmachung. Es ergeben sich dabei im Grundsatz zwei Fallgruppen. Erstens können sich sowohl das Recht als auch dessen Ausübung als rechtlich unzulässig erweisen. Zweitens kann die Rechtseinräumung für sich genommen wirksam sein und nur die speziellen Umstände des Gebrauchens führen zu einer Unzulässigkeit. Aufgrund der immer zu beachtenden Privatautonomie führt diese Situation nicht fortwährend zu einer kumulativen Durchführung einer Inhalts- und einer Ausübungskontrolle. Wie bereits dargestellt, ziehen nur ganz bestimmte Umstände oder besondere Fallgruppen eine Überprüfung des Inhalts vertraglicher Vereinbarungen nach sich. Ansonsten muss man sich mit der Kontrolle der Ausübung begnügen. In diesem Sinne ist es den Gerichten auch freigestellt, im konkreten Einzelfall die Rechtsausübung zu versagen und die Wirksamkeit der Klausel an sich dahingestellt sein zu lassen.[728]

I. Definition der Ausübungskontrolle

Ausübungskontrolle bedeutet die Überprüfung eines aufgrund einer vertraglichen Vereinbarung bestehenden Rechts in der konkreten Situation seiner Geltendmachung.[729] Die Ausübungskontrolle setzt dabei die grundsätzliche Wirksamkeit der zugrundeliegenden Klausel voraus.[730] Zudem zielt die Ausübungs- im Gegensatz zur Inhaltskontrolle auf die Abwehr eines spezifischen Verhaltens im Einzelfall ab.[731] Der herangezogene Maßstab ist deshalb ein grundsätzlich individueller.[732] Die Abgrenzung zwischen den beiden Kontrollinstrumenten erfolgt danach, ob eine tatbestandliche Konkretisierung in der zu überprüfenden

728 *Wolf/Lindacher/Pfeiffer*, AGB-Recht, § 307 BGB Rn. 30.
729 *Coester*, in Staudinger BGB, § 307 Rn. 36.
730 *Coester*, in Staudinger BGB, § 307 Rn. 36.
731 *Fastrich*, Richterliche Inhaltskontrolle, S. 26 f.
732 *Fastrich*, Richterliche Inhaltskontrolle, S. 27.

Klausel selbst erwartet werden kann.[733] Ist dies etwa aufgrund der Notwendigkeit, im unternehmerischen Verkehr auf unterschiedliche Situationen flexibel reagieren zu können, nicht der Fall, ist die Ausübungskontrolle einschlägig.[734] Ansonsten kommt die Inhaltskontrolle zur Anwendung, wobei die genannte Abgrenzung nicht im Sinne eines sich in jedem Fall ausschließenden Mechanismusses zu verstehen ist. Es können in besonderen Konstellationen durchaus beide Prüfinstrumente zum Einsatz kommen.[735]

II. Rechtsgrundlage

Abgesehen vom Bereich der Kontrolle einseitiger Leistungsbestimmungsrechte[736] wird die Ausübungskontrolle im Allgemeinen auf § 242 BGB gestützt.[737] Die Prüfung anhand von Treu und Glauben kann im Grundsatz bei jeder vertraglichen Sonderverbindung zum Zuge kommen.[738] Dies resultiert aus dem Umstand, dass sich jede Ausübung eines vertraglichen eingeräumten Rechts im Bereich von § 242 BGB bewegen muss und nicht damit nicht treuwidrig sein darf.

III. Rechtsfolge

Der Einwand der unzulässigen Rechtsausübung verhindert die Geltendmachung eines an sich wirksamen Rechts unter den konkreten Umständen zu einer bestimmten Zeit.[739] Die dem Recht entsprechenden Wirkungen oder Folgen werden versagt.[740] Es kann dazu kommen, dass das Recht zu einem anderen Zeitpunkt unter anderen Umständen ausgeübt werden darf. Es bleibt also in seiner Substanz unberührt.[741] Vor allem in den Fällen einer situationsgebundenen Rechtsfolge, etwa bei einer zu missbilligenden Ausübung des Rechts, muss die Versagung der Geltendmachung keineswegs endgültig sein.[742] Auch aufgrund dieses Umstands ist die Ausübungskontrolle das Prüfinstrument, das am wenigsten in die Vertragsfreiheit eingreift.

---

733 *Fuchs*, in Ulmer/Brandner/Hensen AGB-Recht, Vorb. v. § 307 BGB Rn. 64.

734 *Fuchs*, in Ulmer/Brandner/Hensen AGB-Recht, Vorb. v. § 307 BGB Rn. 64.

735 Gerade im Bereich der Hinauskündigungsklauseln behält sich der BGH beide Kontrollmöglichkeiten offen (vgl. nur BGH vom 08.03.2004 – II ZR 165/02, NJW 2004, 2013, 2015).

736 Hier findet sich eine Sonderregelung in § 315 Abs. 1 BGB (vgl. *Coester*, in Staudinger BGB, § 307 Rn. 36).

737 *Fastrich*, Richterliche Inhaltskontrolle, S. 24.

738 *Fastrich*, Richterliche Inhaltskontrolle, S. 25 f.

739 *Wolf/Lindacher/Pfeiffer* AGB-Recht, § 307 BGB Rn. 29.

740 *Roth*, in MünchKomm BGB, § 242 Rn. 197.

741 *Coester*, in Staudinger BGB, § 307 Rn. 36.

742 *Roth*, in MünchKomm BGB, § 242 Rn. 198.

B. Die Ausübungskontrolle im Gesellschaftsrecht

I. Rechtsgrundlage im Gesellschaftsrecht

Auf dem Gebiet des Gesellschaftsrechts kann die Ausübungskontrolle anhand der gesellschafterlicher Treuepflicht und des Grundsatzes von Treu und Glauben gemäß § 242 BGB erfolgen. Beide Rechtsprinzipien schließen sich dabei nicht aus, sondern ergänzen sich vielmehr.

1. Die gesellschafterliche Treuepflicht

Die Treuepflicht stellt eine gesellschaftsrechtliche Besonderheit dar und ist dem Umstand geschuldet, dass das Verbandsverhältnis im Vergleich zu jeder „normalen" Vertragsbeziehung eine engere Zusammenarbeit mit besonderen Pflichten erfordert. Durch die Gründung eines Verbandes wird ein eigenständiges rechtliches Subjekt erschaffen. Die Gesellschafter sind gehalten, diesen Verband sowie seine Mitglieder nicht zu schädigen und seinen Zweck zu fördern.[743] Deshalb ist die Treuepflicht nicht nur im Zuge der Beziehungen zwischen Gesellschafter und Gesellschaft, sondern auch bei den Beziehungen der Gesellschafter untereinander zu beachten.[744] Methodisch lassen sich die aus der Treuepflicht resultierenden Verhaltenspflichten seit der Schuldrechtsreform auch an dem allgemeinen Rücksichtnahmegebot bei der Gewährung von Einwirkungsmöglichkeiten auf die Rechtssphäre des Vertragspartners gemäß der §§ 241 Abs. 2, 311 Abs. 2 Nr. 2 BGB festmachen.[745]

Im Übrigen dient die Treuepflicht auch dem Minderheitenschutz. Denn sie bildet das Gegengewicht für die den Mehrheitsgesellschaftern offenstehende Möglichkeit, durch die Einflussnahme auf die Geschäftsführung der Gesellschaft die gesellschaftsbezogenen Interessen der Minderheitsgesellschafter zu beeinträchtigen.[746] Die Treuepflicht fordert demnach von den Mehrheitsgesellschaftern die Rücksichtnahme auf die berechtigen Interessen der Minderheitsgesellschafter.[747]

a) Grundlage der Treuepflicht

Die Treuepflicht speist sich dabei aus der gemeinsamen Zweckverfolgungsabsicht der Parteien des Gesellschaftsvertrags.[748] Die gesellschafterliche Treue-

743 *Weipert*, in MünchHandbuch GesR, § 6 Rn. 32.

744 BGH vom 05.06.1975 – II ZR 23/74, BGHZ 65, 15, 18 f. für die GmbH, aber auch unter ausdrücklicher Bezugnahme auf die Personengesellschaften.

745 In Hinblick auf die Rücksichtnahmepflichten bereits BGH vom 05.06.1975 – II ZR 23/74, BGHZ 65, 15, 19.

746 BGH vom 05.06.1975 – II ZR 23/74, BGHZ 65, 15, 19.

747 BGH vom 05.06.1975 – II ZR 23/74, BGHZ 65, 15, 19.

748 *Weipert*, in MünchHandbuch GesR, § 6 Rn. 32; *Müller*, in Beck´sches Handbuch Personengesellschaften, § 4 Rn. 169.

pflicht ist heute allgemein anerkannt und hat sich als richterrechtliche Generalklausel gewohnheitsrechtlich etabliert.[749] Ihre dogmatische Grundlage wird entweder im von gegenseitigem Vertrauen geprägten Gemeinschaftsverhältnis, in Treu und Glauben oder in § 705 BGB gesehen.[750] Für die weitere Betrachtung ist eine Entscheidung zwischen diesen Optionen nicht notwendig.

b) Inhalt der Treuepflicht

Die Treuepflicht stellt die zusammenfassende Bezeichnung gesellschaftsrechtlicher Nebenpflichten zwischen den Gesellschaftern untereinander und zur Gesellschaft dar.[751] Der jeweilige Inhalt der Treuepflicht ist größtenteils nur anhand des konkreten Sachverhalts bestimmbar. Allgemeingültige Aussagen lassen sich nur in einem sehr beschränkten Maße treffen. Wie gesehen, erfordert die Treuepflicht zwischen den Gesellschafterm eine angemessene Rücksichtnahme auf die Interessen der Mitgesellschafter.[752] Die Verbandsmitglieder dürfen sich nicht gegenseitig schädigen und bei der Rechtsausübung ist immer das schonenste Mittel zu wählen.[753] In diesem Zusammenhang ist aber zu betonen, dass die Treuepflicht kein ausschließliches Minderheitenrecht ist. Alle Gesellschafter, unabhängig von der Höhe ihres Gesellschaftsanteils, sind gleichermaßen erfasst.[754]

Der jeweilige Inhalt der Treuepflicht ergibt sich im Ergebnis somit aus dem Gesellschaftszweck, der tatsächlichen Ausgestaltung der Mitgliedschaft sowie dem Maß der persönlichen Bindungen und Beiträge im Einzelfall.[755] Dabei lässt sich festhalten, dass stark personalistisch aufgebaute Gesellschaften grundsätzlich eine umfassende Beachtung der Treuepflicht erfordern, wobei die Grenze dieser Berücksichtigung immer in der Wahrung eigener berechtigter Interessen liegt.[756] Zudem besteht speziell im Bereich des Ausschlusses eines Gesellschafters aufgrund der Treuepflicht der ultima-ratio-Grundsatz.[757] Die Kündigung der Beteiligung soll nur erfolgen, wenn weniger einschneidende Maßnahmen nicht erfolgsversprechend sind.[758] Diese Forderung ist allerdings ersichtlich auf das Vorliegen eines wie auch immer gearteten vertragswidrigen Verhaltens des Betroffenen zugeschnitten. Für den durch den Gesellschaftsvertrag selbst ermöglichten „grundlosen“ Ausschluss kann das ultima-ratio-Prinzip dagegen nicht

749 *Müller*, in Beck´sches Handbuch Personengesellschaften, § 4 Rn. 169.
750 *Looschelders/Olzen*, in Staudinger BGB, § 242 Rn. 956.
751 *Schockenhoff*, ZIP 2005, 1009, 1013; *Müller*, in Beck´sches Handbuch Personengesellschaften, § 4 Rn. 169.
752 *Looschelders/Olzen*, in Staudinger BGB, § 242 Rn. 958.
753 *Müller*, in Beck´sches Handbuch Personengesellschaften, § 4 Rn. 172.
754 *Müller*, in Beck´sches Handbuch Personengesellschaften, § 4 Rn. 169.
755 *Schockenhoff*, ZIP 2005, 1009, 1013.
756 *Looschelders/Olzen*, in Staudinger BGB, § 242 Rn. 957 f.
757 *Müller*, in Beck´sches Handbuch Personengesellschaften, § 4 Rn. 169.
758 *Müller*, in Beck´sches Handbuch Personengesellschaften, § 4 Rn. 169.

gelten. Daneben verbietet die gesellschafterliche Treuepflicht die Geltendmachung eines Erwerbsrechts an einem Gesellschaftsanteil, wenn der Erwerbsberechtigte den dafür vorgesehenen Grund treuwidrig selbst herbeigeführt hat.[759] Auch diese Erwägung ist bezüglich einer freien Ausschlussklausel nicht anwendbar, da eine solche eben gerade die grundlose Ausschließung vorsieht.

An diesen beiden Beispielen wird deutlich, dass die gesellschafterliche Treuepflicht im Zusammenhang mit Hinauskündigungsklauseln zumindest modifiziert werden muss, um brauchbare Ergebnisse zu liefern. Es bietet sich an, diese Ergänzung durch einzelne Aspekte des Grundsatzes von Treu und Glauben, etwa der umfassenden Interessenabwägung[760], vorzunehmen.

2. Inhalt von Treu und Glauben

§ 242 BGB als Prototyp[761] einer Generalklausel enthält einen offenen Tatbestand, so dass generelle Aussagen zum Inhalt nur sehr zurückhaltend getroffen werden können.[762] Die Konkretisierung des Tatbestands erfolgt durch die Beschreibung von Funktionskreisen und die Aufstellung von Fallgruppen, um aus Gründen der Rechtssicherheit die Voraussehbarkeit einer auf § 242 BGB gestützten Entscheidung zu gewährleisten.[763] Treue bedeutet nach seinem Wortsinn eine auf Zuverlässigkeit, Aufrichtigkeit und Rücksichtnahme beruhende äußere und innere Haltung gegenüber einem anderen und Glauben meint das Vertrauen darauf.[764] Der Grundsatz verpflichtet zur billigen Rücksichtnahme auf die schutzwürdigen Interessen des Vertragspartners.[765] Durch die Wortkombination sollen sozialethische Wertanschauungen Eingang ins Recht finden und so eine flexiblere Handhabung von komplexeren Sachverhalten ermöglichen.[766] Die Anforderungen an das Treueverhalten variieren je nach der Intensität des zu beurteilenden Schuldverhältnisses.[767] Gerade im auf Zusammenarbeit ausgerichteten Gesellschaftsverhältnis hat das Treuegebot somit einen starken Einfluss.[768] Die Prüfung anhand von § 242 BGB setzt im Übrigen immer eine umfassende Interessenabwägung im Einzelfall voraus.[769]

Schließlich ist anzumerken, dass gerade Treuebindungen sowie der Gedanke des Rechtsmissbrauchs in neuerer Zeit stärker in den Fokus der gesellschaftsrechtlichen Betrachtung gerückt sind, so dass sich die damit verbundene gesell-

---

759 BGH vom 15.06.1959 – II ZR 44/48, BGHZ 30, 195, 201 ff.
760 *Looschelders/Olzen*, in Staudinger BGB, § 242 Rn. 144.
761 *Looschelders/Olzen*, in Staudinger BGB, § 242 Rn. 110.
762 *Heinrichs*, in Palandt BGB, § 242 Rn. 3.
763 *Looschelders/Olzen*, in Staudinger BGB, § 242 Rn. 122.
764 *Heinrichs*, in Palandt BGB, § 242 Rn. 3.
765 *Heinrichs*, in Palandt BGB, § 242 Rn. 3.
766 *Looschelders/Olzen*, in Staudinger BGB, § 242 Rn. 142 f.
767 *Looschelders/Olzen*, in Staudinger BGB, § 242 Rn. 129.
768 *Looschelders/Olzen*, in Staudinger BGB, § 242 Rn. 129.
769 *Heinrichs*, in Palandt BGB, § 242 Rn. 5.

schafterliche Treuepflicht immer weiter vom allgemeinen Grundsatz von Treu und Glauben fortentwickelt hat.[770] Das heißt allerdings ausdrücklich nicht, dass beide Rechtsinstitute, speziell bezogen auf gesellschaftsrechtliche Beziehungen, sich nunmehr ausschließen. Vielmehr ergänzen sie sich, wie etwa in Bezug auf die aus § 242 BGB ableitete Interessenabwägung.

II. Ergebnis

Im Gesellschaftsrecht beruht die Rechtsübungskontrolle somit auf der gesellschafterlichen Treuepflicht und den Grundsätzen von Treu und Glauben nach § 242 BGB. Die Beachtung der Treuepflicht erfordert im Zusammenhang mit dem Ausschluss eines Gesellschafters aufgrund einer Hinauskündigungsklausel die Berücksichtigung grundlegender Belange des vom Ausschluss Betroffenen. So darf die Kündigung nicht auf willkürlichen und sachfremden Erwägungen beruhen. Die Möglichkeit einer Bestrafung des Betroffenen wird so von vornherein ausgeschlossen. Im Übrigen ist ein Mindestmaß an sozialer Verantwortung einzuhalten. Beispielsweise muss der Einfluss der Gesellschafterstellung des Betroffenen auf seine übrige Lebenssphäre zumindest im Grundsatz beachtet werden.

Zur Kontrolle der Wirksamkeit des Ausschlusses eines Gesellschafters aufgrund einer freien Ausschlussklausel ist aus diesen Gründen im Regelfall eine umfassende Abwägung der Interessen des Ausschlussberechtigten mit denen des Ausschlussbetroffenen zum Zeitpunkt des Ausschlusses durchzuführen. Die speziellen Grundsätze der Interessenabwägung, die in diese einzustellenden Faktoren und deren Gewichtung sollen, nachdem auf die Rechtsprechung des BGH zur Ausübungskontrolle von gesellschaftsvertraglichen Ausschlussklauseln Bezug genommen wurde, im Folgenden dargestellt werden.

C. Die Ausübungskontrolle von Hinauskündigungsklauseln

Bereits an mehreren Stellen dieser Untersuchung wurden die Vorteile der Ausübungs- gegenüber der Inhaltskontrolle von gesellschaftsvertraglichen Regelungen aufgezeigt. Im Vordergrund standen dabei die Aspekte des schonensten Eingriffs in die Vertragsfreiheit und der flexibleren Handhabung. Diese Vorzüge können allerdings nur gegen eine Inhaltskontrolle ins Feld geführt werden, wenn mit der Ausübungskontrolle die grundsätzlichen Problemkreise von Hinauskündigungsklauseln in den Griff zu bekommen sind. Dies betrifft vor allem den Schutz der Minderheitsgesellschafter vor willkürlichen oder sachfremden Handlungen und Entscheidungen der Mehrheitsgesellschafter, von denen der Ausschluss die einschneidenste Maßnahme darstellt.

---

770 *Looschelders/Olzen*, in Staudinger BGB, § 242 Rn. 959.

I. Die Rechtsprechung des BGH

Der BGH war lange Zeit der Auffassung, dass bei freien Ausschlussklauseln lediglich eine Ausübungskontrolle von Nöten sei. Das Gericht übernahm in diesem Punkt die Rechtsprechung des Reichsgerichts. Für die Jurisdiktion der beiden Gerichte gab es einleuchtende Gründe, die auch heute noch als Argumentationsstütze für den Vorrang der Ausübungskontrolle aufgeführt werden können und sollen.

1. Nur Ausübungskontrolle

In den folgenden Entscheidungen begnügten sich das Reichsgericht bzw. der BGH mit einer Ausübungskontrolle. Diese führte in allen Fällen zu sachgerechten Lösungen, ohne dass es einer Inhaltskontrolle bedurft hätte.

a) RG ZAkDR 1938, 818

Diese Entscheidung des Reichsgerichts erklärte als erste den materiellrechtlichen Gehalt des § 140 Abs. 1 Satz 1 HGB für abdingbar. Die Grenze für die gesellvertraglichen Ausschlussregelungen sei erst dort zu ziehen, wo zwingenden Rechtsprinzipien verletzt wären oder dem betroffenen Gesellschafter die Möglichkeit der gerichtlichen Überprüfung der Hinauskündigung genommen werde.[771] Der Ausschluss an sich muss also immer kontrollfähig bleiben, aber auch nur der. Ansonsten belässt es das Gericht bezüglich der Ausschlussvereinbarungen bei dem Vorrang der Privatautonomie. Dazu führt es mit bemerkenswerter Klar- und Einfachheit aus:

> *„Vereinbarungen solcher Art liegen vielmehr - entsprechend der für die Gesellschaft bürgerlichen Rechts geltenden Vertragsfreiheit – innerhalb der nach § 105 Abs. 2, §161 Abs. 2 HGB auch den Mitgliedern einer oHG und KG eingeräumten Befugnis, ihre gesellschaftsrechtlichen Beziehungen weitgehend nach ihrem Gutdünken zu ordnen, und sich im Gesellschaftsvertrag vorgesehenen Beschränkungen hinsichtlich des Inhalts und der Dauer ihrer Mitgliedschaft zu unterwerfen.“*[772]

Anhand der gewählten Formulierungen wird deutlich, dass das Gericht von im Grundsatz mündigen Gesellschaftern ausgeht, die eine Hinauskündigungsklausel akzeptieren. Das Reichsgericht hat richtig erkannt, dass die Interessen und Umstände, die beim Abschluss eines Gesellschaftsvertrags oder beim Beitritt zu einer Gesellschaft eine Rolle spielen, sehr unterschiedlich sein können. Deshalb ist bis zur Grenze der unabdingbaren Grundsätze der Rechtsordnung in den §§ 134, 138, 242 BGB davon auszugehen, dass die Verbandsmitgliedern ihre Angelegenheiten interessengerecht regeln.

---

771 RG vom 23.03.1938 – II 149/37, ZAkDR 1938, 818, 818.
772 RG vom 23.03.1938 – II 149/37, ZAkDR 1938, 818, 818.

b) RG DR 1943, 808

Das Reichsgericht begnügt sich demnach mit der Ausübungskontrolle, wobei in der Entscheidung ZAkDR 1938, 818 der Prüfungsmaßstab nicht ganz deutlich geworden ist. Dies holt das Gericht im Jahre 1943 nach. Die Ausschließung sei zum einen auf ihre Vertragsgemäßheit und zum anderen auf ihre Gesetzmäßigkeit anhand des Grundsatzes von Treu und Glauben hin zu untersuchen.[773] Der Mindestschutz des betroffenen Gesellschafters werde durch eine reine Missbrauchskontrolle erreicht. Die weitreichende Geltung von Vertragsfreiheit und Gesellschaftsautonomie werden nochmals betont.[774]

c) BGHZ 34, 80

In der Entscheidung vom 16. Dezember 1960[775] scheiterte der Gesellschafterausschluss an der Ausübungskontrolle. Darin ging es um ein jederzeitiges Anteilsübernahmerecht[776] in einer Kommanditgesellschaft zwischen Eheleuten. Dieses wurde dem Ehemann eingeräumt. Nach 15 Jahren machte dieser von dem Übernahmerecht Gebrauch. Der BGH lehnte die Rechtsausübung als missbräuchlich ab. Zwar fordere die Beachtung des äußeren gegenständlichen Lebensbereichs der Ehefrau nicht die Erhaltung ihrer kapitalmäßigen Beteiligung.[777] Allerdings wollte der Ehemann mit dem Entzug des Anteils gleichzeitig erreichen, dass die Frau das Geschäftslokal der Gesellschaft nicht mehr betreten durfte. Dies greife in ihre rechtlich geschützte Persönlichkeitssphäre ein, da sie in dem Geschäft mitarbeite.[778] Im Endeffekt habe der Mann des Betretensrecht im Falle des Entzugs der Beteiligung zu garantieren.[779]

Der BGH leitet die unzulässige Rechtsausübung explizit nicht aus der gesellschafterlichen Treuepflicht her.[780] Diese solle nicht verletzt sein, wenn ein Übernahmerecht bei einer unentgeltlichen Anteilsüberlassung vereinbart wird. Der Inhalt des Rechts gehe gerade dahin, dass es ohne Berücksichtigung der Interessen des Betroffenen ausgeübt werden könne.[781] Die Treuepflicht müsse Anwendung finden, wenn eine Rücksichtnahme in Hinblick auf die bisherige Zusammenarbeit und den Erfolg der Gesellschaft geboten ist.[782] Dieser Ansicht des BGH kann nicht gefolgt werden. Die Treuepflicht ist von den Gesellschaf-

---

773 RG vom 07.12.1943 – II 110/42, DR 1943, 808, 809.
774 RG vom 07.12.1943 – II 110/42, DR 1943, 808, 809.
775 BGH vom 16.12.1960 – II ZR 162/59, BGHZ 34, 80.
776 Dieses Recht hat die gleichen Wirkungen wie eine Hinauskündigungsklausel, so dass es im Folgenden genauso behandelt wird.
777 BGH vom 16.12.1960 – II ZR 162/59, BGHZ 34, 80, 87.
778 BGH vom 16.12.1960 – II ZR 162/59, BGHZ 34, 80, 87 f.
779 BGH vom 16.12.1960 – II ZR 162/59, BGHZ 34, 80, 87 f.
780 BGH vom 16.12.1960 – II ZR 162/59, BGHZ 34, 80, 82 f.
781 BGH vom 16.12.1960 – II ZR 162/59, BGHZ 34, 80, 83.
782 BGH vom 16.12.1960 – II ZR 162/59, BGHZ 34, 80, 83.

tern immer zu beachten. Dabei kann es nicht auf die Art des Anteilserwerbs und die Ausgestaltung der durch den Gesellschaftsvertrag eingeräumten Rechte ankommen. Die Pflicht zur gegenseitigen Interessenbeachtung ergibt sich bereits aus der Förderung des Gesellschaftszwecks. Daran haben alle Verbandsmitglieder mitzuarbeiten. Das bedeutet nicht, dass den einzelnen Gesellschaftern nicht unterschiedliche Treuebindungen auferlegt werden dürften. Aber die Beachtung der gesellschafterlichen Treuepflicht kann nicht per Gesellschaftsvertrag abbedungen werden, indem statuiert ist, dass ein Gesellschafter die übrigen Interessen bei seinen Entscheidungen nicht zu berücksichtigen braucht.

Die Entscheidung kann aber als Beispiel für eine sachgerechte Interessenabwägung im Einzelfall dienen. Das Übernahmerecht an sich ist wirksam. Die Ausübung, um die Ehefrau am Betreten des Geschäftslokals, in dem sie arbeitet, zu hindern, nicht. Wenn der Ehemann die Zutrittsmöglichkeit garantieren kann, ist der Ausschluss wiederum wirksam. Die Sittenwidrigkeit des Übernahmerechts an sich hätte nicht zu einer solch abgewogenen und interessengerechten Lösung geführt.

d) BGH WM 1962, 462

Die Entscheidung vom 29. Januar 1962 befasst mit der möglichen Sittenwidrigkeit einer Hinauskündigungsklausel. Die Bestimmung hatte im Falle eines Ausscheidens nur eine starre Abfindung in Höhe des Buchwertes vorgesehen. Der BGH erachtete die Vereinbarung einer freien Ausschlussklausel an sich als unproblematisch.[783] Auch die damit eng verbundene Abfindungsregelung sei nicht pauschal als sittenwidrig anzusehen. Allerdings habe es nicht dem testamentarischen Willen des ehemaligen Geschäftsinhabers entsprochen, dass die Auseinanderentwicklung zwischen Buchwert und wirklichem Wert des Unternehmens zu einer Schlechterstellung des Ausgeschlossenen führe.[784] Aus diesem Grund falle die vertragliche zugunsten der gesetzlichen Abfindungsregelung weg, aber der Ausschluss an sich sei wirksam.[785]

Diese Entscheidung des BGH kann in systematischer Hinsicht als Vorbild für die Berücksichtigung der zu gewährenden Abfindung im Falle des Ausschlusses aufgrund einer Hinauskündigungsklausel dienen. Die Klausel an sich ist zu akzeptieren. Im Zuge der Interessenabwägung bei der Überprüfung des Ausschlusses sind die ihn tragenden Erwägungen und Motive zu berücksichtigen. Wenn man dabei wie der BGH zu dem Ergebnis gelangt, dass die Kündigung und die damit verbundenen unmittelbaren wirtschaftlichen Folgen im konkreten Einzelfall nicht der Intention der Vertragsschließenden entsprechen, ist ihr die Wirksamkeit zu versagen. In dieser Konstellation entspricht es nämlich gerade nicht der gesellschafterliche Treuepflicht bzw. dem Grundsatz von Treu

783 BGH vom 29.01.1962 – II ZR 172/60, WM 1962, 462, 463.
784 BGH vom 29.01.1962 – II ZR 172/60, WM 1962, 462, 463.
785 BGH vom 29.01.1962 – II ZR 172/60, WM 1962, 462, 464.

und Glauben, den Ausschluss trotz dieser Erkenntnis durchzuführen. Einmal mehr wird deutlich sichtbar, dass sich alle vorhandenen Konstellationen und Probleme mit Hilfe der Ausübungskontrolle lösen lassen.

e) BGH WM 1968, 532

Eine umfassende Ausübungskontrolle führt der BGH in seinem Urteil vom 18. März 1968 durch. Zunächst betont das Gericht nochmals, dass § 140 Abs. 1 Satz 1 HGB nicht zwingend und es den Gesellschaftern weitgehend freigestellt sei, ihre wechselseitigen Beziehungen zu regeln.[786] Die Vertragsbestimmungen an sich sollen also unangetastet bleiben. Dagegen könne der Ausschluss nach den Grundsätzen des Rechtsmissbrauchs unwirksam sein.[787] Zum Prüfungsmaßstab führt das Gericht aus:

> *„...dass die Beklagte damit keine Ausnahmesituation dargetan hat, in der sie die Kündigung und die mit ihr verbundenen Nachteile nach Treu und Glauben, gemessen am Sinn und Zweck des Vertrags, nicht hätte hinnehmen müssen.“*[788]

Anhand dieser Aussage wird zum einen deutlich, dass der BGH die Unwirksamkeit des Ausschlusses als Ausnahme ansieht. Das Gericht erkennt den Einfluss gesellschaftsrechtlicher Besonderheiten im Grundsatz an. Im Übrigen reiche es für eine Rechtsmissbräuchlichkeit der durch den Vertrag eingeräumten Kündigungsmöglichkeit nicht aus, dass der Ausschluss zu einem Zeitpunkt erfolgt, an dem aufgrund der Entwicklung der Gesellschaft besonders hohe Gewinne für die Mitglieder zu erwarten sind.[789] Wenn die vertragliche Konstruktion für den Fall einer Kündigung gerade darauf ausgerichtet sei, dass der Berechtigte daraus Vorteile ziehe und den Betroffenen Nachteile treffen, könne dies nicht beanstandet werden.[790] Diese Betrachtung würde auch dem Erhalt des Unternehmens zugute kommen, da die fällige Abfindung in einer guten wirtschaftlichen Situation der Gesellschaft am besten aufzubringen und ihr Bestand am wenigsten gefährdet sei.[791]

Diesen Überlegungen des BGH ist voll zuzustimmen. Ohne weitere Prüfung der die Rechtsmissbräuchlichkeit begründenden Umstände kann aus dem Zeitpunkt des Ausschluss allein noch nicht dessen Unwirksamkeit gezogen werden. Unbeschadet des Grundsatzes der Trennung zwischen Kündigung und Abfindung ist aber im Zuge der Interessenabwägung zu berücksichtigen, ob eine vollwertige Abfindung vereinbart wurde. Sollte dies nicht der Fall sein, besteht zumindest ein Indiz für die Rechtsmissbräuchlichkeit des Ausschlusses.

---

786 BGH vom 18.03.1968 – II ZR 26/66, WM 1968, 532, 533.
787 BGH vom 18.03.1968 – II ZR 26/66, WM 1968, 532, 534.
788 BGH vom 18.03.1968 – II ZR 26/66, WM 1968, 532, 534.
789 BGH vom 18.03.1968 – II ZR 26/66, WM 1968, 532, 534.
790 BGH vom 18.03.1968 – II ZR 26/66, WM 1968, 532, 534.
791 BGH vom 18.03.1968 – II ZR 26/66, WM 1968, 532, 534.

2. Ausübungskontrolle neben der Inhaltskontrolle

Der BGH führt seit seiner Rechtsprechungsänderung in BGHZ 81, 263 neben der Inhaltskontrolle der gesellschaftsvertraglichen Klausel immer auch noch eine Kontrolle der Ausübung durch.[792] Die Hinauskündigungsklausel hat somit zwei hohe Hürden zu überwinden. Sie muss an sich von einem sachlichen Grund getragen werden, und die auf ihr beruhende Rechtsausübung hat willkürfrei und sachgemäß zu erfolgen. Dabei prüft der BGH immer zunächst den Vertragsinhalt, so dass die Inhalts- die Ausübungskontrolle weitestgehend verdrängt hat. Außerdem zieht eine erfolgreich vorgetragene sachliche Rechtfertigung der freien Ausschlussklausel anscheinend kaum weitere Fragen bezüglich des Ausschlusses selbst nach sich.[793]

Es besteht damit die Gefahr, dass vorschnell eine sachliche Rechtfertigung der freien Ausschlussklausel konstruiert wird. Ob der auf ihr beruhende Ausschluss dagegen willkürfrei und sachgerecht durchgeführt worden ist, gerät in den Hintergrund. Durch die vorrangige Berücksichtigung der Ausübungskontrolle können die Umstände und Motive, die zur Hinauskündigung geführt haben, genau geprüft werden. Für den Ausgeschlossenen bietet das den Vorteil, dass gerade die konkrete Lage zum Zeitpunkt seines konkreten Ausschlusses in den Fokus rückt und beurteilt werden kann. Die Ausübungskontrolle dient somit im Ergebnis auch der Einzelfallgerechtigkeit.

II. Vertragsfreiheit und Rechtssicherheit

Unter der Jurisdiktion des BGH leidet nicht nur die Vertragsfreiheit. Bis jetzt hat das Gericht zudem keinen abschließenden Katalog von sachlichen Rechtfertigungen von Hinauskündigungsklauseln erstellt, so dass es für die Gesellschaftsrechtspraxis kaum rechtssichere Beratungsmöglichkeiten gibt. Aufgrund der Vielgestaltigkeit von gesellschaftsrechtlichen Beteiligungsformen wird es einen solchen Katalog wohl auch zukünftig nicht geben. Daher bietet es sich an, sich für den Vorrang eines Prinzips zu entscheiden. Die Ausübungskontrolle führt zu einer weitgehend gewährten Vertragsfreiheit. Dafür bleibt die Rechtssicherheit aufgrund der Vielzahl von möglichen Konstellationen auf der Strecke. Für die bevorzugte Berücksichtigung der Privatautonomie sprechen insbesondere die nachfolgend aufgeführten zwei Gedankengänge.

---

792 Vgl. nur BGH vom 08.03.2004 – II ZR 165/02, NJW 2004, 2013, 2015.

793 Nur in den Entscheidungen BGH vom 08.03.2004 – II ZR 165/02, NJW 2004, 2013 (Maßstab: § 242 BGB) und BGH vom 19.09.2005 – II ZR 173/04, NJW 2005, 3641 (Maßstab: § 162 BGB) ist eine Ausübungskontrolle zumindest angedeutet.

1. Richtigkeit der vertraglichen Vereinbarung

Einerseits der bereits dargestellte Gedanke der vertraglichen Richtigkeitsgewähr. Speziell bezogen auf Hinauskündigungsklauseln bedeutet dieser Grundsatz, dass man im Ausgangspunkt ihre Sach- und Interessengerechtigkeit nicht grundsätzlich verneinen kann. Die vertragsschließenden Gesellschafter werden sich im Zweifel ausführlich mit der für ihre Zwecke am besten geeigneten Organisationsform befasst haben. Dazu gehört auch die Regelung ihrer Binnenbeziehungen. Wenn sie dabei zu dem Ergebnis gelangt sein sollten, dass eine freie Ausschlussklausel von Nöten sei, ist dies zunächst einmal hinzunehmen. Erst wenn im weiteren Verlauf zu beobachten ist, dass die Mehrheitsgesellschafter von dieser Vertragsbestimmung in willkürlicher und/oder unsachgemäßer Weise Gebrauch machen, ist ein Einschreiten erforderlich und notwendig.

2. Fehlende Beurteilungsmöglichkeit

Andererseits stellt die freie Ausschlussklausel an sich ohne die Berücksichtigung der Modalitäten und Umstände ihrer Anwendung nur eine leere Hülle dar. An ihr können die Motive und Konstellationen, die zum Ausschluss führen, nicht ausreichend beurteilt werden. Erst die Hinauskündigung selbst offenbart das Motivbündel der Beteiligten. An dieser Stelle können die beiderseitigen Interessen am besten geprüft und gewichtet werden. Wenn vorschnell auf die Klausel zum Zeitpunkt ihrer Entstehung abgestellt wird, besteht die Gefahr, dass wichtige Aspekte keine Beachtung finden. Dies gilt sowohl für für als auch für gegen den Ausschluss sprechende Gründe. Der Zeitpunkt der Kündigung muss demnach der für die Beurteilung entscheidende sein. Und dieser Zeitpunkt rückt bei der Ausübungskontrolle in den Mittelpunkt, so dass diese für die Verbandsautonomie die schonenste Prüfungsalternative darstellt.

Im Übrigen spricht noch der folgende Aspekt für die bevorzugte Berücksichtigung der Ausübungskontrolle bei Hinauskündigungsklauseln. Wenn schon der rechtliche Prüfungsmaßstab notwendigerweise unbestimmt ist (gesellschafter-liche Treuepflicht, Treu und Glauben, gute Sitten), dann muss wenigstens dasjenige, was geprüft wird, klar fassbar sein.

III. Interessenabwägung

Der ganzen Problematik der Hinauskündigungsklauseln ist am besten durch eine Ausschlusskontrolle, die eine umfassende Interessenabwägung im Einzelfall beinhaltet, beizukommen. Damit die hinzunehmende Rechtsunsicherheit auf ein Mindestmaß reduziert wird, sind im Zuge der Interessenabwägung die beiderseitigen Motivationen und Überlegungen in jedem Einzelfall so genau wie möglich herauszuarbeiten. Die nachfolgend aufgeführten Gesichtspunkte stellen aus diesem Grunde nur Beispiele für zu beachtende Aspekte dar. Diese sollten aber für den Großteil der zu beurteilenden Verbände genügen, um eine abschließende Beurteilung vornehmen zu können.

Die Zuordnung der einzelnen Interessenfelder zum Berechtigten oder Betroffenen[794] ist nicht starr zu verstehen. Sie lassen sich spiegelbildlich bei ihrem Vorliegen oder Nichtvorliegen auch anders einordnen. Weiterhin hängt die Gewichtung der einzelnen Interessen entscheidend vom Aufbau und den sonstigen Besonderheiten der zu untersuchenden Gesellschaft ab. Schließlich bietet es sich an, die Umstände der vom BGH entschiedenen sachlichen Rechtfertigungen in die Dogmatik einzupassen. Auf diese Weise lassen sich die Überlegungen des Gerichts auch für den vorliegend vorgeschlagenen Lösungsweg fruchtbar machen.

1. Grundlagen

Bevor der Fokus auf die eigentliche Interessenabwägung gelegt werden soll, sind einige Vorüberlegungen anzustellen. Diese spielen vor allen Dingen bei der später durchzuführenden Gewichtung der einzelnen Faktoren eine Rolle.

a) Rechtsgrundlage

Die Ausübungskontrolle fußt in allererster Linie auf der gesellschafterlichen Treuepflicht, ergänzt durch den Grundsatz von Treu und Glauben. Beide Rechtsinstitute orientieren sich für ihre Entscheidung am konkreten Einzelfall. Dafür benötigen sie eine umfassende Abwägung der Interessen der betroffenen Personen, wobei dieser Aspekt bei § 242 BGB mehr in den Fokus rückt. Im Endeffekt kann deshalb die Frage, ob ein aufgeführter Gesichtspunkt auf der Treuepflicht oder auf § 242 BGB beruht, offen bleiben.

b) Sinn und Zweck der Gesellschaft

Als Ausgangslage für die eigentliche Interessenabwägung ist zunächst der Gesellschaftszweck herauszuarbeiten. Dieser kann im Angesicht der Mannigfaltigkeit von gesellschaftsrechtlichen Beziehungen nahezu jedes rechtlich zulässige Ziel betreffen. Für die Abwägung sind dagegen eher die groben Linien entscheidend. Handelt es sich um eine langfristig angelegte Gesellschaft? War die Gründung eines Verbandes oder der Beitritt zu einem solchen rechtlich notwendig, um ein bestimmtes Ziel zu erreichen? Dient die Gesellschaft der bloßen Geldanlage oder ist mit ihr eine persönliche Mitarbeit verbunden? Die sich daraus ergebenen Einzelheiten sind dann der eigentlichen Interessenabwägung vorbehalten.

794 Aus sprachlichen Gründen ist im Folgenden nur von diesen die Rede. Es kann selbstverständlich auch eine Mehrzahl von Ausschlussberechtigten und/oder -betroffenen geben.

c) Binnenorganisation des Verbands

Die Regelung der Beziehungen der Gesellschafter untereinander unterliegt nach § 109 HGB weitestgehend der Privatautonomie. Es ist anerkannt, dass die Rechtsstellung der einzelnen Verbandsmitglieder unterschiedlich ausgestaltet sein kann.[795] Das bedeutet auf der anderen Seite nicht, dass Gesellschafter völlig entrechtet werden können. Eine Neuauflage der Figur des „Gesellschafters minderen Rechts" wird hier nicht angestrebt. Im Zuge der Interessenabwägung sind aber die Organisationsvorstellungen der Gesellschafter in Rechnung zu stellen. Jedem Verbandsmitglied können dabei unterschiedliche Aufgaben und sonstige Beiträge zugeteilt werden. Wenn demnach die Rechtsstellung des Betroffenen relativ schwach ausgestaltet ist, was sich im Normalfall schon aus der ihn betreffenden Hinauskündigungsklausel ableiten lässt, führt dies auch zu einer zurückhaltenden Berücksichtigung seiner Motive und Interessen im Zuge des Ausschlusses.

d) Formelle Ausschlussregelung

Das Endergebnis des zweiten Kapitels dieser Untersuchung lautete, dass das formelle Erfordernis der Ausschlussklage in § 140 Abs. 1 Satz 1 HGB durch den Gesellschaftsvertrag abdingbar ist. Gleichzeitig wurde in der Vereinbarung eines Beschlussausschlusses eine Absenkung des an sich vom Gesetz vorgesehenen Schutzstandards gesehen. Dieser Aspekt lässt sich nunmehr im Zuge der Interessenabwägung aufgreifen. Wenn der Gesellschaftsvertrag demnach im konkreten Einzelfall die gesetzlich vorgesehene Gestaltungsklage für die Ausschließung des Gesellschafters vorsieht, ist dies aufgrund der vorgeschalteten gerichtlichen Kontrolle zugunsten der Zulässigkeit der Kündigung aufgrund der freien Ausschlussklausel zu werten.

2. Ausschlussberechtigter

Der zur Hinauskündigung Berechtigte wird in allererster Linie ein Interesse daran haben, den Auszuschließenden so schnell und mit so wenig Kosten für die Gesellschaft[796] wie möglich aus dem Verband zu entfernen. Diese grundsätzliche Motivation ist zunächst einmal hinzunehmen und mit der Lage auf Seiten des Betroffenen zu vergleichen. Im Zuge der Kündigung können aber noch weitere Begründungen angeführt werden, bei deren Vorliegen sich die Waagschale noch stärker zugunsten des Berechtigten neigt.

795 *Schmidt*, GesR, § 16 II 4, S. 464.

796 Die Abfindungsproblematik kann für die Gesellschaft aufgrund des hohen Kapitalabflusses zur Überlebensfrage werden (vgl. *Oppenheim*, Abfindungsklauseln, S. 49 f.).

a) Aufgebrachtes Kapital

Die Frage nach der Finanzierung der Gesellschaft spielt innerhalb der Interessenabwägung eine große Rolle. Je mehr Kapital der Ausschlussberechtigte aufgebracht hat, desto stärker ist dies im Zuge der Beurteilung des Ausschlusses zu seinen Gunsten zu berücksichtigen. Dieses Ergebnis folgt schon aus dem Umstand, dass der ausreichenden finanziellen Ausstattung der Gesellschaft in der Rechtswirklichkeit eine erhebliche Bedeutung zukommt. Im Zweifelsfall ist der Verband erst handlungsfähig und kann seine Zwecke erfüllen, wenn die Kapitalgrundlage vorhanden ist. Die Interessen des Gesellschafters, der für diese Finanzausstattung der Gesellschaft allein oder zu einem Großteil sorgt, müssen daher vorrangig Beachtung finden.

b) Aufbau der Gesellschaft

Eng damit zusammen hängt die Frage nach den getätigten Aufbauleistungen für die Gesellschaft. Im Regelfall wird der Ausschlussberechtigte nicht nur in finanzieller Hinsicht die Gesellschaft weitgehend gefördert haben. Wenn das Unternehmen durch seinen persönlichen Einsatz und seine Mitarbeit prosperiert, kann er berechtigterweise die Berücksichtigung dieser Aspekte zu seinen Gunsten erwarten. Der Ausschluss eines Gesellschafters, der keine gleichwertige Mitarbeit aufzuweisen hat, ist deshalb eher möglich.

c) Erhalt der Gesellschaft

Unter diesen Punkt fällt nicht nur der Aspekt, ob die einzige Alternative zur Hinauskündigung im konkreten Einfall die Auflösung der Gesellschaft ist. Zudem ist dem Umstand Rechnung zu tragen, dass der Ausschluss auch erfolgen kann, um einer übermäßigen Ausweitung des Gesellschafterkreises entgegenzuwirken. Eine größere Zahl von Verbandsmitgliedern kann dabei auf ganz unterschiedliche Ursachen zurückzuführen sein. Bei einer langlebigen Gesellschaft führt grundsätzlich allein schon das Erbrecht dahin, wenn keine Vorkehrungen[797] getroffen wurden. Eine größere Anzahl von Anteilseignern kann zu einer Funktionsbeeinträchtigung oder sogar einer Handlungsunfähigkeit des Verbands führen. Dies gilt im besonderen Maße, wenn entsprechend den Grundregeln der §§ 114 Abs. 1, 125 Abs. 1 HGB alle Gesellschafter zur Geschäftführung und Vertretung berechtigt sind. Im Interesse der Handlungsmöglichkeiten der Gesellschaft und damit indirekt zu ihrem Erhalt spricht ein ausgeuferter Gesellschafterkreis für die Wirksamkeit der Hinauskündigung.

---

797 Etwa durch die Vereinbarung einer qualifizierten erbrechtlichen Nachfolgeklausel (vgl. dazu *Klein/Lindemeier*, in MünchHandbuch GesR, § 79 Rn. 22).

d) Umstände des Anteilserwerbs

Darunter fällt vor allem der erb- oder schenkmäßige Erhalt der Gesellschafterstellung. Aufgrund seiner Unentgeltlichkeit ist ein solcher immer zu Lasten des Ausschlussbetroffenen zu berücksichtigen. Die Nachfolger des Verbandsmitglieds müssen sich in diesem Sinne die Vereinbarung einer freien Ausschlussklausel zurechnen lassen. In Verbindung mit der Gewährung einer vollwertigen Abfindung ist an sich keine Konstellation vorstellbar, in der die Hinauskündigung eines solchen Gesellschafters an der Interessenabwägung scheitern sollte.

3. Ausschlussbetroffener

Dem vom Ausschluss Betroffenen geht es in allererster Linie um den Erhalt seiner Gesellschafterstellung. Dieses Interesse kann naturgemäß, wenn überhaupt, nur sehr eingeschränkt berücksichtigt werden. Es ist vielmehr zu untersuchen, ob es im Zuge der Hinauskündigung Umstände und/oder Motive gibt, die seinen Ausschluss als interessenwidrig erscheinen lassen. Im Ausgangspunkt ist von der Wirksamkeit der Kündigung auszugehen. Dies folgt nicht zuletzt daraus, dass der Betroffene im Regelfall der Hinauskündigungsklausel zugestimmt oder ihr zumindest nicht widersprochen hat.

a) Keine vollwertige Abfindung

Zwar zieht ein etwaiger Streit um die Abfindung immer einen von der Frage der Wirksamkeit des Ausschlusses getrennten Prozess nach sich. Allerdings ist die Höhe der im Falle eines Ausscheidens zu zahlenden Abfindung schon in die Interessenabwägung einzubeziehen. Im Grundsatz stellt die Gewährung einer vollwertigen Abfindung ein massives, aber in keinem Fall separat zu beurteilendes, Indiz für die Wirksamkeit des Ausschlusses dar. Dabei meint vollwertig eine Orientierung an den gesetzlichen Vorschriften der §§ 738 ff. BGB[798]. Der Abfindungsanspruch ist auf der Grundlage des wirklichen Wertes des lebenden und fortgesetzten Unternehmens einschließlich stiller Reserven zu berechnen.[799] Die Vereinbarung einer Buchwertabfindung oder einer zu einem festen Wert für den Fall des Ausscheidens wird dagegen zu Gunsten des Ausschlussbetroffenen gewertet, ohne dass der Ausschluss allein deshalb schon unwirksam wäre. Gerade bei einer langen Verweildauer des Betroffenen in der Gesellschaft, bei der sich Buchwert und wirklicher Wert immer weiter auseinanderentwickeln, ist eine verschärfte Betrachtung der sonstigen Umstände der Hinauskündigung angebracht.

798 Die über die §§ 105 Abs. 3, 161 Abs. 2 HGB auch für die OHG und KG gelten.
799 BGH vom 24.09.1984 – II ZR 256/83, NJW 1985, 192, 193.

b) Einfluss der Gesellschafterstellung

Der Gesellschaftsanteil und die damit unter Umständen einhergehende Mitarbeit können für den Betroffenen seinen Lebensmittelpunkt und/oder seine einzige Einkommensquelle darstellen. Dies gilt insbesondere dann, wenn er jahrelang in der Gesellschaft mitgearbeitet und sich in dieser Weise am Aufbau oder der Entwicklung des Verbandes beteiligt hat. In diesem Fall sind die Folgen des Ausschlusses besonders sorgfältig zu prognostizieren. Der Ausschlussbetroffene darf durch das Ausscheiden aus der Gesellschaft nicht in seiner Existenz gefährdet sein oder um seinen berechtigten Anteil an der Entwicklung der Gesellschaft gebracht werden. Dieser Punkt ist somit in einem engen Zusammenhang mit dem der zu gewährenden Abfindung zu sehen.

4. Gewichtung

Die Darstellung der vorstehenden Punkte ist in keinem Fall so zu verstehen, dass vom Vorliegen oder Nichtvorliegen eines Interessenbereichs allein das Ergebnis abhängt. Vielmehr sind alle einschlägigen Umstände herauszustellen und sorgfältig miteinander abzuwägen. Je nach Gesellschaftstyp und den mit dem Verband verfolgten Zielen spielen die aufgezeigten Interessen eine unterschiedliche große Rolle. Zum Beispiel werden die Umstände des Erwerbs der Beteiligung bei einem langjährigen Zusammenwirken im Laufe der Zeit immer mehr an Bedeutung verlieren. Oder die Mittel zum Aufbau des Verbands, die ein Gesellschafter in einem größeren Maße zur Verfügung gestellt hat, werden durch Sach- und/oder Arbeitsleistungen der anderen Mitglieder ganz oder teilweise ausgeglichen. Andererseits gewinnt die Abfindungsfrage im Zuge der Entwicklung der Gesellschaft eine immer größere Bedeutung. Im Übrigen ist als Ausgangspunkt der Abwägung immer zu berücksichtigen, dass der Betroffene der Vereinbarung der Hinauskündigungsklausel im Gesellschaftsvertrag zugestimmt oder sie bei einem späteren Beitritt akzeptiert hat. Außer in den Fällen des schenk- oder erbmäßigen Erwerbs der Beteiligung[800] beginnt die Abwägung nicht bei einem Gleichgewicht der Interessenwaage, sondern die für den Betroffenen sprechenden Motive und Umstände müssen überwiegen, um zu einer Unwirksamkeit des Ausschlusses zu kommen.

5. Eingeschränkte Interessenabwägung

Vor allem in den Konstellationen der sachlichen Rechtfertigung des BGH wird die Hinauskündigung im Regelfall der Ausübungskontrolle standhalten, da die Interessenabwägung eindeutig zugunsten des Berechtigten ausgeht. In diesen Fällen reicht eine überblicksmäßige Motivkontrolle aus. Alles andere wäre eine

800 In denen die Position des Ausschlussbetroffenen wie aufgezeigt aber eh sehr schwach ist.

unnötige Förmelei. Der Sachverhalt in nur danach zu untersuchen, ob sich Hinweise auf ein sachfremdes oder willkürliches Gebrauchmachen des Kündigungsrechts finden lassen. Dies kann etwa dann vorliegen, wenn der Betroffene einer Gesellschaftsvertragsänderung oder einer sonstigen Maßnahme nicht zustimmt und deshalb ausgeschlossen wird.

6. Fallgruppen der sachlichen Rechtfertigung

Die vom BGH bis zum heutigen Tage entschiedenen Urteile zu den Umständen der sachlichen Rechtfertigung einer Hinauskündigungsklausel können ohne Weiteres Eingang in die Interessenabwägung finden. Dabei ist zu beachten, dass die jeweiligen Konstellationen in unterschiedlichem Maße Einfluss auf die Abwägung haben. Dies kann dazu führen, dass sie im Einzelfall auf einen Mindeststandard in Form einer überblicksmäßigen Motivkontrolle[801] zurückzufahren ist. Umgekehrt erfordern problematischere Umstände eine präzise Interessenabwägung unter Beachtung aller relevanten Faktoren und Umstände.

a) Probezeit

Das Argument einer gewissen Prüfungs- und Erprobungszeit wurde vom BGH bei einer Freiberuflersozietät gebilligt.[802] Für Gesellschaften, in denen die Mitarbeit der Gesellschafter erforderlich oder ein enges Zusammenwirken aus einem anderen Grunde notwendig ist, sollte dieses Ergebnis übernommen werden. Wenn die Hinauskündigung in einer solchen Gesellschaft also innerhalb der ersten drei Jahre[803] nach dem Beitritt des Betroffenen oder dem Abschluss des Gesellschaftsvertrags erfolgt, ist der Ausschluss nur kurz anhand der bestehenden Motivlage zu prüfen. Sollte dabei etwa zu Tage treten, dass die Kündigung nur erfolgte, weil der Betroffene eine für ihn nachteilige Änderung des Gesellschaftsvertrags nicht mittragen wollte[804], ist sie gemäß § 242 BGB treuwidrig und unwirksam. Wenn die Hinauskündigung außerhalb dieser Zeitspanne liegt, ist die Interessenabwägung in voller Breite durchzuführen. Das Argument der Erprobung allein reicht dann für eine bloße Motivkontrolle nicht mehr aus, da nach so langer Zeit von einer ausreichenden Prüfmöglichkeit ausgegangen werden kann.

---

801 Oder auch eingeschränkte Interessenabwägung.

802 Vgl. BGH vom 08.03.2004 – II ZR 165/02, NJW 2004, 2013; BGH vom 07.05.2007 – II ZR 281/05, NJW-RR 2007, 1256.

803 Diese Erprobungszeit wurde in BGH vom 07.05.2007 – II ZR 281/05, NJW-RR 2007, 1256 in jedem Fall gebilligt.

804 Wie in der Entscheidung BGH vom 08.03.2004 – II ZR 165/02, NJW 2004, 2013.

b) Treuhänderähnliche Beteiligung

Die treuhänderähnliche Beteiligung stellt, zumindest in der vom BGH entschiedenen Konstellation[805], das extremste Bespiel für die Berücksichtigung des vom Ausschlussberechtigten aufgebrachten Gesellschaftskapitals dar. Wenn ein Verbandsmitglied die Gesellschaft vollständig finanziert, reicht im Zuge der Überprüfung der Hinauskündigung wiederum eine eingeschränkte Interessenabwägung. Aufgrund seines fehlenden finanziellen Anteils hat sich der Betroffene den Interessen des Berechtigten im Regelfall weitestgehend unterzuordnen.

Etwas anderes kann dann gelten, wenn sich der nicht finanzierende Gesellschafter den Anteil durch jahrelange (Mit-)arbeit verdient hat. Hier kann von einer bloßen treuhänderähnlichen Stellung keine Rede mehr sein. Die Interessenabwägung muss dann umfassend sein, wobei die alleinige Finanzierungsleistung des Ausschlussberechtigten weiterhin ein starkes Indiz für die Zulässigkeit der Hinauskündigung darstellt.

c) Annex-Beteiligung

Das Gesellschaftsverhältnis kann auch ein bloßer Annex zu einer anderen, in den Vordergrund tretenden, Vertragsbeziehung sein. In diesem Fall hat der BGH die Hinauskündigungsklausel gebilligt.[806] Diese Konstellation zeichnet sich dadurch aus, dass die wechselseitigen Rechte und Pflichten allein durch das andere Rechtsverhältnis geprägt werden. Oberstes Ziel ist die Ermöglichung eines Gleichlaufs zwischen den beiden Verträgen. In diesem Sinne muss das Gesellschaftsverhältnis beendet werden können, wenn das vordergründige Rechtsverhältnis wirksam beendet wird. Deshalb reicht an dieser Stelle im Grundsatz eine eingeschränkte Interessenabwägung. Die eigentliche Beendigungskontrolle hat bei dem Primärrechtsverhältnis stattzufinden. Für dieses gelten dann, je nach Art seiner Ausgestaltung, die entsprechenden Kündigungs- oder Rücktrittsmöglichkeiten.

d) Arbeitsrechtliche Modelle

In eine ähnliche Richtung geht auch die Begründungslinie des BGH bei der Beurteilung von Manager[807]- bzw. Mitarbeiterbeteiligungsmodellen[808]. Die Einräumung eines Gesellschaftsanteils beruht ebenso wie im vorhergehenden Fall der Annex-Beteiligung auf einem übergeordneten Rechtsverhältnis. Dieses rückt hinsichtlich der Beurteilung der wirksamen Beendigung in den Mittelpunkt. An

805 BGH vom 09.07.1990 – II ZR 194/89, BGHZ 112, 103.
806 BGH vom 14.03.2005 – II ZR 153/03, NZG 2005, 479.
807 BGH vom 19.09.2005 – II ZR 173/04, NJW 2005, 3641.
808 BGH vom 19.09.2005 – II ZR 342/03, NJW 2005, 3644.

dieser Stelle genügt dann bezüglich der Kündigung des Gesellschaftsverhältnisses wiederum die eingeschränkte Interessenabwägung.

Von diesem Grundsatz sind allerdings zwei wichtige Ausnahmen zu machen. Zum einen hat der BGH bei seiner Entscheidung zum Managermodell keine Aussagen für den Fall getroffen, dass der hinauszukündigende Geschäftsführer mehr als einen unbedeutenden Anteil besitzt.[809] Sollte der Betroffene über einen nennenswerten Einfluß auf die Entscheidungen der Gesellschafterversammlung verfügen, kann bezüglich des Gesellschaftsverhältnisses nicht mehr von einem bloßen Annex zum Anstellungsvertrag gesprochen werden. In diesem Fall ist eine umfassende Interessenabwägung erforderlich.

Dasselbe gilt für den beteiligten Arbeitnehmer, der nicht in den persönlichen oder betrieblichen Geltungsbereich des KSchG fällt.[810] Hier findet keine Überprüfung der Kündigung anhand der Tatbestände der sozialen Rechtfertigung statt, sondern nur eine bloße Sittenwidrigkeits- bzw. Missbrauchskontrolle.[811] Die Beendigung des Arbeitsvertrags als im Vordergrund stehendem Rechtsverhältnis wird nicht in hinreichendem Maße kontrolliert, so dass bezüglich der Beendigung der Gesellschafterstellung eine umfassendere Kontrolle angebracht ist.

e) Testierfreiheit

Der Nachfolgewillen des Erblassers einer gesellschaftsrechtlichen Beteiligung ist in jedem Fall zu respektieren. Dies gilt sowohl in der klassischen und vom BGH[812] entschiedenen Konstellation, dass die Übertragung der Gesellschafterstellung inklusive der Möglichkeit des freien Ausschlusses aufgrund einer testamentarischen Anordnung erfolgt. Aber auch, wenn die Hinauskündigungsklausel der Vorwegnahme der Erbfolge dient[813], reicht eine eingeschränkte Interessenüberprüfung aus. In allen anderen Fällen erfolgt die Kontrolle des Ausschlusses des Erben ganz normal mit Hilfe der aufgezeigten Interessenabwägung. Insgesamt erweist sich allerdings die Stellung des Erben eines Gesellschaftsanteils, wie bereits angedeutet, aufgrund der Unentgeltlichkeit der Zuwendung als vergleichsweise schwach. Ebenso wie bei einem Beschenkten wird die Abwägung im Regelfall zugunsten des Ausschlussberechtigten ausgehen.

---

809 Vgl. bzgl. der Problematik der sachlichen Rechtfertigung der Hinauskündigung in dieser Konstellation *Werner*, WM 2006, 213, 216 f.

810 Siehe §§ 1 Abs. 1, 23 Abs. 1 Sätze 2, 3 KSchG.

811 *Linck*, in Schaub ArbR-Handbuch, § 129 Rn. 4.

812 BGH vom 19.03.2007 – II ZR 300/05, NJW-RR 2007, 913.

813 Vgl. dazu *Haberstroh*, BB 2010, 1745.

7. Zusammenfassung der Grundsätze

Die Grundsätze der Abwägung zwischen den Interessen des Ausschlussberechtigten an der Hinauskündigung und des Ausschlussbetroffenen an seinem Verbleib in der Gesellschaft lassen sich wie folgt zusammenfassen: Zunächst sind die Besonderheiten der jeweiligen Gesellschaft herauszuarbeiten. Von Bedeutung sind dabei insbesondere die geplante Länge des Gesellschaftsrechtsverhältnisses, der Zweck der Verbandsgründung und die Organisation der Binnenbeziehungen der Mitglieder.

Die eigentliche Interessenabwägung beginnt im Regelfall mit den Umständen und Motiven, die der Ausschlussberechtigte ins Feld führen kann. Das sind etwa ein hoher Kapitaleinsatz, Aufbauleistungen und ein fundiertes Interesse am Erhalt der Gesellschaft. Zudem ist im Regelfall die Zustimmung zur oder die Duldung der Hinauskündigungsklausel durch den Betroffenen zu berücksichtigen.

Der Betroffene kann dagegen etwa eine nicht vollwertige Abfindung im Fall des Ausschlusses, den hohen Einfluss der Gesellschaftsbeteiligung auf seine allgemeine Lebensstellung oder die langjährige Mitarbeit in der Gesellschaft anführen. Der schenk- oder erbmäßige Erwerb der Verbandsmitgliedschaft führt im Normalfall ohne Weiteres zur Wirksamkeit der Hinauskündigung. Die einzelnen Interessen sind im Übrigen anhand ihrer Bedeutung im konkreten Sachverhalt zu gewichten.

In den Fällen der durch den BGH entschiedenen sachlichen Rechtfertigungen genügt grundsätzlich eine eingeschränkte Interessenabwägung in Form einer überblicksmäßigen Motivkontrolle. Schließlich ist als Ergebnis die Wirksamkeit oder Unwirksamkeit des Ausschlusses festzustellen.

IV. Gefahr der Willkürherrschaft

Schließlich bleibt noch dem individualschützenden Argument der „Damokles"-Rechtsprechung zu begegnen. Danach besteht die Gefahr, dass der von der Hinauskündigungsklausel bedrohte Gesellschafter von seinen Minderheitsrechten aus Angst vor dem Ausschluss keinen Gebrauch macht und der Mehrheitsgesellschafter aus diesem Grund willkürlich mit seinen Befugnissen umgeht. Deshalb müsse gerade schon die Vereinbarung einer solchen Klausel verhindert werden.

1. Schutzbedürfnis des Minderheitsgesellschafters

Dieser Aspekt der Rechtsprechung ist im Grundsatz nicht gänzlich von der Hand zu weisen. Die freie Ausschlussklausel dient gerade der unterschiedlichen Einfluss- und Befugniseinräumung innerhalb der Gesellschaft. Aber sie ist auch Ausfluss der verfassungsrechtlich abgesicherten Privatautonomie. Im Übrigen liegt in der favorisierten Ausübungskontrolle bereits ein Schutzmechanismus gegen eine Willkürherrschaft.

2. Einschränkung der Entscheidungsfreiheit

Die Einschränkung der Entscheidungsfreiheit bei Vereinbarung einer Hinauskündigungsklausel im Gesellschaftsvertrag ist keine gebietspezifische Besonderheit. Zulässige Fälle einer solchen freiwilligen Unterwerfung unter dem Willen eines Vertragspartners finden sich sowohl inner- als auch außerhalb des gesellschaftsrechtlichen Bereichs.

a) Stimmrechtsausschlüsse und Stimmrechtsbindungsverträge im Gesellschaftsrecht

Das Gesellschaftsrecht kennt zulässige Möglichkeiten, die Entscheidungsfreiheit eines Gesellschafters mit oder ohne dessen Zustimmung bis zu einem bestimmten Grad einzuschränken. Schon anhand dieser Optionen wird deutlich, dass grundsätzlich nichts dagegen spricht, wenn sich der Minderheitsgesellschafter aufgrund des Gesellschaftsvertrags gegenüber dem Mehrheitsgesellschafter einiger Rechte begibt. Aber so weit geht die Hinauskündigungsklausel gar nicht. Sie nimmt dem Betroffenen keineswegs seine Minderheitenrechte, sondern sorgt nur für die in den allermeisten Fällen unbegründete Gefahr der sachfremden oder willkürlichen Ausübung der durch Vertrag bzw. Gesetz eingeräumten Mehrheitsbefugnisse.

Beispielhaft seien an dieser Stelle Stimmrechtsausschlüsse und Stimmrechtsbindungsverträge genannt. Der Ausschluss einzelner Gesellschafter vom Stimmrecht mit ihrem Einverständnis durch Regelung im Gesellschaftsvertrag ist danach grundsätzlich zulässig.[814] Das Stimmrecht kann dabei sogar für Gesellschaftsvertragsänderungen ausgeschlossen werden.[815] Die Grenze bildet die eigene, nur mit ihrer Zustimmung antastbare, Rechtsstellung der Betroffenen.[816]

Im Übrigen kann sich ein Gesellschafter zulässigerweise durch einen schuldrechtlichen Vertrag verpflichten, von seinen Rechten in einer bestimmten Art und Weise Gebrauch zu machen.[817] Eine solche Vereinbarung kann er innerhalb bestimmter Grenzen auch gesellschaftsfremden Personen gegenüber eingehen.[818] Der Gesellschafter ist in der Folge bezüglich des Vertragspartners in seiner Entschlussfreiheit entsprechend beschränkt. Ein Beispiel dafür sind die sogenannten Stimmrechtsbindungsverträge. In diesen verpflichtet sich ein Gesellschafter gegenüber seinen Mitgesellschaftern oder einem Dritten schuldrecht-

814 *Schäfer*, in Staub HGB, § 119 Rn. 66.
815 *Schäfer*, in Staub HGB, § 119 Rn. 66.
816 *Goette*, in Ebenroth HGB, 119, Rn. 14.
817 Siehe nur BGH vom 27.10.1986 – II ZR 240/85, NJW 1987, 1890, 1892.
818 *Schockenhoff*, ZIP 2005, 1009, 1014.

lich, von seinem Stimmrecht in einer bestimmten Art und Weise Gebrauch zu machen.[819] Solche Vereinbarungen werden gegenüber Mitgesellschaftern prinzipiell anerkannt[820], während sie gegenüber gesellschaftsfremden Dritten vielen Bedenken ausgesetzt sind[821].

Im gesellschaftsrechtlichen Bereich stellt es somit keine Besonderheit dar, wenn sich ein Gesellschafter seiner mitgliedschaftlichen Rechte durch den Gesellschaftsvertrag oder einer schuldrechtlichen Vereinbarung begibt. Zu fragen ist in diesen Fällen immer nur nach den Grenzen dieser von der Vertragsfreiheit getragenen Möglichkeiten.

b) Der arbeitsrechtliche Kündigungsschutz

Zudem zeigt ein Vergleich mit der Ausübungskontrolle im Arbeitsrecht, dass gewisse Abhängigkeitsverhältnisse hinsichtlich ihrer Beendigung ohne eine Inhaltskontrolle auskommen. Dies gilt insbesondere in den ersten sechs Monaten eines Arbeitsverhältnisses oder in Kleinbetrieben, in denen das KSchG noch nicht oder nicht eingreift.[822] Eine unter diesen Bedingungen ausgesprochene Kündigung unterliegt nur einer Sittenwidrigkeitskontrolle bzw. einer Missbrauchskontrolle anhand von Treu und Glauben.[823] Eine Sachprüfung findet gerade nicht statt.[824]

Der formularmäßig abgeschlossene Arbeitsvertrag unterliegt zwar regelmäßig der AGB-Klauselkontrolle nach den §§ 307 ff. BGB.[825] In den Verträgen finden sich auch bestimmte Kündigungsklauseln, etwa die Aufzählung von aus Sicht der Parteien immer zur außerordentlichen Kündigung nach § 626 Abs. 1 BGB berechtigenden wichtigen Gründen[826]. Allerdings ist die Klauselkontrolle in vorliegendem Zusammenhang zu vernachlässigen, da sowohl das Kündigungsschutzrecht als auch das Recht zur außerordentlichen Kündigung zwingend ausgestaltet sind.[827]

Es gilt also der Grundsatz, dass Kündigungen außerhalb des Anwendungsbereichs des KSchG nur der Ausübungskontrolle anhand der zivilrechtlichen Generalklauseln unterliegen. Eine Inhaltskontrolle der kündigungsrelevanten Vorschriften des Arbeitsvertrags nach den §§ 307 ff. BGB erfolgt nur in Aus-

---

819 *Schäfer*, in Staub HGB, § 119 Rn. 70.

820 *Goette*, in Ebenroth HGB, 119, Rn. 21.

821 Siehe dazu nur *Schäfer*, in Staub HGB, § 119 Rn. 72; der BGH (vom 27.10.1986 – II ZR 240/85, NJW 1987, 1890, 1892) hat sie allerdings als zulässig angesehen.

822 Vgl. §§ 1 Abs. 1, 23 Abs. 1 Satz 2 KSchG.

823 *Linck*, in Schaub ArbR-Handbuch, § 129 Rn. 4.

824 *Linck*, in Schaub ArbR-Handbuch, § 129 Rn. 5.

825 *Linck*, in Schaub ArbR-Handbuch, § 32 Rn. 1; diese Prüfung stellt eine Inhaltskontrolle dar.

826 Solche Aufzählungs-Klauseln sind aber unwirksam (siehe *Preis*, Arbeitsvertrag, II K 10 Rn. 21).

827 *Preis*, Arbeitsvertrag, II K 60 Rn. 1.

nahmefällen und wenn, dann zumeist im Zuge der Überprüfung der Kündigung selbst.[828]

aa) Typische Abhängigkeit des Arbeitnehmers

Das Arbeitsrecht ist größtenteils als Arbeitnehmer-Schutzrecht ausgestaltet. Dies hat seine Rechtfertigung in der besonderen Situation des Arbeitnehmers. Er ist in jedem Fall von seinem Arbeitgeber persönlich abhängig.[829] Damit ist gemeint, dass er zur persönlichen Arbeitsleistung verpflichtet ist und dem Arbeitgeber das Weisungsrecht hinsichtlich Ort, Zeit und Art der Arbeit zusteht.[830] In den meisten Fällen ist der Arbeitnehmer von seiner Tätigkeit auch wirtschaftlich abhängig, da er für die Bestreitung seines Lebensunterhalts auf die Ausnutzung seiner Arbeitskraft angewiesen ist.[831] Als Ausgleich ist der Beschäftigte im Normalfall durch das KSchG vor dem Verlust seines Arbeitsplatzes geschützt.[832] Der Arbeitnehmer befindet sich somit regelmäßig in einem weit größeren Abhängigkeitsverhältnis als der typische Minderheitsgesellschafter einer Personengesellschaft.

bb) Sittenwidrige Kündigungen

Die Vorschrift des § 138 Abs. 1 BGB findet auf alle Rechtsgeschäfte Anwendung und damit auch auf die Kündigung eines Arbeitsverhältnisses.[833] Allerdings ist zu betonen, dass die Inanspruchnahme der Sittenwidrigkeitsnorm nicht zu einer Ausdehnung des Geltungsbereichs des KSchG führen darf.[834] In diesem Sinne kann die Sittenwidrigkeit einer Kündigung nicht auf Gründe gestützt werden, die dem Schutzbereich des KSchG unterfallen.[835]

Der Sittenwidrigkeitsvorwurf darf nur in besonders eklatanten Fällen erhoben werden und ist eine Frage der Gesamtwürdigung aller Umstände des Einzelfalls.[836] Jegliche rechtmäßigen und legitimen Interessen des Arbeitgebers schließen die Sittenwidrigkeit aus.[837] Es herrscht außerhalb des KSchG der Grundsatz der Kündigungsfreiheit, so dass nur in äußerst wenigen Fällen die Kündigung an

828 So berücksichtigt man etwa die aufgezählten Kündigungsgründe bei der kündigungsrechtlichen Interessenabwägung (*Preis*, Arbeitsvertrag, II K 60 Rn. 22).
829 *Linck*, in Schaub ArbR-Handbuch, § 2 Rn. 4.
830 *Linck*, in Schaub ArbR-Handbuch, § 2 Rn. 4.
831 *Linck*, in Schaub ArbR-Handbuch, § 2 Rn. 4.
832 *Linck*, in Schaub ArbR-Handbuch, § 2 Rn. 5.
833 *Mues*, Handbuch KündR, Teil 5 Rn. 1; siehe auch § 13 Abs. 2 KSchG.
834 *Biebl*, in Ascheid KündR, § 13 KSchG Rn. 48.
835 *Mues*, Handbuch KündR, Teil 5 Rn. 10.
836 *Mues*, Handbuch KündR, Teil 5 Rn. 4, 8.
837 *Mues*, Handbuch KündR, Teil 5 Rn. 6.

§ 138 Abs. 1 BGB gescheitert ist.[838] Die Grundsätze der sittenwidrigen Kündigung bieten dem Arbeitnehmer im Ernstfall also keinen besonderen Schutz.[839] Der Arbeitgeber kann im Zweifel problemlos das Anstellungsverhältnis lösen.

cc) Treuwidrige Kündigungen

Auch am Grundsatz von Treu und Glauben gemäß § 242 BGB muss sich die Kündigung wie jede Rechtsausübung messen lassen.[840] Die Anwendung des Treuegebots darf ebenfalls nicht dazu führen, dass durch die Hintertür doch die Gründe der sozialen Rechtfertigung des § 1 Abs. 2 Satz 1 KSchG geprüft werden.[841] Eine willkürliche und damit treuwidrige Kündigung liegt grundsätzlich vor, wenn sich für sie kein irgendwie einleuchtender Grund finden lässt und sie für vertragsfremde oder unlautere Zwecke eingesetzt wird.[842] Der Arbeitgeber muss aber die Kündigung nicht begründen.[843] Die Prüfung anhand von § 242 BGB soll dazu dienen, sozialen Gesichtspunkten, etwa bei der betriebsbedingten Kündigung mehrerer Arbeitnehmer, in einem Mindestmaß Geltung zu verschaffen.[844] Insgesamt wird aber auch dieses Kontrollinstrument äußerst zurückhaltend angewandt.[845] Das Interesse des Arbeitnehmers am Erhalt seines Arbeitsplatzes wird auch bei der Ausübungskontrolle nach Treu und Glauben nur sehr eingeschränkt berücksichtigt.[846] Es gilt wiederum der Grundsatz der Kündigungsfreiheit.

---

838 Z.B. LAG Berlin vom 05.02.1992 – 13 Sa 61/91, NZA 1992, 696 (Kündigung wegen des Stellens eines Ausreisantrags aus der ehemaligen DDR); BAG vom 23.06.1994 – 2 AZR 617/93, NZA 1994, 1080 (Kündigung wegen Homosexualität), wenn man richtigerweise von einem Anwendungsfall des § 138 Abs. 1 BGB ausgeht (dazu *Preis*, in Ascheid KündR, Grundlagen J Rn. 39.).

839 Nicht einmal für den Fall, dass der Arbeitgeber dem Arbeitnehmer im Zuge des Vorstellungsgesprächs die baldige Fusion mit einem anderen Unternehmen und den dadurch bedingten Wegfall des in Aussicht gestellten Arbeitsplatzes verschweigt, hat das BAG eine Sittenwidrigkeit angenommen (vgl. BAG vom 24.10.1996 – 2 AZR 874/95, n.v.).

840 *Biebl*, in Ascheid KündR, § 13 KSchG Rn. 58.

841 *Mues*, Handbuch KündR, Teil 5 Rn. 56.

842 BAG vom 24.01.2008 – 6 AZR 96/07, NZA-RR 2008, 404.

843 *Mues*, Handbuch KündR, Teil 5 Rn. 61.

844 *Biebl*, in Ascheid KündR, § 13 KSchG Rn. 58.

845 Treuwidrig ist z.B. eine Kündigung, die nur zu dem Zweck ausgesprochen wurde, den Eintritt des Kündigungsschutzes zu verhindern (vgl. BAG vom 28.09.1978 – 2 AZR 2/77, AP Nr. 19 zu § 102 BetrVG 1972). Ebenso verhält es sich mit einer Kündigung, die einem Arbeitnehmer im Krankenhaus nach einem Arbeitsunfall direkt vor einer dar auf beruhenden Operation ausgehändigt wird (vgl. LAG Bremen vom 29.10.1985 – 4 Sa 151/85, BB 1986, 393).

846 So reicht etwa eine Kündigung aufgrund eines vorgetäuschten Kündigungsgrundes (vgl. LAG Hamm vom 26.02.2004 – 8 Sa 2016/03, n.v.) ebenso wenig für die Unwirksamkeit aus wie das Bestehen einer anderweitigen Beschäftigungsmöglichkeit zum Kündigungszeitpunkt (vgl. BAG vom 28.06.2007 – 6 AZR 750/06, NZA 2007, 1049).

c) Zusammenfassung

Im Gesellschaftsrecht gibt es, etwa in Form von Stimmrechtsbindungsverträgen, Beispiele dafür, dass sich ein Gesellschafter seiner Entscheidungsfreiheit begeben kann. Dies ist durch die Privatautonomie gedeckt und im Ausgangspunkt hinzunehmen. Die Gefahr der Willkürherrschaft ist kein isoliertes Problem bei Hinauskündigungsklauseln und kann bei diesen größtenteils durch die ausführliche Ausübungskontrolle gebannt werden.

Im Arbeitsrecht wird die Kündigung eines Arbeitsverhältnisses außerhalb des Anwendungsbereiches des KSchG im Zuge einer Ausübungskontrolle auf ihre Sitten- oder Treuwidrigkeit hin überprüft. Insgesamt sind die dafür zu erfüllenden Voraussetzungen aber so hoch, dass der Arbeitgeber im Zweifel frei in seiner Kündigungsentscheidung ist. Die Gefahr der jederzeit möglichen einseitigen Beendigung des Vertragsverhältnisses schwebt in dieser Konstellation wie ein „Damokles"-Schwert über dem Arbeitnehmer. Der vom seinem Arbeitgeber in persönlicher und wirtschaftlicher Hinsicht weitaus abhängigere Arbeitnehmer wird durch die Rechtsprechung weniger geschützt als der im Regelfall freiere Gesellschafter. Genauso wie im Arbeitsrecht und an anderen Stellen des Gesellschaftsrechts ist deshalb auch bei der Hinauskündigungsklausel die Gefahr der Willkürherrschaft, wenn diese nicht schon durch die Androhung einer ausführlichen Interessenabwägung im Zuge der Ausübungskontrolle gebannt ist, ein Stück weit hinzunehmen.

3. Ergebnis

Die Gefahr der Willkürherrschaft besteht in allen Vertragsverhältnissen, die ein gewisses Machtungleichgewicht in sich tragen. Im Ausgangspunkt ist dieses Problem eine Folge der Vertragsautonomie. Diese erlaubt die unterschiedliche Ausgestaltung von Rechtsverhältnissen, wenn die Partner dies für die Erreichung ihrer legitimen Zwecke für erforderlich halten. Das Prinzip des Minderheitenschutzes stellt für diese Ungleichbehandlung die Grenze in Form des Verbots einer willkürlichen und sachfremden Ausübung der zugestandenen Rechte dar.

Für den Problemausschnitt der Hinauskündigungsklauseln reicht in diesem Sinne eine Ausübungskontrolle, die primär auf der gesellschafterlichen Treuepflicht und ergänzend auf dem Grundsatz von Treu und Glauben fusst, aus. Diese Prüfung gewährleistet im Regelfall den Schutz vor Willkür. Eine Inhaltskontrolle der freien Ausschlussklausel an sich in dafür nicht erforderlich. Die verbleibende Gefahr ist hinzunehmen. Das zeigt insbesondere der Vergleich mit gesellschaftsrechtlich zulässigen Stimmrechtsausschlüssen und Stimmrechtsbindungsverträgen und dem arbeitsrechtlichen Kündigungsschutz außerhalb des KSchG.

D. Endergebnis 5. Kapitel

Die Rechtsausübungskontrolle des Ausschlusses des Gesellschafters stellt bei der Vereinbarung einer Hinauskündigungsklausel im Gesellschaftsvertrag den geeigneten Prüfungsmaßstab dar. Die freie Ausschlussklausel an sich ist ohne die Berücksichtigung der Umstände und Motivlagen ihrer Ausübung nur eine leere Hülle. An ihr kann der Ausschluss nicht hinreichend sicher in Hinblick auf seine Zulässigkeit beurteilt werden. Erst die Hinauskündigung selbst offenbart die wirklichen Motive der Beteiligten, so dass an dieser Stelle die beiderseitigen Interessen am besten erkannt, geprüft und gewichtet werden können. Deshalb ist der Zeitpunkt des Ausschlusses der für die Rechtskontrolle entscheidende.

Der Problematik der gesellschaftsvertraglichen Hinauskündigungsklauseln ist also im Ergebnis am besten durch eine Ausschlusskontrolle beizukommen. Im Zuge der damit zwingend verbundenen Interessenabwägung sind die beiderseitigen Motivationen und die für die Gesellschaft erbrachten Leistungen so genau wie möglich herauszuarbeiten. Dabei führt das Abstellen auf die Grundsätze der gesellschafterlichen Treuepflicht zu sachgerechten Lösungen.

Im Übrigen ist aufgrund des Vorrangs der Vertragsfreiheit, die eine unterschiedliche Ausgestaltung von Rechten und Pflichten bei Rechtsverhältnissen erlaubt, in einem gewissen Maße die Gefahr einer Willkürherrschaft des Ausschlussberechtigten hinzunehmen. Insbesondere der Vergleich mit gesellschaftsrechtlich zulässigen Stimmrechtsausschlüssen und Stimmrechtsbindungsverträgen sowie dem arbeitsrechtlichen Kündigungsschutz außerhalb des KSchG zeigt deutlich, dass die Rechtsordnung ein gewisses Machtungleichgewicht, das sich in der Vertragsgestaltung widerspiegelt, zwischen den Vertragsparteien durchaus toleriert. Die verbleibenden schutzwürdigen Interessen des vom Ausschluss Betroffenen werden in diesem Zusammenhang durch die Ausschlusskontrolle hinreichend gewahrt.

Zusammenfassende Schlussbetrachtung

Die Untersuchung des Ausschlusses eines Gesellschafters aus der Personengesellschaft ist zusammenfassend zu den folgenden Ergebnissen gekommen:

Seit dem Handelsrechtsreformgesetz von 1998 führt der Ausschluss eines Personengesellschafters nach dem Gesetz im Zweifelsfall nicht mehr zur Auflösung der Gesellschaft. § 131 Abs. 3 Satz 1 Nr. 5 und 6 HGB n.F. stellen keine eigenständigen Ausschlussregelungen dar, sondern setzen eine gesellschaftsvertrag-liche Bestimmung gerade voraus. Das Erfordernis der Ausschlussklage in § 140 Abs. 1 Satz 1 HGB kann durch den Gesellschaftsvertrag abbedungen werden. Möglich ist sowohl die Vereinbarung eines Beschlussausschlusses durch die Gesellschaftermehrheit als auch eines Kündigungsrechts für einen konkreten Gesellschafter.

Der BGH sieht eine Hinauskündigungsklausel bei einer Personengesellschaft oder GmbH nach Durchführung einer Inhaltskontrolle grundsätzlich als sittenwidrig an. Er lässt aber eine sachliche Rechtfertigung, etwa bei Mitarbeiterbeteiligungsmodellen oder innerhalb einer Erprobungszeit, zu. Die Abfindungsfrage ist im Übrigen immer getrennt von der Ausschlussfrage zu beurteilen. Das Schrifttum verfolgt größtenteils andere Lösungswege. Diese reichen von der weitestgehenden Verknüpfung der Abfindungs- mit der Ausschlussfrage über die Möglichkeit des Nachschiebens von Ausschlussgründen bis hin zur Ersetzung der Inhalts- durch eine Ausübungskontrolle der konkreten Hinauskündigung. Die „Damokles"-Rechtsprechung stellt im Übrigen eine Inhaltskontrolle und nicht nur eine einzelne, vom BGH aufgestellte Schranke, dar. Hinauskündigungsklauseln sind auch nicht AGB-kontrollfähig, da für sie die Bereichsaufnahme des § 310 Abs. 4 Satz 1 BGB greift.

Die Inhaltskontrolle von privatautonomen Vereinbarungen erfordert schon aus verfassungsrechtlicher Perspektiven die strukturelle Unterlegenheit einer Partei und schwerwiegende Vertragsnachteile. Beide Voraussetzungen werden bei Hinauskündigungsklauseln im Allgemeinen nicht erfüllt. Ebenso wenig kann die Inhaltskontrolle aus vertragstheoretischer Hinsicht gerechtfertigt werden. Die Sittenwidrigkeit ist bezüglich freier Ausschlussklauseln zudem die falsche Rechtsfolge. Es lassen sich zwar aus dem Minderheitenschutz und der Treuepflicht rechtliche Verhaltensanweisungen für die Behandlung von Minderheitsgesellschaftern ziehen, aber diese weisen kein, für eine Kontrolle anhand von § 138 Abs. 1 BGB zwingend zu forderndes, ethisches Fundament auf.

Die Vereinbarung einer Hinauskündigungsklausel im Gesellschaftsvertrag ist hinzunehmen. Die wirklichen Motive und Umstände können generell erst anhand des konkreten Ausschlusses auf ihre Willkürfreiheit und Sachgemäßheit hin beurteilt werden. Dafür eignet sich die flexible Rechtsausübungskontrolle hervorragend. Die Ausübungskontrolle ist auf der Grundlage der gesellschafterlichen Treuepflicht, ergänzt durch den Grundsatz von Treu und Glauben, durchzuführen. Sie umfasst im Allgemeinen eine ausführliche Abwägung der Interessen der bzw. des Ausschlussberechtigten mit denen der bzw. des Ausschlussbetroffenen. Die Rechtssicherheit für die gesellschaftsvertragliche Praxis wird durch die Aufstellung eines umfassenden Katalogs bezüglich der beiderseitigen Interessen gewährleistet. In den Fällen der sachlichen Rechtfertigungen des BGH genügt im Regelfall eine eingeschränkte Interessenabwägung in Form einer Motivkontrolle.

Die Gefahr der Willkürherrschaft stellt keine Besonderheit der freien Ausschlussklauseln dar und ist ein Stück weit hinzunehmen. Im Gesellschaftsrecht kann die Entscheidungsfreiheit eines Gesellschafters mit Hilfe eines Vertrags zulässigerweise weitreichend eingeschränkt werden. Zudem ist der weitaus schutzwürdigere Arbeitnehmer außerhalb des KSchG bei Anwendung der Rechtsprechungsgrundsätze des BGH zu Hinauskündigungsklauseln weniger geschützt als der unabhängigere Minderheitsgesellschafter. Die konsequente Durchführung der Ausübungskontrolle stellt den besten Schutz vor der Gefahr der Willkürherrschaft dar.

Literaturverzeichnis

Ascheid, Reiner / Preis, Ulrich / Schmidt, Ingrid (Hrsg.): Kündigungsrecht. 3. Auflage 2007.

Bamberger Heinz Georg / Roth, Herbert (Hrsg.): Kommentar zum Bürgerlichen Gesetzbuch. Band 2: §§ 611-1296, AGG, ErbbauVO, WEG. 2. Auflage 2008.

Barz, Carl-Hans: Anmerkung zu RG vom 07.12.1942 – II 110/42. DR 1943, S. 809-810.

Baumbach/Hopt: Handelsgesetzbuch. 34. Auflage 2010. Bearbeitet von Hopt, Klaus J. / Merkt, Hanno.

Baumbach/Hueck: GmbH-Gesetz, Gesetz betreffend die Gesellschaften mit beschränkter Haftung. 19. Auflage 2010. Bearbeitet von Fastrich, Lorenz / Haas, Ulrich / Hueck, Götz / Noack, Ulrich / Zöllner, Wolfgang.

Becker, Michael: Vertragsfreiheit, Vertragsgerechtigkeit und Inhaltskontrolle. WM 1999, S. 709-718.

Behr, Volker: Der Ausschluss aus der Personengesellschaft im Spannungsfeld zwischen Vertrag und Status. ZGR 1985, S. 475-505.

Ders.: Neue Tendenzen im Recht der Ausschließung aus der Personengesellschaft". ZGR 1990, S. 370-390.

Benecke, Martina: Inhaltskontrolle im Gesellschaftsrecht oder „Hinauskündigung" und das Anstandsgefühl aller billig und gerecht Denkenden. ZIP 2005, S. 1437-1442.

Blanke, Christoph: Das Recht zur Ausschließung aus der Personengesellschaft ohne Angabe von Gründen. 1994.

Boemke, Burkhard: Kontenkündigung als Sittenverstoß. JuS 2001, S. 444-448.

Bütter, Michael / Tonner, Martin: Wirksamkeit der auflösend bedingten Übertragung von Kommanditbeteiligungen auf leitende Angestellte? BB 2003, S. 2417-2423.

Dies.: Wirksamkeit von Rückkaufrechten und auflösende Bedingungen in Schenkungsverträgen über Gesellschaftsanteile. NZG 2003, S. 193-199.

Dies.: Sittenwidrigkeit der Übertragung und bedingten Rückübertragung eines Gesellschaftsanteils. BB 2005, S. 283-286.

Bunte, Hermann-Josef: Ausschließung und Abfindung von Gesellschaftern einer Personengesellschaft. ZIP 1983, S. 8-17.

Ders.: Wirksamkeitskontrolle gesellschaftsvertraglicher „Hinauskündigungsklauseln". ZIP 1985, S. 915-918.

Castan, Björn / Wehrheim, Michael: Die Partnerschaftsgesellschaft. 3. Auflage 2005.

Drinkuth, Henrik: Hinauskündigungsklauseln unter dem Damoklesschwert der Rechtsprechung. NJW 2006, S. 410-413.

Drygala, Tim: Anwendbarkeit des AGB-Gesetzes auch auf Gesellschaftsverträge – eine Nebenwirkung der Richtlinie über missbräuchliche Klauseln in Verbraucherverträgen? ZIP 1997, S. 968-971.

Düringer/Hachenburg: Das Handelsgesetzbuch. II. Band / 2. Hälfte: §§ 105-177, 335-342. 3. Auflage 1932. Erläutert von Flechtheim, Julius.

Ebenroth, Carsten Thomas / Boujong, Karl-Heinz / Joost, Detlev / Strohn, Lutz (Hrsg.): Handelsgesetzbuch. Band 1: §§ 1-342e. 2. Auflage 2008.

Engisch, Karl: Die Einheit der Rechtsordnung. 1935.

Ensthaler, Jürgen (Hrsg.): Gemeinschaftskommentar zum Handelsgesetzbuch. 6. Auflage 1999.

Esch, Günter: Gesellschaftsvertragliche Buchwertabfindung im Falle der Ausschließungskündigung. NJW 1979, S. 1390-1395.

Fastrich, Lorenz: Richterliche Inhaltskontrolle im Privatrecht. 1992.

Fischer, Robert: Neue Wege im Recht der Personengesellschaften? ZGR 1979, S. 251-272.

Flume, Werner: Die Abfindung nach der Buchwertklausel für den Gesellschafter minderen Rechts einer Personengesellschaft. NJW 1979, S. 902-905.

Ders.: „Hinauskündigung“ aus der Personengesellschaft und Abfindung. DB 1986, S. 629-636.

Gehrlein, Markus: Neue Tendenzen zum Verbot der freien Hinauskündigung eines Gesellschafters. NJW 2005, S. 1969-1973.

Ders.: Anmerkung zu BGH vom 19.09.2005 – II ZR 173/04 und II ZR 342/03. BB 2005, S. 2433-2434.

Glanegger, Peter / Kirnberger, Christian / Kusterer, Stefan / Ruß, Werner / Selder, Johannes / Stuhlfelner, Ulrich: Handelsgesetzbuch. 7. Auflage 2007.

Goette, Wulf: Zur jüngeren Rechtsprechung des II. Zivilsenats zum Gesellschaftsrecht. DStR 2006, S. 139-146.

Grunewald, Barbara: Der Ausschluss aus Gesellschaft und Verein. 1987.

Ders.: Ausschluss aus Freiberuflersozietäten und Mitunternehmergesellschaften ohne besonderen Anlass. DStR 2004, S. 1750-1752.

Gummert, Hans / Weipert, Lutz (Hrsg.): Münchner Handbuch des Gesellschaftsrechts. Band 1. 3. Auflage 2009.

Habersack, Matthias / Verse, Dirk A.: Rechtsfragen der Mitarbeiterbeteiligung im Spiegel der neueren Rechtsprechung. ZGR 2005, S. 451-479.

Haberstroh, Roland: Hinauskündigungsklausel in Gesellschaftsverträgen zur Vorwegnahme der Erbfolge. BB 2010, S. 1745-1747.

Hachenburg, Max: Anmerkung zu RG vom 21.10.1924 – II 606/23. JW 1925, S. 244.

Heid, Peter: Die Inhaltskontrolle des Vertrages der Publikumspersonengesellschaft nach AGB-Grundsätzen. DB 1985, Beilage Nr. 4, S. 1-16.

Heidenhain, Martin / Meister, Burkhardt (Hrsg.): Münchner Vertragshandbuch. Band 1: Gesellschaftsrecht, 6. Auflage 2005.

Heinrichs, Helmut: Das Gesetz zur Änderung des AGB-Gesetzes. Umsetzung der EG-Richtlinie über mißbräuchliche Klauseln in Verbraucherverträgen durch den Bundesgesetzgeber. NJW 1996, S. 2190-2197.

Hennerkes, Brun-H. / Binz, Mark K.: Zur Ausschließbarkeit von Gesellschaftern einer Personengesellschaft nach freiem Ermessen. NJW 1983, S. 73-80.

Heymann, Ernst (Begr.): Handelsgesetzbuch. Band 1 und 2: §§ 1-237. 1989.

Hinderer, Hermann Ali: Management-Beteiligungen bei Kapitalgesellschaften: Der BGH weist den Weg. RNotZ 2005, S. 416-422.

Hirtz, Bernd: Die Abfindung des Gesellschafters einer Personengesellschaft nach der Ausschließung ohne wichtigen Grund. BB 1981, S. 761-765.

Hohaus, Benedikt: Anmerkung zu BGH vom 14.03.2005 – II ZR 153/03. DB 2005, S. 939-940.

Huber, Ulrich: Der Ausschluss des Personengesellschafters ohne wichtigen Grund. ZGR 1980, S. 177-213.

Hueck, Alfred: Das Recht der offenen Handelsgesellschaft. 4. Auflage 1971.

Hüffer, Uwe: Aktiengesetz. 9. Auflage 2010.

Jarass, Hans D. / Pieroth, Bodo: Grundgesetz für die Bundesrepublik Deutschland. 10. Auflage 2009.

Kiethe, Kurt: Ausschluss aus der Personengesellschaft und Einstweilige Verfügung. NZG 2004, S. 114-117.

Kilian, Matthias: Die Trennung vom „missliebigen" Personengesellschafter. WM 2006, S. 1567-1576.

Kleinert, Jens / Schwarz, Nikolai: Anmerkung zu BGH vom 19.03.2007 – II ZR 300/05. GmbHR 2007, S. 646-647.

Koller, Ingo / Roth, Wulf-Henning / Morck, Winfried: Handelsgesetzbuch. 6. Auflage 2007.

Koller, Ingo: Der Ausschluss ohne wichtigen Grund zum Buchwert bei Familiengesellschaften. DB 1984, S. 545-549.

Kowalski, André / Bormann, Michael: (Manager-)Beteiligung auf Zeit – ein Fall der Sittenwidrigkeit? GmbHR 2004, S. 1438-1443.

Kramer, Ernst: Juristische Methodenlehre. 2. Auflage 2005.

Krämer, Achim: Die gesellschaftsvertragliche „Ausschließung“ aus der Personengesellschaft. NJW 1981, S. 2553-2556.

Kübler, Friedrich / Assmann, Dieter: Gesellschaftsrecht. 6. Auflage 2006.

Kühl, Kristian: Der Umgang des Strafrechts mit Moral und Sitten. JA 2009, S. 833-839.

Langenfeld, Gerrit: Anmerkung zu BGH vom 19.03.2007 – II ZR 300/05. ZEV 2007, S. 342-343.

Lutter, Marcus (Hrsg.): Holding-Handbuch, 4. Auflage 2004.

Manke, Michael: Das Recht zur Ausschließung aus der Personengesellschaft kraft Vertrages. 1978.

Merkel, Kurt: Ausschließung eines Gesellschafters aus einer handelsgerichtlichen Personengesellschaft. MDR 1961, S. 729-731.

Miesen, Sebastian: Gesellschaftsrechtliche Hinauskündigungsklauseln in der Rechtsprechung des Bundesgerichtshofs. RNotZ 2006, S. 522-538.

Müller, Welf /Hoffmann, Wolf-Dieter (Hrsg.): Beck´sches Handbuch der Personengesellschaften. 3. Auflage 2009.

Mülsch, Hanns-William / Penzel, Cornelia: Optionen auf Beteiligungen an Personenhandelsgesellschaften und GmbH. ZIP 2004, S. 1987-1996.

Mues, Werner M. / Eisenbeis, Ernst / Laber, Jörg: Handbuch Kündigungsrecht, 2. Auflage 2010.

Oppenheim, Robert: Abfindungsklauseln in Personengesellschaftverträgen. 2011.

Palandt, Otto (Begr.): Bürgerliches Gesetzbuch, 69. Auflage 2010.

Picot, Gerhard: Mehrheitsrechte und Minderheitenschutz in der Personengesellschaft. BB 1993, S. 13-21.

Piehler, Klaus: Der Ausschluss eines Gesellschafters aus einer Personengesellschaft – Gesetzliche Regelung und vertragliche Gestaltung. DStR 1991, S. 686-689 und 716-720.

Preis, Ulrich: Der Arbeitsvertrag. 3. Auflage 2009.

Raiser, Thomas / Veil, Rüdiger: Recht der Kapitalgesellschaften. 4. Auflage 2006.

Reul, Adolf: Grundrechte und Vertragsfreiheit im Gesellschaftsrecht. DNotZ 2007, S. 184-210.

Reymann, Christoph: Risikominimierung bei der Gestaltung von GmbH-„Hinauskündigungsklauseln". DNotZ 2006, S. 106-121.

Röhricht, Volker / Graf von Westphalen, Friedrich (Hrsg.): Handelsgesetzbuch. 3. Auflage 2008.

Sack, Rolf: Das Anstandsgefühl aller billig und gerecht Denkenden und die Moral als Bestimmungsfaktoren der guten Sitten. NJW 1985, S. 761-769.

Säcker, Franz Jürgen / Rixecker, Roland (Hrsg.): Münchener Kommentar zum Bürgerlichen Gesetzbuch. Band 7, 1. Halbband: §§ 1297-1588, Gewaltschutzgesetz. 5. Auflage 2010.

Dies.: Münchener Kommentar zum Bürgerlichen Gesetzbuch. Band 1, 1. Halbband: §§ 1–240, ProstG. 5. Auflage 2006.

Dies.: Münchener Kommentar zum Bürgerlichen Gesetzbuch. Band 2: §§ 241–432. 5. Auflage 2007.

Schaub, Günter / Koch, Ulrich / Linck, Rüdiger / Vogelsang, Hinrich: Arbeitsrechts-Handbuch. 13. Auflage 2009.

Schilling, Wolfgang: Zur Abfindung bei der Ausschließung ohne wichtigen Grund aus einer Personengesellschaft. ZGR 1979, S. 419-429.

Schmidt, Karsten: Gesellschaftsrecht. 4. Auflage 2002.

Ders.: Die Freiberufliche Partnerschaft. NJW 1995, S. 1-7.

Ders.: Anmerkung zu BGH vom 08.03.2004 – II ZR 165/02. JuS 2004, S. 631-633.

Ders. (Hrsg.): Münchener Kommentar zum Handelsgesetzbuch. Band 2: §§ 105-160. 2. Auflage 2006.

Schneider, David: Singularia non sunt extendenda – Zur Analogiefähigkeit von Ausnahmevorschriften. JA 2008, S. 174-177.

Schneider, Uwe: Die Inhaltskontrolle von Gesellschaftsverträgen. ZGR 1978, S. 1-35.

Schöne, Torsten: Gesellschafterausschluss bei Personengesellschaften. 1993.

Schockenhoff, Martin: Die befristete Unternehmensbeteiligung des GmbH-Geschäftsführers. ZIP 2005, S. 1009-1017.

Staub, Hermann: Kommentar zum Allgemeinen Deutschen Handelsgesetzbuch. 3. und 4. Auflage 1896.

Ders.: Kommentar zum Allgemeinen Deutschen Handelsgesetzbuch, 5. Auflage 1897.

Ders. (Hrsg.): Kommentar zum Handelsgesetzbuch. Band 1: §§ 1-177. 14. Auflage 1932. Bearbeitet von Bondi, Felix / Pinner, Albert.

Ders. (Begr.): Großkommentar zum HGB. Band 3: §§ 105-160. 5. Auflage 2009. Herausgegeben von Canaris, Claus-Wilhelm / Habersack, Mathias / Schäfer, Carsten.

Staudinger, J. von (Begr.): Kommentar zum Bürgerlichen Gesetzbuch mit Einführungsgesetz und Nebengesetzen. Buch 1: Allgemeiner Teil §§ 1-14, Verschollenheitsgesetz. Neubearbeitung 2004. Bearbeitet von Habermann, Norbert / Honsell, Heinrich / Weick, Günter.

Ders.: Kommentar zum Bürgerlichen Gesetzbuch mit Einführungsgesetz und Nebengesetzen. Buch 1: Allgemeiner Teil §§ 134-163. Neubearbeitung 2003. Bearbeitet von Bork, Reinhard / Kohler, Jürgen / Roth, Herbert / Sack, Rolf.

Ders.: Kommentar zum Bürgerlichen Gesetzbuch mit Einführungsgesetz und Nebengesetzen. Buch 2: Recht der Schuldverhältnisse §§ 241-243 (Treu und Glauben). Neubearbeitung 2009. Bearbeitet von Looschelders, Dirk / Olzen, Dirk / Schiemann, Gottfried.

Ders.: Kommentar zum Bürgerlichen Gesetzbuch mit Einführungsgesetz und Nebengesetzen. Buch 2: Recht der Schuldverhältnisse §§ 305-310, UKlaG (Recht der allgemeinen Geschäftsbedingungen). Neubearbeitung 2006. Bearbeitet von Coester, Michael / Coester-Waltjen, Dagmar / Schlosser, Peter.

Ders.: Kommentar zum Bürgerlichen Gesetzbuch mit Einführungsgesetz und Nebengesetzen. Buch 2: Recht der Schuldverhältnisse §§ 516-534 (Schenkungsrecht). Neubearbeitung 2005. Bearbeitet von Wimmer-Leonhardt, Susanne.

Stoffels, Markus: AGB-Recht. 2. Auflage 2009.

Ulmer, Peter: Wirksamkeitsschranken gesellschaftsvertraglicher Abfindungsklauseln. NJW 1979, S. 81-86.

Ulmer, Peter / Brandner, Hans E. / Hensen, Horst-Diether (Hrsg.): AGB-Recht, 10. Auflage 2006.

Verse, Dirk: Inhaltskontrolle von „Hinauskündigungsklauseln" – eine korrekturbedürftige Rechtsprechung. DStR 2007, S. 1822-1829.

Wank, Rolf: Die Auslegung von Gesetzen. 3. Auflage 2005.

Werner, Rüdiger: Zur Hinauskündigung von Gesellschaftergeschäftsführern. WM 2006, S. 213-217

Westermann, Harm Peter (Hrsg.): Handbuch der Personengesellschaften. Band 1: Gesellschaftsrecht. Stand: 40. Ergänzungslieferung August 2007.

Wiedemann, Herbert: Rechtsethische Maßstäbe im Unternehmens- und Gesellschaftsrecht. ZGR 1980, S. 147-176.

Wolf, Manfred / Lindacher, Walter F. / Pfeiffer, Thomas (Hrsg.): AGB-Recht. 5. Auflage 2009.

FSC
www.fsc.org
MIX
Papier | Fördert
gute Waldnutzung
FSC® C083411

Kolibri 360 GmbH
Ferdinand-Jühlke-Straße 7
99095 Erfurt, Deutschland
produktsicherheit@kolibri360.de